# 수학
# 자존감 수업

Math Mind by Shalinee Sharma
Copyright © 2024 by Shalinee Sharma
All rights reserved including the right of reproduction in whole or in part in any form.
This edition published by arrangement with Avery, an imprint of Penguin Publishing Group, a division of Penguin Random House LLC
Korean Translation Copyright © publication 2025 by The Angle Books Co., Ltd.

이 책의 한국어판 저작권은 알렉스리 에이전시 ALA를 통해
Avery, an imprint of Penguin Publishing Group,
a division of Penguin Random House LLC 사와 독점 계약한 ㈜앵글북스에 있습니다.
저작권법에 의해 한국 내에서 보호를 받는 저작물이므로 무단 전재와 복제를 금합니다.

### 일러두기

1. 이 책에 담긴 이야기는 사건에 대한 저자의 기억을 바탕으로 구성되었다. 일부 이름과 지역, 신원을 식별할 수 있는 특징은 개인정보 보호를 위해 변경되었다. 그리고 대화는 기억을 토대로 재구성됐다.
2. 학년 표기는 국내 상황을 반영하되, 정확한 정보가 필요한 경우 미국 학년으로 표기했다.
3. 젠Zearn 수학 플랫폼은 가독성을 위해 '젠' 또는 '젠 수학'으로 혼용해 표기했다.

{ 암기식 수학은 어떻게 아이를 망치는가 }

# 수학 자존감 수업

샬리니 샤르마 지음 | 심선희 옮김

프롤로그

# 잃어버린 '수학 자존감'을 찾아서

먼저 고백할 것이 있다. 어릴 적 나는 수학을 잘하는 아이가 아니었다. 그저 6학년 때 전학을 하면서 어쩌다 수학 영재반에 들어가게 된 조금 독특한 경험이 있었을 뿐이다.

수학 영재반 교실에 첫발을 디딘 날의 기억은 아직도 생생하다.

긴장한 나머지 낯선 복도를 한참 헤매다 수업에 늦게 도착한 나는 문을 열자마자 당황했다. 자리 배치가 영 이상했던 탓이었다. 맨 앞줄부터 4분의 3까진 남자아이들이 모여 앉아 활기차게 떠들고 있었다. 그리고 남은 뒤쪽의 4분의 1에는 몇몇 여자아이가 그림자처럼 조용히 앉아 있었다. (왠지 뒤쪽으로는 햇빛조차 잘 들지 않는 것처럼 보였다!)

낯선 환경에 주눅 들어 있던 나는 본능적으로 뒤쪽을 향했지만, 늦게 도착한 탓인지 남은 자리는 맨 앞줄, 그것도 교탁과 가장 가까운 한두 자리뿐이었다. 나는 눈물을 머금고 다시 앞쪽으로 돌아가 시끌시끌한 앞자리 무리 사이에 조심스럽게 가방을 내려놓았다. 가능한 눈에 띄지 않게 시선을 피했지만, 앞자리에 앉아 있던 남자애들이 희한하다는 듯 쳐다보는 것이 느껴졌다.

그렇게 내 수학 영재반 생활은 불가항력으로 '앞 무리' 속에서 시작되었다.

처음 몇 주간은 뒷자리의 아이들처럼 잔뜩 주눅이 든 채 칠판만 쳐다보았다. 수업 중에 아는 게 나와도 "저요!"라며 손을 들어 답하는 건 상상도 할 수 없었다. 매 수업이 시작될 때마다 시선은 점점 아래로 떨어지고 숨은 쪼그라드는 것 같았다. 이럴 바엔 수학 시간에 투명인간이 되는 게 낫지 않을까 싶었다.

그런 내가 안타까웠던지 첫 시험이 끝나고 며칠 후, 수학 영재반 담당이었던 스나이더 선생님이 조용히 불렀다. 그는 시험지를 내게 주면서 이렇게 말했다.

"열심히 했구나. 좀 더 노력하면 남자아이들을 따라잡을 수 있겠는데."

지금 생각하면 무슨 말도 안 되는 격려인가 싶겠지만, 당시 나는 그 말에 울컥했다. 수업 종만 울리면 자동반사적으로 자존감이 바닥을 치던 내게 그 말은 정말 가뭄의 단비 같았다.

'노력만 하면, 내가 저 무리하고 겨룰 수 있다고?!'

그때 나는 '어쩌다 들어온 영재반이니 어떻게든 1년만 버티자'라고 생각했다. 매일 수업이 얼른 끝나기를, 날짜가 빨리 지나가기만 바랐다. 그런데 스나이더 선생님이 건넨 작은 격려의 말에 내 세계는 거세게 흔들렸다. 실상 두려움의 너머에 '이대로 괜찮은 걸까?' '나도 저 아이들처럼 수학을 잘하고 싶다'라는 열망이 숨어 있었던 것이다.

그날부터였는지는 정확히 기억나지 않지만, 나는 처음으로 수학에 빠져들었다. 처음에는 시험을 망치지 않아 다행이라는 안도감, 사람들이 기뻐해 줄 때 온몸을 감싸는 뿌듯함이 전부였던 문제 풀이가 어느 순간 바뀌기 시작했다.

'나도 할 수 있어'라는 느낌, 문제가 한 번에 풀렸을 때의 그 짜릿함, 비례 관계에서 숫자들이 딱 맞아떨어지는 순간, 그리고 좌표 평면에 점을 찍으며 $y = mx + b$를 이해하게 된 그 찰나. 어느 순간 "아하!" 하는 탄성과 함께 무한한 기쁨을 느꼈다. 그렇게 나는 수학을 사랑하는 법을 배웠고, 어느 순간 '수학을 잘하는 아이'가 되어 있었다.

수학 영재반에 들어갔을 때 나는 분명 반 분위기에 위축되어 있었다. 앞자리의 무리는 태생적으로 뛰어난 능력자처럼 보였고, 나는 그 속에 운 좋게 끼어든 이방인 같았다. 하지만 작은 말 한마디가 내 안의 가능성을 깨우고, 그 가능성은 노력을 통해 현실이 되었다. 수학 앞에만 서면 작아지는 당신이라면 내가 수학 시간 느꼈던 괴로움을 분명 느낀 적이 있을 것이다. 장담하건대, 그때의 당신은 '수학을 못하는 아이'가 아닌 '수학이 두려운 아이'였을 것이다.

{ 아이의 운명을 미리 결정짓지 말 것 }

수학을 잘한다는 것은 타고난 재능으로 정해지는 것이 아니다. 그것은 작은 계기로, 변화로 만들어진다. 수학 자존감이 얼마나 쉽게 수학적 능력을 성장시키고 이로 말미암아 삶이 긍정적으로 변화하는 것을 내가 직접 경험했으니 할 수 있는 말이다.

수학을 일컫는 '매스매틱스 Mathematics'라는 영어 단어 자체가 '배우다'를 뜻하는 라틴어에서 나왔을 만큼 수학의 아름다움과 유용함을 칭송하는 건 결코 새로운 일이 아니다. 메소포타미아의 점토판부터 그리스의 기하학까지 수학은 인류 문명의 중심에 자리해 왔다. 이집트인들이 피라미드를 쌓을 때도, 마야인들이 달력을 만들 때도, 인도인들이 0을 발견했을 때도 수학이 있었다. 수천 년 전 수학자들이 만들어낸 개념들은 지금 이 순간에도 우리 삶을 움직이고 있다. 스마트폰 속 알고리즘부터 건물의 구조, 음악의 화성까지 수학은 세상의 숨겨진 질서를 드러내는 언어다.

그런데 지금의 교실 안 풍경은 어떨까?

아이들은 대부분 수학을 두려워한다. 아니, 수학 자체가 자신을 거부한다고 생각한다. 더 심각한 건 현재 교육 방식이 이런 생각을 부추긴다는 점이다. 대부분의 수업에선 "너는 수학 머리를 타고나지 못했어"라는 메시지를 은연중에 계속 보내고 있다. 구구단 외우기에 매달리고, 공식 암기에 열중하고, 누가 더 빨리 답을 외치는지로 '한 줄 서기'를 한다. 마치 수학을 암기 과목처럼 학습시킨다. 그러다 힘들어하는 아이가 보이면 이렇게 위로를 건넨다.

"괜찮아. 대신 너는 창의력이 뛰어나잖아. 수학은 너랑 안 맞을 뿐이야."

여기서 잠깐! 만약 읽기 수업에서 어려움을 느끼는 학생에게 이런 말을 한다고 상상해 보자. "우리 중 일부는 읽기 유전자를 타고났지만, 대부분은 그렇지 않지. 하지만 걱정할 필요 없어. 책은 곧 공룡처럼 멸종될 테니까"라고 말이다. 뭔가 이상하지 않은가?

최근 나는 "굳이 수학을 가르칠 필요 없잖아요. 컴퓨터와 계산기가 있으니까요"라는 말을 종종 듣는다. 하지만 AI가 우리 대신 책을 읽어준다고 해서 '읽기'를 배우지 않아도 된다고 말하는 사람은 없다. 그런데 수학은 왜 다르다고 생각할까?

{ **수학을 두려워하는 부모들** }

여느 때처럼 퇴근 후 유치원에 아이들을 데리러 갔다. 계단에서 수업이 끝나기를 기다리며 모바일로 회사 일을 처리하고 있는데, 한 학부모가 말을 걸어 왔다. 종종 4층 계단에서 인사를 주고받던 얼굴이었다. 그날도 수업 끝나는 종을 기다리며 이런저런 이야기를 나누던 참에 그 학부모가 불쑥 이런 말을 던졌다.

"샤르마 씨는 수학을 엄청 잘한다죠? 우리 애는 저를 닮은 건지, 수학이 영 젬병이에요. 대신 그림이나 글 읽기를 좋아하는 걸 보면 창의적인 쪽이 아닐까 싶어요."

나는 어색한 미소를 지었다. '이제 막 학습이라는 걸 시작한 유치원생'의 가능성을 지식의 한 영역에서 배제할 필요가 있을까 싶었지만, 확신에 찬 표정을 보고 그냥 입을 다물었다. 가장 자주 듣는

'나를 닮아 수학은 영…'이라는 말은 어쩌면 수학을 싫어하는 부모들이 가장 자주 사용하는 관용구가 아닐까 싶다.

잠시 후 수업 종이 울리고, 줄지어 나오는 아이들 사이로 활기 넘쳐 보이는 여자아이가 뛰어왔다. 그는 아이를 힘껏 안아 올리며 마지막까지 이런 말을 덧붙였다.

"역시 '수학 머리'는 여자애들보단 남자애들이 좋은 것 같아요."

순간 '지금 그 말을 당신 아이가 들었다면, 아이는 죽을 때까지 그 말을 기억할지도 몰라요!'라는 말이 목 끝까지 올라왔지만, 같은 반 학부모와의 원만한 관계 유지를 위해 억지로 눌러 삼켰다. 하지만 계단을 내려오며 "중·고등학교 때 수학은 공포 그 자체였어요. 그때는 어찌어찌 버텼지만, 이젠 쳐다보기도 싫어요. 직장에서 예산 짤 때야 어쩔 수 없지만요"라는 그의 말에 나는 도저히 입을 열지 않을 수 없었다.

"따님도 충분히 수학에 재능이 있어요. J씨도 마찬가지고요. 수학은 문학만큼 창의적인 학문이니까요."

그 학부모는 입술을 끌어올리며 고개를 끄덕였지만, 내 말을 전혀 믿지 않는 눈치였다.

사실 이런 경험이 처음은 아니었다. 유치원에서, 직장에서, 심지어는 내가 읽던 책 속에서까지 수학은 두려움의 대상으로, 심지어 쓸모없는 것이라며 여러 방식으로 매도당하고 있었으니까. 실제로 쌍둥이 아이를 키우면서 나는 뭔가 크게 잘못되어 가고 있다는 걸 깨달았다.

{ **당신이 몰랐던 수학의 여섯 가지 장점** }

수학에 대한 뿌리 깊은 오해와 편견을 바로잡고, 긍정적인 태도를 심어주는 것만으로도 당신의 삶이 얼마나 변화할 수 있는지 상상해 본 적 있는가?

나는 지금부터 수학 자존감을 깨우기 위해 꼭 알아야 할 새로운 수학 감각과 수학적 사고방식을 세 부분으로 나눠 이야기할 예정이다.

1부에서는 아이가 수학을 받아들일 때 수학 감각과 수학적 사고 발달에 방해가 되는 세 가지 환상을 중점적으로 다룰 예정이다. 2부에서는 수학을 더욱 효과적으로 학습할 수 있는 구체적 방법을 살펴보고, 아이와 어른 모두 수학을 사랑하게 될 수밖에 없는 방법을 배워 볼 것이다. 마지막 3부에서는 이런 목표를 달성하는 데 걸림돌이 되는 요인을 구체적으로 분석하고, 우리가 꿈꾸는 미래를 실현하는 데 수학적 능력이 꼭 필요하다는 사실을 다시 확인할 것이다. 나아가 책 전반에 걸쳐 폭넓은 수학 감각이 사회뿐 아니라 개인의 성공과 행복에 어떻게 기여하는지까지 풀어낼 예정이다.

부모가 자녀에게 수 개념을 가르치려고 하는 것은 아이의 성공적인 미래를 위해서다. 하지만 여기서는 교육 분야를 넘어 우리가 사는 동안 정말 도움이 되는 다음의 핵심 장점 여섯 가지를 함께 알아볼 것이다.

첫째, 문제해결력이 강화된다.
둘째, 논리적 사고가 개발된다.
셋째, 직업 선택과 기회가 확대된다.
넷째, 개인 금융 언어의 습득이 쉬워진다.
다섯째, 적극적으로 디지털 세상에 참여할 수 있다.
여섯째, 마음의 위안을 얻을 수 있다.

마지막 장점을 보고 '마음의 위안이라고? 그 지루한 수학이 어떻게 마음의 위안을 준다는 거지?'라는 의문이 들 수 있다. 하지만 이 책을 통해 수학에 대한 자신감을 얻고, 그 세계에 한 발짝 들어서 자유롭고 창의적인 마음으로 수학을 탐구하다 보면 예상치 못한 기쁨의 순간을 마주하게 될 것이라 장담한다.

스트레스가 넘쳐나고 변화무쌍한 세상에서 아이는 물론이고 어른에게도 이런 경험은 그 어느 때보다 절실하다. 수학으로 마음의 위안을 얻은 아이들은 수학 구조의 명쾌함에 감탄하며 열린 마음을 가진 어른으로 성장한다. 또한 방정식 논리에서 위안을 얻고, 우리 은하의 형태부터 음악의 박자에 이르기까지 모든 것이 수학적 모델을 따르고 있다는 사실에서 아름다움을 발견하게 될 것이다. 이는 지금까지 당신이 해온 경험과는 다를 수 있다. '이 글을 쓴 사람은 나랑은 전혀 다른 세계에 사네' 또는 '나와는 상관없는 얘기야'라고 생각할 수도 있다. 하지만 지금 나는 정확히 '내' 이야기가 아닌 '우리' 이야기를 하고 있다.

우리는 수학 영재가 될 수도 있었다. 그저 수학을 잘못 배웠을 뿐이다. 마치 하나의 본능처럼 인간은 누구나 수학 감각을 타고 태어났으니 말이다.

# 차례

**프롤로그**
잃어버린 '수학 자존감'을 찾아서 · 4

1장 우리는 모두 수학 영재가 될 수 있었다! · 17

## 1부 "나는 원래 수학을 못해"는 거짓말!
### 수학 자존감을 떨어뜨리는 세 가지 환상

2장 '속도'가 전부는 아니다 · 40
3장 '요령'이 답은 아니다 · 63
4장 방법이 '단 하나'는 아니다 · 88

## 2부 점수보다 '이것'이 먼저!
### 꺾이지 않는 수학 자존감을 키우는 다섯 가지 방법

5장 수학은 당신의 것 · 109
6장 그림과 사물로 배우는 수학의 언어 · 138
7장 문제를 더 쉽고 단순하게 바꾸기 · 168

8장 다양한 방법에 도전하기 · 185
9장 목적이 있는 연습 · 205

**3부** 숫자가 지배하는 세상!
아이의 수학 자존감은 안녕한가요?

10장 우리의 운명을 좌우하는 방정식 · 227
11장 진짜 배움을 위한 첫걸음 · 240
12장 '분류하기'에서 '가르치기'로 · 256

### 에필로그
수학을 사랑하기 위해!
- 수학 실력은 자존감에서 나온다 · 284

### 참고문헌 · 291

## 1장 우리는 모두 수학 영재가 될 수 있었다!

어떻게 수학을 배우는지에 대해 그 누구도 명확하게 알지 못한다면 믿겠는가? 여태껏 교실에서 증명된 수학 공식을 외우며 관련 문제를 반복해 풀어 왔지만, 그 이면에는 충격적일 만큼의 불확실성이 존재한다.

최근 〈더뉴요커 The New Yorker〉에서 한국계 언론인이자 작가인 제이 카스피안 강 Jay Caspian Kang은 수학 교육의 현실과 관련해 이런 질문을 던졌다.

"아이들에게 수학을 가르치는 방법에 대해 우리는 무엇을 알고 있을까요?"

그러고 나서 덧붙였다.

"실제로는 그다지 많지 않을 겁니다. 그나마 알고 있는 것조차 논란의 여지가 많죠."[1]

공교육의 기본 과목 중 하나인 수학에 대해 이렇게 말한다는 건 사실 놀라운 일이다. 특히 초등학교에서 배우는 분수의 개념 이해도가 추후 대수 과목을 제대로 이수할 가능성을 예측하고, 중·고등학교에서 대수를 얼마나 잘 소화하는가가 이후 대학 입학과 졸업 여부에 큰 영향을 미친다는 사실을 고려한다면 더욱 그렇다. 수학이 이처럼 한 사람의 인생 궤도를 뒤바꿀 수 있다는 걸 과연 짐작이나 했을까?

강 작가의 이런 생각은 10년 넘게 수학 교육에 몸담아 온 내가 직접 경험하고 깨달은 것과 일치한다. 나는 수백만 명의 학생과 수십만 명의 교사가 사용하는 초·중등 글로벌 수학 플랫폼 전Zearn을 설립하고 개선하면서 '어떻게 해야 수학 감각과 수학적 사고를 길러줄 수 있을까?'와 같은 기본적 질문에조차 얼마나 많은 불신과 의견 충돌이 발생할 수 있는지 가까이서 목격해 왔다.

그러나 10년이 지난 지금 확실하게 말할 수 있는 한 가지는 바로 우리는 모두 수학 영재가 될 수 있었다는 사실이다. 10년 전만 해도 나 역시 이 사실을 믿지 않았다. 타고난 수학 영재가 아니었어도 수학을 잘할 수 있게 되었던 내 경험은 그다지 일반적이지 않았고, 나 또한 '수학을 잘하는 건 드문 재능이나 능력'이라는 사회적 통념에 갇혀 있었기 때문이다. 하지만 여러 사건, 특히 펜데믹을 겪으면서 나는 '학습이 무엇인지'에 대해 깊이 파고들기 시작했다.

그런데 이 질문에 대한 답을 찾기에 앞서 매우 중요한 단계가 있었다. 바로 올바른 가정을 먼저 세우는 것이다. 가정이란 종종 전혀 다른 결과를 끌어오기 때문이다. 즉 '가정'은 의식적으로든 무의식적으로든 우리의 행동 방식을 결정하고 때론 최종 결과에까지 영향을 미친다.

나는 대학 졸업 후 세계 3대 컨설팅기업인 베인앤컴퍼니Bain & Company에서 금융 예측 모델을 구축하는 일을 맡았다. 그리고 그때 결괏값을 크게 좌지우지할 수 있는 '가정'들을 찾아내어 검토할 필요가 있다는 사실을 깨달았다. 무심코 세운 가정이 가끔은 의도치 않은 결과를 만들어내고, 이로 인해 미래의 방향이 전혀 다르게 결정될 수 있기 때문이다. 반면 제대로 설정된 어떤 가정이나 가설은 역으로 미래를 예측할 수 있게 만들어준다.

수학 교육에 대한 질문과 가설도 마찬가지다. "누가 수학을 배울 수 있는가?"와 "어떻게 수학을 가르칠 것인가?"는 본질적 측면에서 전혀 다른 질문이다. 두 질문은 출발점이 다르고 접근 방식도 완전히 다르다. 전자는 사람을 '분류하는' 데 목적을 두고, 후자는 사람을 '가르치는' 데 초점을 맞춘다. 이런 가정의 차이가 얼마나 중요한지를 보여주는 대표적인 예가 바로 미국의 고등학교 개혁[2]이다.

1890년 미국의 고등학교 진학률은 겨우 7%였다.[3] 당시 고등학교는 부유한 사람들의 전유물이거나 어려운 입학시험을 통과한 극소수만을 위한 곳이었고, 그 혜택을 누리는 이들은 특정 성별과 인종으로 제한되어 있었다. 그러나 20세기 초 미국은 '누가 배울 수 있는가'에 초점을 맞춘 분류 방식에 의문을 제기하기 시작했다. 시대의 흐름이 바뀌면서 많은 교육지도자가 고등학교 교육이 학생의 잠재력을 키우고 사회 발전에 기여할 수 있다는 새로운 시각을 받아들이게 되었던 것이다.

1940년에는 고등학교 진학률이 폭발적으로 증가해 70%를 넘겼는데, 이는 거의 10배에 달하는 증가율이었다.[4] 이런 변화는 20세기와 21세기의 문화·경제·정치를 완전히 바꿔놓았고, 미국이 세계의 기술 혁명을 주도하는 데 결정적 역할을 했다. 1800년대 초반 고등학교 개혁의 기틀을 마련한 교육 혁신가 호레이스 만Horace Mann은 "교육은 인간의 조건을 평등하게 만드는 위대한 도구[5]이자 사회 질서의 균형추다"라고 역설하며 무상 교육과 보편 교육의 필요성을 강력하게 주장했다. 유럽이 여전히 선별 시험 제도에 매달려 있을 때 미국은 여성을 포함한 '모두'에게 교육의 기회를 제공하기로 결단을 내렸다. (물론 당시 '모두'의 개념은 대부분 백인을 뜻했고, 교육 시스템의 완전한 통합은 지금도 과제로 남아 있다.)

이런 인적 자원에 대한 대담한 교육적 변화는 미국이 기술과 경제 발전에서 다른 선진국들을 압도하는 원동력이 되었다. 소수의 엘리트만이 아니라 모든 학생에게 고등학교 교육 과정의 기회를 제공하는 것이 사회 전체에 얼마나 큰 이익을 가져다주는지 증명된 것이다. 결국 수십 년 뒤 유럽의 여러 나라도 이 방식을 받아들였고, 미국의 고등학교 개혁 모델은 전 세계 공교육의 표준이 되었다.

{ **'긍정적 일탈'에 대하여** }

내 부모님은 불안정한 인도의 국경 지역에서 어린 시절을 보냈다. 1947년 여름, 인도가 식민 통치에서 벗어나 독립을 쟁취했을 때[6] 영국은 급하게 인도와 파키스탄 양국에 새로운 국경선을 그려 충격적인 분단을 자행했다. 이로 말미암아 1,400만 명이 강제 이주해야 했고, 약 300만 명이 목숨을 잃었다. 이는 인류 역사상 가장 큰 규모의 강제 이주와 인명 피해를 낳은 사건이었다.

나는 어린 시절 여러 대륙에 뿔뿔이 흩어져 살게 된 가족들의 분단 후유증을 지켜보면서 교육이 삶의 방향을 바꿀 수 있다는 것, 교육받을 행운조차 누리지 못하는 사람이 많다는 것, 교육 시스템 자체가 심각하게 불공평하다는 것, 이렇게 세 가지의 중요한 교훈을 얻었다. 그리고 난민 가정에서 자라면서 훌륭한 교육이 얼마나 극적으로 삶을 변화시킬 수 있는지도 직접 경험했다. 내가 10년 넘게 컨설팅 업계에서 일하다가 교육 접근성을 높이는 일에 시간과 노력을 쏟을 기회가 왔을 때 망설임 없이 뛰어든 건 바로 이런 이유 때문이다.

글로벌 비영리 수학 교육 플랫폼인 젠을 설립한 것은 두 가지 질문에 답하기 위해서였다. 어떻게 하면 디지털 도구를 활용해 수준 높은 교육 기회를 더 폭넓게 제공할 수 있고, 이를 통해 기존 고등학교 교육 시스템의 혁신을 이어갈 수 있을까? 기술은 어떻게 가르침과 배움이라는 본질적 활동을 더 효과적으로 뒷받침할 수 있을까? 이들 질문에 대한 답을 찾아가는 동안 미처 생각지 못했던 새로운 질문과 흥미로운 답을 발견했으며, 그간 당연하게 여겼던 것들에 의문을 품게 되었다.

이런 과정에서 칩 히스Chip Heath와 댄 히스Dan Heath 형제의 저서 《스위치Switch》[7]에 소개된 '밝은 지점bright spots' 연구법을 접하게 되었는데, 이는 불리한 상황에서도 이례적으로 성공한 사례를 연구하는 방법으로, 그중 1990년대 베트남의 사례가 대표적이다.

당시 베트남 시골에 사는 아이들의 영양실조는 빈곤한 환경과 열악한 위생 상태가 불러온 필연적 결과로 여겨졌다. 하지만 세이브더칠드런은 이런 고정관념에서 벗어나 같은 환경에서도 유독 건강하게 자라는 아이들에 주목했다. 그 결과 그들의 부모가 일반적 방식과는 다른, 작지만 효과적인 양육 방식을 사용한다는 것을 발견했다. 예를 들면 끼니를 하루 두 번이 아닌 네 번으로 나눠 먹이거나 직접 음식을 먹이고 새우와 게, 고구마 잎 같은 현지 식재료를 활용하는 등의 방법으로 아이들의 영양 상태를 개선한 것이다.

그렇다면 수학 교육 분야에도 이런 '밝은 지점'이 있지 않을까? 나는 이런 성공 사례를 찾기 위해 저소득층 아이들을 가르치면서도 매년 주state 수학 시험에서 최고점을 받는 선생님들을 찾아 만남을 청했다. 안타깝지만 현실적으로 지금 우리 사회에서 경제적 여건은 교육성취도에 큰 영향을 미친다. 하지만 그 속에서도 예외는 항상 존재한다. 나는 그 '예외'에 속하는 선생님들을 주의 깊게 관찰했고, 그들이 학생들에게 수학에 대한 흥미와 자존감을 효과적으로 높이는, 작지만 중요한 기술 몇 가지를 사용하고 있음을 발견했다. 이는 1990년대 베트남의 해산물과 고구마 잎이 아이들의 영양 상태를 개선한 것과 같은 놀라운 효과였다.

자, 다음 문제를 풀어보자.

다음 중 $\frac{1}{2}$에 가장 가까운 값은 무엇일까요?

$$\frac{5}{8} \quad \frac{1}{6} \quad \frac{2}{2} \quad \frac{1}{5}$$

아마도 나와 같은 방식으로 이 문제의 풀이법을 배웠을 거라고 생각한다. 먼저 이들 분수를 통분할 분모를 찾기 위해 몇 분 동안 고심했을 것이다. 8, 6, 2, 5의 공배수가 무엇일까? 여러 번 계산한 뒤 120을 찾았을 것이다. 그리고 계산을 더해 모든 분수를 120을 분모로 하는 값으로 바꾼다. 내 계산 방식은 다음과 같다.

$$\frac{1}{2} \quad \frac{5}{8} \quad \frac{1}{6} \quad \frac{2}{2} \quad \frac{1}{5} \Big\} \text{ 공통 분모는 무엇일까요?}$$

$$(2) \quad (2 \cdot 2 \cdot 2) \quad (2 \cdot 3) \quad (2) \quad (5)$$

$$2 \cdot 2 \cdot 2 \cdot 3 \cdot 5 = 120$$

$$\frac{60}{120} \quad \boxed{\frac{75}{120}} \quad \frac{20}{120} \quad \frac{120}{120} \quad \frac{24}{120}$$

$$\boxed{\frac{5}{8}} \quad \frac{1}{6} \quad \frac{2}{2} \quad \frac{1}{5}$$

내가 만난 몇몇 교사는 앞에서 언급한 '베트남의 혁신적인 부모들'처럼 기존과 다른 방식으로 가르치는 '긍정적 일탈'을 보여주었다. 그들은 특히 학생들이 수학을 깊이 이해하는 데 수업의 초점을 맞췄다. 물론 학생들은 최소공배수를 정확하게 계산할 수 있고 필요할 때 이 방법을 활용할 줄 알았지만, 교사들은 단순히 최소공배수를 찾아 문제를 푸는 방법에 매몰되지 않았다. 그들은 학생들이 답을 구하기 위해 많은 시간을 들이지만 정작 자신이 무엇을 하고 있는지 제대로 이해하지 못한 채 그저 답만 맞히기 위해 애쓰고 있다는 걸 간파했다. 그리고 이런 방식은 수학 학습에 큰 도움이 되지 않는다는 결론을 내렸다.

이런 통찰을 바탕으로 교사들이 가장 먼저 한 일은 분수를 '의미'로 바꾸는 것이었다. 그들은 학생들을 가르칠 때 다음처럼 말했다.

"분수는 상형문자 같은 기호가 아니라 숫자라는 것을 꼭 기억하세요! 계산하기 전에 먼저 이 문제를 제대로 이해해야 합니다. 그림을 이용해도 되고, 이야기를 만들어도 됩니다. 필요한 건 뭐든지 시도해 보세요!"

일부 교사는 분수를 이해하기 어려운 기호에서 누구나 이해할 수 있는 의미로 바꾸기 위해 칠판에 다음과 같은 그림을 그렸다.

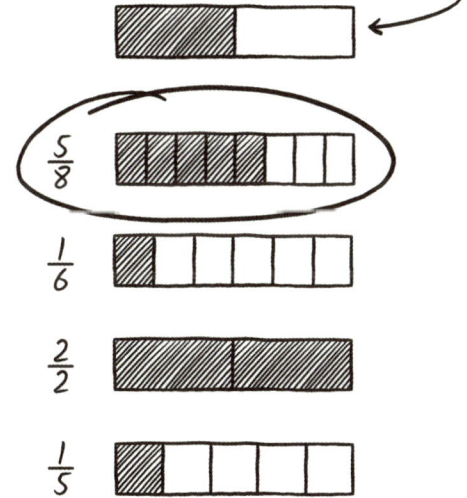

이처럼 교사들은 학생들에게 수학에서 '이해'가 얼마나 중요한지, 문제의 본질을 이해하면 때로는 복잡한 계산 없이도 답을 찾을 수

있다는 것을 보여주었다.

나는 이 방식에 완전히 압도되었다. 6학년 때 스나이더 선생님의 수학 수업에서 살아남기 위해 혼자 공부하며 터득했던 바로 그 방법이었기 때문이다. 당시 나는 많이 뒤처져 있었고, 놓친 풀이 과정과 요령을 모두 외우는 것은 불가능했다. 그래서 다른 전략을 찾아 헤맸다. 바로 단계를 건너뛰더라도 문제를 이해하려 노력한 것이다.

그제야 내가 했던 그 노력이 무엇이었는지 알게 되었다. '긍정적 일탈'을 이야기한 교사들처럼 문제를 이해하기 위해 더 쉬운 예제를 만들고 그림을 그리거나 다양한 접근 방식을 시도했던 것이다. 그리고 때론 시간이 오래 걸리더라도 단순 암기가 아닌 근본적 이해에 집중했다.

그런데 놀랍게도 내가 방문한 수업에서 교사가 학생들에게 이 모든 것을 가르치고 있었다. 문제가 가진 의미를 찾는 법, 이해하기 위해 노력하는 자세, 암기가 아닌 이해가 먼저라는 것이 당연하다는 생각까지! 너무나 감격스러웠다. 이 학생들이 수학을 잘하는 것은 당연한 일이었다. 아이들은 우리 가운데 몇몇이 운 좋게 혼자 터득한 '수에 대한 감각'을 체계적으로 배우고 있었다.

덧붙이자면, 앞서 제시한 문제는 그냥 오래된 수학 문제가 아니다. 4학년과 8학년 가운데서 대표 표본을 뽑아 시행하는 교육 평가 도구인 전국교육성취도평가NAEP, National Assessment of Educational Progress에 나온 문제다. '미국의 성적표'라고 불리는 NAEP는 학생들의 수학 실력을 파악하는 주요 수단이다. 그런데 절반이 넘는 학생들이 이 문제를 틀렸다.[8] 4학년 학생은 75%가 이 문제를 틀렸고 그중 41%의 학생이 정답으로 $\frac{2}{2}$, 즉 1을 골랐다. 이 수는 선지 가운데서 가장 큰 숫자이고 $\frac{1}{2}$과 차이가 가장 큰 값이다. 그림을 이해했다면 아무도 $\frac{2}{2}$를 정답으로 고르지 않았을 것이다. '긍정적 일탈'을 보이는 교실에서는 딱딱하고 지루한 추상적 계산 문제가 논리적 사고를 만나 흥미로운 추론 문제로 바뀐다.

{ ## 수학 머리를 만든다고?! }

효과적인 교육 전략을 짜기 위해 우리는 뇌과학을 비롯해 다양한 분야를 연구했다. 이 과정은 "수학 영재는 타고나는 것이 아니라 만들어진다"는 내 믿음을 더욱 굳건하게 만들어주었다. 특히 최근 몇 년간 인지과학 분야에서는 인간의 뇌가 고정된 것이 아닌 역동적으로 변화하는 특성을 지녔다는 획기적 사실을 밝혀냈다. 과학자들은 이런 뇌의 변화 가능성을 '가소성'이라는 용어로 설명한다.

이 개념은 내가 이전에 이해하던 것과는 완전히 달랐다. 나는 두 뇌의 능력이 고정되어 있다고 생각했다. 즉 머리가 좋은지 나쁜지, 작문이나 수학을 잘하는지 못하는지가 이미 결정되어 있다고 생각한 것이다. 물론 노력이 중요하다는 것은 알고 있었다. 실제로 나도 어릴 적 6학년을 무사히 마치기 위해 열심히 공부했고, 부모님이 미국에서 의사로 재교육을 받으며 우리 남매에게 더 나은 삶을 만들어주기 위해 애쓰는 모습도 지켜보았다. 그럼에도 마음속 깊이 "본질은 바뀌지 않는다"고 믿었다.

그러나 과학적 근거를 파고들면서 정반대의 사실을 발견했다. 그 원리는 믿기 어려울 정도로 단순했다. 신체가 점점 강해질 수 있는 것처럼 뇌도 점점 똑똑해질 수 있다는 것이다. 매일 팔굽혀펴기를 하면 근육이 단단해지듯, 우리 뇌도 꾸준한 훈련을 통해 놀라운 잠재력을 발휘할 수 있다. 다시 말해 근육을 키우듯 뇌를 단련하면 우리는 생각보다 훨씬 똑똑해질 수 있다.

펜실베이니아주 뉴스탠턴에 살던 태너의 이야기다.[9] 그는 네 살 무렵 뇌에서 골프공만 한 종양이 발견되었는데, 초등학교 1학년이 되면서 하루에 50번 넘게 발작을 일으켰다. 주치의는 어쩔 수 없이 시각 중추를 포함한 우뇌의 6분의 1을 제거해야 했다. 하지만 주위 사람들의 우려와 달리 태너는 건강하게 자랐고, 열두 살이 되었을 때는 또래 아이들과 다름없이 생활하며 전 과목에서 A를 받는 놀라운 학생이 되었다.

뇌의 이런 놀라운 적응력은 어린아이에게만 해당하는 것이 아니다. GPS가 없던 시절 복잡하기로 악명 높은 런던 시내를 누비던 택시 운전사들[10]의 사례가 이를 명확하게 보여준다. 연구 결과에 따르면 그들은 두 지점 사이 최적 경로를 순식간에 파악하는 특별한 능력을 지니고 있었다. 길 찾기라는 과제가 매일 그들의 뇌를 자극했고, 그 결과 기억을 담당하는 뇌 부위가 일반인보다 훨씬 크게 발달한 것이다.

이런 발견은 우리에게 중요한 시사점을 던져준다. 우리는 '수학을 잘할 수 있는 아이'와 '그렇지 않은 아이'를 구분하는 대신 모든 아이가 수학 능력을 키울 수 있는 학습 시스템을 만들어야 한다. 런던의 택시 운전사처럼 아이들에게 적절한 자극과 경험을 제공한다면 그들은 분명 자신만의 놀라운 능력을 보여줄 것이다.

{ 우리 안의 수학 본능 }

우리는 갓난아기가 옹알이를 시작하고 까르르 웃다가 어느 날 완전한 문장을 말하는 모습에 놀라지 않는다. 아이가 말을 모르는 상태임에도 계속 말 걸기를 반복하는 이유는 언젠가 말하게 될 거라고 확신하기 때문이다. 인간에게는 언어를 습득하려는 타고난 본능이 있다. 마찬가지로 나는 인간이 수에 대한 감각, 즉 수학적 본능 역시 타고난다는 사실을 알고 놀라움을 금치 못했다. 아니, 인간뿐 아니라 영장류, 돌고래, 심지어 오랫동안 저평가되어 온 조류도 수를 셀 수 있다.

오랫동안 우리 생각을 지배해 온 아동 발달 전문가 장 피아제Jean Piaget[11]의 이론은 인간을 제대로 이해하는 데 걸림돌이 되었다. 피아제는 어린아이는 자기중심적이라서 타인의 생각을 이해할 수 없으며, 논리적 사고는 체계적인 정규 교육과 시행착오를 통해서만 습득할 수 있다고 주장했다.

그런데 최근의 과학 연구는 피아제의 주장이 틀렸음을 입증했다. 즉 인간의 뇌는 이미 태어날 때부터 수, 양, 원인과 결과, 미지수를 구하는 복잡한 대수학 같은 개념을 이해할 수 있도록 설계되었다는 것이다. 실제로 캘리포니아대학교 버클리 캠퍼스의 한 연구진이 미취학 아동과 학부생을 대상으로 미지수 $x$를 구하는 실험을 했는데, 놀랍게도 미취학 아동이 더 뛰어난 결과를 보였다.[12]

이 실험은 미취학 아동이 다양한 인과관계를 본능적으로 이해할 수 있음을 보여주었다. 연구진은 미취학 아동과 학부생에게 특별한 장난감을 제공했는데, 특정 색상이나 개수의 블록을 통에 넣으면 불빛이 들어오고 소리가 나는 기계였다. 이 장난감을 작동시키는 방법은 두 가지였다. 하나는 파란색 블록 하나를 넣는 것이었고, 다른 하나는 주황색과 보라색 블록을 각각 하나씩 함께 넣는 것이었다. 연구진은 아이들에게 블록을 이용해 장난감에 불을 켜보라고 한 뒤 자유롭게 탐색하며 놀도록 했다. 놀이가 계속될수록 놀랍게도 아이들은 학부생들보다 훨씬 뛰어난 결과를 보였다. 두 집단 모두 파란색 블록 하나로 불을 켤 수 있다는 사실을 알아챘지만, 아이들은 탐색하는 과정에서 두 가지 색상의 블록 조합으로도 불을 켤 수 있다는 것을 찾아냈다. 즉 학부생들은 '단일 원인과 단일 결과'

에 갇힌 반면, 아이들은 더 유연하고 다양한 인과관계를 탐구할 준비가 되어 있었다.

이런 과학적 근거에도 타고난 수학 본능에 대한 의심을 거두지 못하고 있는가? 그렇다면 다음에 나오는 비둘기와 영장류의 사례를 한번 살펴보자. 비둘기는 수를 셀 수 있을 뿐 아니라[13] 추상적인 수의 규칙까지 이해하고 학습한다. 영장류도 놀라운 수학적 능력을 보여준다. 그들은 화면에 나타나는 숫자들을 크기순으로 배열할 수 있으며,[14] 물체의 크기나 모양이 달라져도 동일한 작업을 수행할 수 있다. 심지어 처음 보는 물체가 주어졌을 때도 이 능력을 그대로 발휘한다. 이를 통해 영장류가 물건의 형태와 상관없이 "5가 2보다 크다" 같은 추상적이고 절대적인 개념을 이해한다는 것을 알 수 있다.

지금까지 살펴본 학부생과 미취학 아동의 비교 사례나 비둘기와 원숭이의 사례가 말하고자 하는 바는 분명하다. 수학적 능력은 소수의 특별한 재능이 아니라 우리 모두가 지닌 본능이라는 것! 만약 지금껏 수학 공부를 하며 자신의 수학적 재능을 의심해 왔다면 이런 증거들이 조금이나마 그 생각을 바꾸는 계기가 될 수 있길 바란다.


{ 　　　　　　**통계가 증명한 수학 본능**　　　　　　 }


내가 2012년에 공동 설립한 비영리 수학 학습 플랫폼 전의 학습

자료는 모두 무료로 제공된다. 단기적 이익보다는 모두를 위한 수학 교육이라는 장기적 목표에 집중하고 있기 때문이다. 교사들은 시범 단계의 디지털 수업에 큰 관심을 보였고, 다른 교사들과 이를 공유하면서 자연스럽게 입소문이 퍼져 나갔다. 2023년에 이르러서는 초등학생 4명 중 1명, 중학생 100만 명 이상이 전 수학을 활용하게 되었다. 이렇게 수백만 명의 학생이 수십억 개의 수학 문제를 풀면서 전 수학은 세계에서 가장 방대한 수학 학습 데이터를 보유하게 되었다. 그리고 우리는 이 방대한 데이터를 통해 학생들이 "4는 2보다 크지만 $\frac{1}{4}$은 $\frac{1}{2}$보다 작다" 같은 수학적 개념을 얼마나 잘 이해했는지 파악할 수 있다. (소프트웨어 기반의 학습 환경이기에 학생들의 필요에 맞춰 세부적 조정과 업데이트도 가능하다.)

전 수학의 관리자와 데이터 과학자들은 "가장 효과적인 수학 학습법은 무엇인가"라는 질문에 답하기 위해 이런 축적 데이터를 면밀히 분석한다. 그 결과 우리는 단순하면서도 강력한 한 가지 사실을 발견했다. 수학 문제를 꾸준히 풀면 모든 학생이 의미 있는 학습 성과를 보인다는 것이다. 특히 놀라운 점은 초기에 가장 낮은 점수를 받았던 학생이 오히려 큰 진전을 보인다는 사실이다. 이는 과연 무엇을 의미할까?

이전에 학생들을 가로막았던 것이 무엇이든 간에 그것은 결코 그들이 가진 학습 능력의 한계가 아니었다는 뜻이다. 140억 개가 넘는 수학 문제 풀이 데이터가 말해 주는 것은 분명하다. 우리 모두에게는 타고난 수학 본능이 있으며, 누구나 수학적 사고력을 키울 수 있다는 사실이다.

수학 외의 영역에서도 우리는 중요한 통찰을 얻을 수 있다. 나는 시대별 글을 읽고 비유하는 비율, 즉 문해율을 보여주는 도표를 발견하고 1960년대 사람들이 독해 능력에 대해 가졌던 가정을 깊이 고민했다. 오늘날 우리는 읽고 쓰는 능력을 당연하게 여기지만, 이는 역사적으로 희귀한 기술이었다. 1800년대에 어떤 체계와 신념이 문해력을 소수의 특권으로 만들었을까? 왜 모든 사람을 교육하는 대신 선별하는 방식을 선택했을까? 그리고 가장 흥미로운 점은 이런 관념이 어떻게, 왜 변화하게 되었느냐 하는 것이다.

34쪽에 나오는 도표의 기울기는 주목할 만한 변화를 보여준다.[15] 문해율은 처음 100년간 완만하게 상승하다가 이후 100년 동안 급격히 증가했다. 특히 이 가파른 상승기는 전 세계 인구가 폭발적으로 증가하던 시기와 맞물린다.

또 다른 흥미로운 사례로 미국과 다른 OECD 국가들의 수학 성적을 살펴보자. 2022년 국제학업성취도평가 PISA, Program for International Student Assessment[16]에서 미국 고등학생은 읽기 9위, 과학 16위를 기록했지만, 수학에서는 34위에 그쳤다. 그러나 수학 감각을 깨울 수만 있다면 더 좋은 기록을 낼 수 있다. 이는 내가 학생의 입장에서 수학을 배우며 정량적 분석에 수학을 적용하고, 다른 이들의 수학 학습 과정을 연구하면서 얻은 깨달음이다. 이 통찰은 내 인생을 송두리째

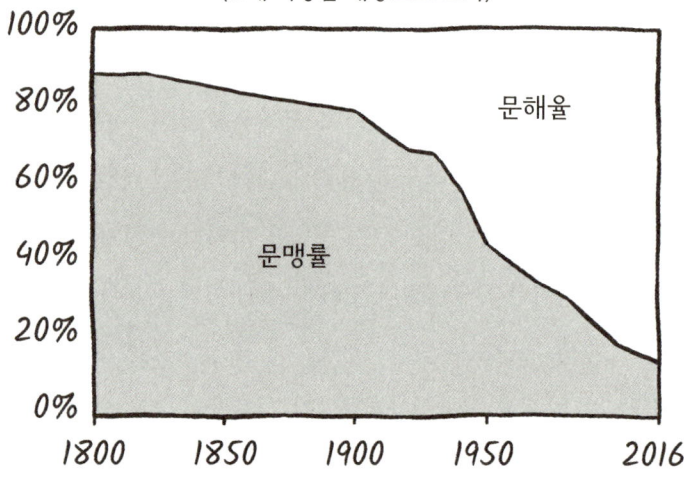

출처: OurWorldinData.org/literacy(CC BY 4.0)
(https://creativecommons.org/licenses/by/4.0/deed.en_US에서 사용 가능)

바꿔놓았다. 나아가 지금까지 쌓아 왔던 성공적인 커리어를 뒤로하고 더 많은 사람이 더 나은 수학 교육을 받을 수 있는 비영리 단체를 시작하게 만들었다.

이 책의 말미에서 나는 지금까지 수학과 함께하면서 배운 것을 나누고, 수학이 진정 우리 모두를 위한 학문이 될 수 있는 미래를 만들어 나갈 방법을 다룰 예정이다. 이를 통해 미처 들여다보지 못한 자신 안에 깊이 뿌리 박힌 '가정'을 발견하고 바꿔 간다면 전혀 다른 세상을 만나게 될 거라고 장담한다.

# 1부

# "나는 원래 수학을 못해"는 거짓말!

### 수학 자존감을 떨어뜨리는 세 가지 환상

"무의식을 의식하지 못하면
무의식이 당신의 삶을 지배하게 되고,
당신은 그것을 운명으로 받아들일 것이다."

― 카를 구스타프 융 Carl Gusta Jung

많은 사람이 수학을 싫어한다고 말하지만, 그 말의 진짜 의미는 수학 수업 시간에 했던 활동이 싫었다는 뜻이다. 시간에 쫓기며 의미 없는 공식과 풀이 순서를 암기하고, 선생님이 가르친 방식 그대로 풀어야 했던 경험이 '싫었던' 것이다. 수학은 속도가 가장 중요하며 정해진 풀이 순서를 외워야 하고, 모든 문제에는 단 하나의 정답만 있다는 환상 속에서 고통받았을 것이다. 이런 왜곡된 수학 교육은 호기심 많은 학생을 수학 공포증을 가진 어른으로, '수포자'로 자라게 만든다. 결국 그들은 수학을 자연스럽게 받아들이지 못하고, 수학이 필요한 여러 분야에서 자신의 기량을 펼치고 성과를 거두기가 어려워진다. 또 이런 식의 수학 교육은 수학을 사랑할 수 없게 만든다.

대부분의 사람이 그렇듯 지금 당신도 "수학을 사랑한다"는 이 마지막 말에 회의적인 반응을 보였을 것이다.

'아니, 수학을 사랑하다니… 이게 말이 되는 소리인가?!'

몇 년 전 영향력 있는 정책 입안자들에게 열심을 다해 "모든 아이가 수학을 배우고 사랑하도록 돕는 것을 목표로 삼자"고 설득할 때의 일이다. 이 말이 끝나자마자 회의 참석자들은 불편한 기색으로 서로 눈빛을 주고받았다. 그리고 어색한 침묵이 이어졌다. 침묵을 견디지 못한 한 참석자가 나를 더 난처하게 만들지 않으려는 듯 조심스럽게 말을 꺼냈다.

"샬리니, 아이들이 수학을 즐기면서 배우도록 해야 한다는 취지는 좋지만… 솔직히 말하면 아이들이 수학을 사랑하게 되진 않을 것 같군요."

그러나 장담하건대, 아이들은 분명 수학을 사랑할 수 있다. 수학 문제를 풀 때 초코칩 쿠키를 먹거나 홈런을 칠 때처럼 짜릿한 기쁨을 느낄 수 있어야 한다.

신경과학적 관점에서 보면 이 말이 사실임을 알 수 있다. 과학자들은 자기공명영상 검사를 통해 문제나 퍼즐을 풀 때 뇌가 독립기념일 밤하늘[17]을 수놓는 폭죽처럼 빛난다는 사실을 밝혀냈다. "아하!" 하는 순간은 우리를 황홀하게 만든다. 수학 학습 과정에서 이런 순간을 자주 마주해야 하지만, 현실은 그렇지 않다. 현재의 수학 교육 시스템 아래서 수학 학습은 끔찍한 경험일 뿐이며, 사람들은 "수학은 원래 그런 것이다"라고 믿게 되었다. 그리고 이런 왜곡된 믿음은 실제적인 수학 불안 증상으로 이어진다.

- 마이애미 데이드카운티공립학교 Miami Dade County Public Schools의 조

사에 따르면 미국인 가운데 93%는 어느 정도 수학 불안을 겪는다.[18]

- 교육주간지 Education Week의 연구기관인 에드위크 리서치센터 EdWeek Research Center가 교사를 대상으로 실시한 설문 조사[19]에서 응답자의 67%가 학생들이 수학 불안으로 어려움을 겪는다고 답했으며, 25%는 교사 자신조차 수학을 풀 때나 가르칠 때 불안함을 느낀다고 밝혔다.

- 경제협력개발기구 OECD는 고등학교 학생 가운데 30%가 수학 문제를 풀 때 '무력감'을 느낀다[20]는 조사 결과를 발표했다.

- 인지심리학자 마크 애슈크래프트 Mark H. Ashcraft는 수학 불안의 부정적 결과를 명확히 지적한다. 즉 수학 불안이 높은 사람은 수학을 기피하는데,[21] 고등학교와 대학교에서 수학 관련 과목을 선택하지 않고 수학이 필요한 전공이나 진로를 피하게 된다는 것이다.

- 한 연구에 따르면 수학 불안이 높은 학생은 문제를 빨리 풀기 위해 정확성을 포기하는 경향이 있는데,[22] 특히 시험에서 어려운 문제를 만나면 이런 경향이 더욱 심해진다. 불안을 느낀 학

생은 문제를 풀면서 극도의 스트레스를 받기 때문에 그저 빨리 끝내기 위해 서둘러 시험을 마무리한다.

최신 인지과학과 신경과학 연구는 우리의 통념을 뒤집는다. 즉 수학 불안은 단순히 낮은 성적 때문에 생기는 것이 아니다. 수학 불안을 겪는 5명 가운데 4명[23]은 놀랍게도 수학 성적이 평균보다 높은 것으로 나타났다. 더 주목할 점은 수학 불안이 시험을 보는 '도중'이 아니라 시험을 보기 '전' 실패에 대한 두려움과 관련된 뇌 영역의 활동 증가와 연관되어 있다는 것이다. 이런 상황에서 수학을 푸는 즐거움은 당연히 경험하기 어렵다. 우리는 수학을 두려워하도록 학습되었고, 이 두려움은 문제를 풀기도 전에 종종 우리를 압도한다.

그렇다면 읽기에서는 왜 이런 불안을 크게 느끼지 않는 걸까? 읽기에는 수학을 따라다니는 이런 환상이 없기 때문이다. 심리학에서는 감정을 다스리기 위해선 먼저 그것에 이름을 붙여야 한다고 말한다. 즉 문제가 되는 상황을 정확히 인지하고 식별할 수 있다면 그에 따른 부작용을 조절하기가 수월해진다. 우리는 '수학 불안'이라고 명칭을 붙였지만, 이를 제대로 분석하고 이해하고 극복하려는 노력은 여전히 부족하다. 이것이 바로 1부에서 다루는 핵심 내용이다.

수학 수업에서 당신이 느꼈던 분노나 공포, 지루함은 자연스러운 감정이다. 하지만 기억해야 한다. 당신이 적이라 여기며 맞섰던 건 수학이 아니었다는 걸 말이다.

**2장**

# '속도'가 전부는 아니다

초등학교 수학 수업으로 돌아가보자. 대부분은 제한된 시간 내에 곱셈 문제를 풀어야 했던 기억이 생생히 떠오를 것이다.

그리고 매주 치러지던 1단부터 12단까지의 곱셈 시험은 큰 스트레스였을 것이다. 이런 시험은 수학을 결승선을 향해 달리는 단거리 경주처럼 만들어버렸다. 평소 잘 풀었다고 해도 곱셈 문제가 적힌 시험지를 본 순간 맥박이 빨라지고 배를 옥죄는 듯한 기분이 들 수 있다.

오해해선 안 된다. 수학 학습의 중요 영역에서 속도는 중요하다. 그러나 빠른 속도가 수학을 잘할 수 있는 비결이라는 환상은 수학을 사랑할 기회마저 빼앗아가고 만다.

{ 속도의 진정한 가치 }

사실 수학을 잘하기 위해 문제를 빨리 풀 필요는 없다. 뒤에서 자세히 다루겠지만, 안타깝게도 우리에게는 속도의 중요성을 때로는 경시하고 때로는 지나치게 강조했던 일관성 없는 역사가 있다. (물론 속도에 대한 이런 강조는 오늘날 디지털 도구의 놀라운 계산 능력을 생각하면 더욱 무의미해 보인다.)

스마트폰이 인류의 달 착륙을 도왔던 중앙컴퓨터보다 더 강력하다는 말을 들어 본 적이 있을 것이다. 그러나 이는 과소평가된 표현이다. 이제는 구식이 된 아이폰6만으로도 아폴로 시대의 우주선 1억 2,000만 대[24]를 동시에 달까지 안내할 수 있다. 즉 일상적으로 사용되는 기기조차 이처럼 놀라운 속도로 계산할 수 있다.

사실 우리는 전기, 통신 같은 기본적인 사회기반시설을 운영하는 데도 컴퓨터의 처리 속도에 의존하고 있다. 구글 검색을 가능하게 만든 페이지랭크 알고리즘(웹 페이지의 중요도를 측정하는 알고리즘)은 수학을 빠르게 처리하는 기계가 지닌 혁신적 힘을 보여주는 좋은 예다. 챗GPT 같은 생성형 AI를 사용하면서 신기한 경험을 할 수 있는 배경의 핵심에는 수학적 모델과 컴퓨터 성능의 비약적 발전이 자리하고 있다. 이제 더는 빨리 계산하는 사람이 필요치 않다. 대신 우리에게는 복잡하고 흥미로운 문제를 풀기 위해 빠른 컴퓨터 성능을 어떻게 활용할지 체계적이고 창의적으로 생각할 수 있는 사람이 필요하다.

건축의 역사를 살펴보자. 수 세기 전 우리는 사람과 동물의 힘에만 의존했다. 이집트의 대피라미드, 중국의 만리장성 등 경이로운 건축물도 전기 구동 장치의 도움 없이 세워졌다. 얼마 전만 해도 건축 책임자들은 가능한 한 힘센 인부들을 고용하고, 일을 도와줄 동물들을 훈련해야 했다. 그러나 지금은 다르다. 굳이 건장한 '몸짱'을 고용할 필요가 없다. 고층 건물을 지을 때 크레인과 불도저, 그 외 다른 중장비 기계를 사용하면 된다. 그저 크레인을 능숙하게 다룰 수 있는 숙련된 기술자가 필요할 뿐이다.

속도에 대한 지나친 강조는 정확성을 해치는 또 다른 심각한 문제를 낳는다.

다트머스대학교 총장인 사이언 베일록Sian Beilock은 사람의 성과, 특히 잠재력을 제대로 발휘하지 못하게 만드는 상황을 연구하고 있다. 그는 〈뉴욕타임스〉 베스트셀러에 오른《부동의 심리학Choke》에서 흥미로운 연구 결과를 소개했다. 수학 실력이 뛰어난 학생일수록 까다로운 문제를 풀 때 시간 압박에 따른 실수를 줄이기 위해 보통의 학생보다 더 천천히 여유를 가지고 푼다는 것이다. 이와 관련한 흥미로운 연구가 있는데, 한번 살펴보자.

물리학 수업을 듣는 대학생뿐 아니라 물리학과 대학원생, 교수 들에게 동일한 물리 문제를 주고 제한된 시간 내에 풀게 했다.[25] 어려운 문제였지만, 대학생도 배운 내용을 바탕으로 충분히 풀 수 있는 수준이었다. 실험을 주도한 연구원들은 대학원생과 교수 들이 대학생보다 빠르고 정확하게 풀 거라고 생각했지만, 결과는 예상 밖이었다.

대학원생과 교수 들은 더 정확한 답을 찾아냈지만, 시간은 오히려 많이 걸렸다. 특히 풀이 방법을 정하는 데 있어 훨씬 더 신중하게 접근했다. 대학원생은 서둘러 풀다가 잘못된 방식으로 풀면 모든 것이 헛수고로 끝나버린다는 사실을 경험으로 알고 있었기 때문이다. 그들은 이미 물리학에서 복잡한 수학 문제를 다룬 경험이 있어서인지 문제를 여러 번 읽고 나서 어디서부터 어떻게 접근할지 한참 동안 고민했다.

한편 대학생은 빠르게 계산을 시작했지만, 서두르다가 문제를 잘

못 이해해서 틀린 답을 내는 경우가 많았다. 결국 그들은 계산 속도는 빨랐지만 정확도가 떨어져 대학원생보다 낮은 점수를 받았다. 이런 연구 결과는 언제 속도를 늦춰야 할지 아는 것이 문제 해결에 얼마나 중요한지를 보여준다.

어려운 문제를 가지고 고심하는 전 수학의 소프트웨어 공학자들 또한 초등학교 3학년 학생이 암기한 구구단을 떠올리며 외치는 것처럼 문제의 답을 쉽게 내뱉지 않는다. (지금까지 그런 경우는 본 적도 들은 적도 없다.) 대신 그들은 눈앞에 놓인 문제를 다양한 관점에서 논의하고 복잡한 문제를 칠판에 그려 가며 단순화하는 데 시간을 들인다. 컴퓨터로 계산하는 때도 많지만, 결국 문제를 해결하는 것은 깊이 있는 분석과 동료들과의 심도 있는 토론, 다양한 시도를 통해서다. 여기서 컴퓨터의 빠른 계산 능력은 문제를 해결하는 하나의 도구일 뿐이다.

속도에 대한 지나친 강조와 맹신은 직간접적으로 문제해결력을 떨어뜨릴 수 있다. 아동 수학 학습법 분야의 전설적인 연구자 짐 스티글러Jim Stigler[26]는 학생들이 문제 해결 과정에서 얼마나 오래 고민하는지에 주목했다. 한 연구에서 그는 미국의 1학년 학생들에게 풀 수 없는 수학 문제를 주었는데, 그들은 평균 30초가 되기 전 포기하고 말았다. 반면 수학 실력이 전반적으로 뛰어난 일본의 1학년 학생들은 한 시간 넘게 문제와 씨름했다.

{ **'작업 기억'에 여유 주기** }

미국교육부US Department of Education 산하의 권위 있는 교육정책기관인 교육과학연구소IES, The Institute of Education Sciences는 수천 개에 달하는 논문을 검토한 뒤 한 가지 중요한 결론을 내렸다. '숙련도를 높이기 위해 정해진 시간 안에 반복적으로 푸는 연습'[27]이 수학을 배우는 학생, 특히 수학을 힘들어하는 학생에게 매우 중요하다는 것이다. 그렇다! 초등학교 3학년 때 시간을 재며 보던 그 곱셈 시험이 바로 이런 '시간제한 활동'이었다.

그러나 교육과학연구소의 결론을 자세히 들여다보면 속도와 수학 사이의 중요한 진실이 보인다. 우리가 수학 풀이 과정의 일부를 자동으로 계산할 수 있다면 그만큼 두뇌 능력을 다른 곳에 쓸 수 있다는 것이다. 다시 말해 모든 과정을 일일이 계산하지 않고 많은 계산을 자동으로 처리하거나 효율적인 계산 방법을 찾아낸다면, 새로운 수학 개념을 배우거나 당면한 문제를 해결하는 데 더 많은 에너지를 쏟을 수 있다. (두뇌의 능력을 '절약'할 수 있다는 말이다!) 따라서 반복적인 시간제한 활동은 수학 학습 과정에서 숙련도를 높이는 데 중요한 부분을 차지한다.

그러나 시간제한을 둔 활동에만 집중하다 보면 수학 학습 과정에서 배우는 창의성과 즐거움, 심지어 정확성마저 잃게 된다. 이는 피아노를 배우는 학생이 음계 연습만 하는 것과 같다. 피아노는 처음부터 음계뿐 아니라 하나의 완성된 곡을 연습하기 때문에 의미 있는 학습이 된다. 하지만 음계 연습만 한다면 어떻게 될까? 아무리 음계를 잘 쳐도 그 연습 과정이 지루하고 기계적으로 느껴져 이후에는 피아노 자체에 흥미를 잃기 쉽다. 이는 결국 피아니스트로 성장하는 데 한계를 만든다.

속도와 숙련도의 중요성을 이해하는 좋은 방법은 뇌와 컴퓨터의 유사점을 살펴보는 것이다. 컴퓨터를 구입할 때 우리는 동시에 실행할 수 있는 프로그램의 수를 결정하는 램RAM, random access memory 용량을 고른다. 이 램과 인간 두뇌의 '작업 기억working memory'은 비슷한 특성을 지닌다.

현대의 발전된 과학 기술이 없던 1890년대에 미국의 철학자 윌리엄 제임스William James[28]는 뇌가 어떻게 작동하는지 놀랍도록 정확하게 추론했다. 그는 뇌가 두 가지 기억으로 움직인다고 보았다. 하나는 몇 초 동안 지속되며 우리의 의식 속에 정보를 저장하는 '일차기억'이다. 그리고 다른 하나는 무한히 지속되며 필요할 때 의식 속으로 끌어올 수 있는 '이차기억'이다. 이때 제임스가 말한 일차기억이 바로 우리가 말하는 '작업 기억'[29]이다. 이후 신경과학자와 심리학자 들은 기억의 작동 원리를 더 깊이 연구했다. 이차기억은 보통 '명시적 기억'과 '절차적 기억'으로 나뉘는데, 이 둘은 뇌의 서로 다른 부위에서 일어난다.

1950년대 한 흥미로운 사례가 이를 잘 보여준다. 발작으로 고통받던 헨리 몰레슨[30]은 치료를 위해 뇌의 일부를 제거하는 수술을 받은 뒤부터 특이한 형태의 기억 상실 증상을 겪게 되었다. 그는 일상적인 대화나 작업 기억이 필요한 일은 잘해 냈지만, 다음 날이면 전날 대화를 나눴거나 만났던 사람을 전혀 기억하지 못했다. 흥미로운 점은 수술 전 만났던 사람들은 여전히 알아봤다는 것이다. 또한 피아노의 운지법이나 구구단, 축구공 던지기 같은 새로운 절차적 기억에 해당하는 것들은 잘 익혔다.

이처럼 '절차적 기억'은 '어떻게 하는지 알지만 설명하기는 어려운 것'이라고 할 수 있다. 그렇다 보니 무의식적인 것으로 느껴진다. 아주 능숙해서 자동적인 행동처럼 여겨지는 것이다. 즉 몰레슨의 경우처럼 사람의 이름이나 장소 같은 새로운 명시적 기억과는 전혀 다른 방식으로 쌓인다.

우리의 교육 시스템은 유아 교육부터 초등학교 전 과정에 걸쳐 아이들의 작업 기억과 명시적·절차적 기억을 발달시키기 위해 노력한다. 예를 들면 어린아이의 하루는 정해진 순서로 시작된다. 개인 물품을 정리함에 넣고, 손을 씻고, 이름표를 뒤집어 출석을 알린 다음 선생님에게 인사하고 자리에 앉는 식이다. 이런 일상을 매일 아침 반복하면서 처음에는 어려웠던 여러 단계의 지시 사항이 작업 기억에서 절차적 기억으로 전환될 때까지 이어간다.

물론 작업 기억이 제대로 작동하지 않을 때도 있다. 내 경우에는

(인정하고 싶지 않지만 더 자주 일어나는데) 무언가를 찾으러 옷장으로 갔다가 그게 무엇이었는지 잊어버리곤 한다. 마치 컴퓨터의 메모리가 멈췄다가 다시 시작될 때 사용자와 컴퓨터 모두 이전 작업을 기억해 내야 하는 것과 비슷하다.

학생들이 수학 문제를 풀 때도 마찬가지다. 개별적 내용은 이해했음에도 이것들을 하나로 엮지 못한다면, 이 역시 작업 기억이 과부하로 멈춘 상태일 수 있다. 예를 들면 중학교 1학년 학생이 기초 대수 방정식을 풀 때 6×7이나 17-9 같은 계산이 필요할 때가 있다. 문제의 핵심은 아니지만 반드시 거쳐야 하는 보조적 계산이다. 만일 42와 8이라는 정답을 구하는 과정에서 작업 기억에 과부화가 걸린다면 어떻게 될까? 내가 옷장 앞에 멈춰 선 것처럼 방정식을 풀던 도중 자신이 무엇을 하고 있었는지 잊어버릴 수 있다.

그러나 시간제한 활동을 통해 곱셈과 뺄셈을 능숙하게 처리할 수 있다면 이런 연산들은 절차적 기억으로 학생들의 머릿속에 저장된다. 그러면 연산 결과를 떠올릴 때 훨씬 적은 힘이 들고, 그만큼 문제 해결을 위한 두뇌의 여유 공간을 확보할 수 있다. 작업 기억에 여유가 생기면 문제를 더 깊이 파고들거나 새로운 수학 학습에 참여할 수 있다. 이것이 바로 특정 수학 연산과 풀이 과정에서 숙련도를 높이는 과정이 꼭 필요한 이유다. 속도는 어떤 부분에서 중요하다. 하지만 그것이 전부는 아니다.

{ ## 그렇기도 하고, 아니기도 하고 }

　통합 복잡성integrative complexity은 '그렇기도 하고, 아니기도 하고'를 이해하는 데 유용한 개념이다. 이는 두 가지가 서로 반대되는 것처럼 보여도 역설처럼 둘 다 참일 수 있음을 뜻한다. 이 개념이 필수인 이유는 우리에게 "수학 실력은 속도에 달려 있다", 반대로 "속도는 수학에 해가 된다"는 식으로 진실을 단순화하지 말라고 경고하고 있기 때문이다. 많은 사람이 흑백 논리가 아닌 다양한 회색 영역을 주목해야 할 때 이 '통합 복잡성'을 언급한다. 그래서 1부에서는 통합 복잡성을 통해 우리가 가진 여러 환상을 들여다보려고 한다.

　비록 제임스웹 우주 망원경[31]의 전문가는 아니지만, 이 기념비적 성과가 통합 복잡성을 이해하는 데 좋은 예가 된다는 것을 알고 있다. 내 아들은 이 망원경이 처음 촬영한 카리나 성운의 '우주 절벽Cosmic Cliffs' 사진에 매료되어 자신의 스마트폰 배경 화면으로 설정해 두었다. 제임스웹 망원경은 미항공우주국 나사NASA와 유럽우주국, 캐나다우주국이 함께 이룬 결실이자 인류가 자랑스러워할 만한 수학과 과학의 위대한 업적이다.

　제임스웹 망원경에는 네 가지 주요 목표가 있다. 첫째, 빅뱅 이후 우주에 생겨난 최초의 별과 은하의 빛을 찾는다. 둘째, 은하가 어떻게 형성되고 진화해 왔는지를 연구한다. 셋째, 별과 행성이 어떻게 만들어졌는지를 파악한다. 마지막으로 행성계의 형성과 생명의 기원을 연구한다는 것이다.

　여기서 잠깐! 어떻게 망원경이 빅뱅 이후 형성된 최초의 별과 은하에서 나온 빛을 찾을 수 있을까? 빅뱅은 약 138억 년 전에 일어났으니 아주 먼 과거를 주의 깊게 들여다봐야 한다. 그렇다. 시간 여행이다. 빛의 이동에도 시간이 걸리는데, 예를 들면 태양이 내뿜은 빛은 지구까지 오는 데 8분 조금 넘게 걸린다. 즉 우리가 바라보는 일몰은 8분 전 태양 빛인 셈이다. 마찬가지로 제임스웹 망원경은 빅뱅 이후 약 2억 5,000만 년이 지난 시점의 우주 모습을 알아내고자 그 당시 아주 오래전 지구를 향해 방출된 빛을 관측하는 것이다.

　수백 명의 과학자와 수학자, 공학도, 기술자 들이 국적에 상관없이 협력했다. 이들은 뛰어난 수학 실력을 바탕으로 때로는 빠르게, 대부분은 천천히 체계적으로 이 경이로운 성과를 만들어냈다. 제임스웹 망원경에 대한 논의는 1996년에 처음 시작되었고, 1999년에는 서로 다른 접근 방식을 가진 두 가지 연구가 시작되었다. 당시에는 불가능했던 기술을 기반으로 설계해야 했기에 혁신적인 방법이 필요했고, 이것이 바로 나사가 두 기관에 연구를 맡긴 이유기도 했다. 계획 초기에는 웹처럼 거대한 망원경을 우주로 쏘아 올릴 만큼 가벼운 재질로 제작할 수 있을지조차 미지수였다.

　망원경은 22년이 지난 2021년 12월에 발사되었는데, 이는 설계와 제작이 끝나고도 10년이 지난 시점이었다. (계획 자체는 그보다 12년 전에 시작되었다.) 허블 망원경과 달리 제임스웹 망원경은 지구에서 아주 멀리 떨어진 태양 궤도를 돌 예정이었기에 기계적 수리가 불가능했다. 모든 것이 오직 수학적 계산에 달려 있었다.

그러나 이런 이야기들을 들어도 우리는 여전히 속도가 수학적 성공을 결정짓는 요인이라고 믿는다. 학습 초반의 속도로 이미 수학을 잘할 수 있는지 없는지를 판가름할 수 있다고 믿으며 혼란스러워한다. 게다가 학생들에게 속도를 강조하는 진짜 목적은 누가 쉬운 계산을 더 빨리하는지 경쟁하기 위한 것이 아니라 숙련도를 높이기 위한 것이라는 사실을 대부분 알려주지 않는다. 빛의 속도로 복잡한 문제를 푸는 수학 천재가 등장하는 영화를 너무 많이 본 탓일까? 이런 환상은 여전히 우리에게 영향을 끼치고 있다. 도대체 이런 환상은 어디서 시작되었을까?

## { '수학 전쟁'의 피해자들 }

수학 교육에서는 어떻게 해야 속도와 숙련도를 높이고, 동시에 더 느리고 창의적이며 협력적인 접근을 함께 가져갈 수 있는지 논의하는 경우가 드물다. 그러나 이는 양자택일의 문제가 아니다. 1990년대 처음 드러난 이 문제의 시작은 최소 50년간 학교 교육에서 논쟁이 되어 온 '수학 전쟁'으로 거슬러 올라간다.[32] (이 글을 쓰는 지금도 나는 수학 전쟁이 다시 일어날까 걱정이다. 아니, 우리 모두가 걱정해야 할 일이다. 결국 피해를 보는 건 우리 아이들이니까!)

  수학 전쟁은 2차 세계대전보다 1차 세계대전과 더 닮아 있다. 2차 세계대전은 민주주의 연합국과 나치 주축국처럼 선과 악이 비교적 분명했다. 하지만 1차 세계대전은 훨씬 복잡하다. 여러 대륙을 전쟁에 휘말리게 한 도미노는 결국 4,000만 명의 목숨을 앗아갔다.

  마찬가지로 수학 전쟁도 선악이 불분명하기에 그만큼 복잡하다. 실제로 교육자나 전 수학의 소프트웨어 공학자, 기술자 같은 STEM Science, Technology, Engineer, Mathematics 분야의 종사자조차 정치적 흐름에 따라 반복되는 수학 전쟁이 도대체 무엇을 위한 논쟁인지 잘 모르는 경우가 많다. 게다가 소셜 미디어에서 '좋아요'를 얻으려는 유명인의 발언과 파벌의 형성 또는 해체에 따라 수학 전쟁의 양상도 계속 변화한다. 단순히 속도와 수학의 관계만 놓고 본다면 한쪽은 속도를 지나치게 강조하고, 다른 쪽은 지나치게 무시한다고 말할 수 있다.

  수학과 관련된 연구는 속도 전쟁에서 누가 옳은지를 말해 주지 않는다. 문제는 어느 쪽도 연구가 보여주는 통합 복잡성을 인정하지 않은 채 적절한 균형을 찾으려고 하지 않는다는 점이다. 두 진영은 학생들이 피해를 보고 있음에도 실용적 해결책을 찾기보다 자신들의 이념만 내세우며 계속 논쟁을 벌이고 있다. 각자의 주장에서 실제로 도움이 될 만한 부분을 찾아보려는 노력조차 전혀 하지 않는다. 2008년 국가수학자문위원회 National Mathematics Advisory Panel[33]는 최종 보고서에서 이 두 진영을 향해 분명하게 지적했다.

"수학 교육 과정은 학생들의 대수학 학습을 위해 개념 이해, 계산의 숙련도, 문제해결력을 동시에 키워야 한다. 수학 학습의 여러 목표 가운데 무엇이 더 중요한지를 논하는 것은 잘못된 방향이다. 이들 능력은 상호보완적이며 각각 다른 능력의 성장을 돕기 때문이다."

그러나 수학 전쟁을 하는 양쪽 모두 이 지적을 귀담아듣지 않는 것이 분명하다.

다른 선진국의 학생이 미국 학생보다 통상 더 나은 수학 성과를 보이는 이유 가운데 하나는 그들이 두 진영 사이에서 균형을 찾았기 때문이다. 이들 나라의 수학 교육은 두 가지를 동시에 추구한다. 그들은 기본 연산의 숙련도를 높여 작업 기억에 여유가 생겨서 더 흥미로운 문제를 풀 수 있고, 물리학 대학원생처럼 복잡한 문제 앞에서는 처처히 생각의 속도를 늦추는 법도 배울 수 있다

{ 반복되는 수학 전쟁 }

대부분의 전쟁이 그렇듯 수학 전쟁도 역사적 뿌리가 있다. 사람들이 잘 모르는 사실이지만, 한쪽 진영에 열정적으로 참여하기 전에 알아야 할 것이 있다. 이 전쟁은 처음 '수학을 가르칠 것인가 말 것인가'라는 질문에서 시작되었다는 점이다.

1900년대 초반 존 듀이John Dewey의 제자이자 현대 수학 교육학의 창시자들 가운데 한 명인 윌리엄 허드 킬패트릭William Heard Kilpatrick[34]은 수학을 "지적 사치다"라고 보았는데, 그는 수학이 일상생활에 필요한 사고에 도움이 되기는커녕 오히려 해가 된다고 여겼다. 같은 시기 컬럼비아교육대학의 교수였고 이후 매사추세츠 교육감이 된 데이비드 스네든David Snedden[35]은 대수학에 대해 이렇게 평가했다. "남학생 90%와 여학생 99%에게 비실용적이고 거의 가치가 없는 과목이다."

수학 전쟁에 참여한 사람들이 이런 역사를 알든 모르든 간에 그들의 주장 가운데 일부는 다른 시대, 다른 세상을 살았던 이들의 생각에서 비롯되었다. 소수 지식층을 제외한 대다수 사람에게는 고급 수학을 가르칠 필요가 없다고 보았던 그 시절의 관점 말이다.

캘리포니아대학교 버클리의 교수 앨런 쉰펠드Alan H. Schoenfeld는 한 세기가 넘게 수학 교육에 대한 상반된 의견들, 그에 따른 교육 내용과 방법의 변화를 기록해 왔다. 한 가지 예로 대수학을 신청한 학생의 비율이 1909년 57%에서 1955년 25% 미만으로 급격히 감소했는데,[36] 이는 초기 반수학 연합이 정치와 교육 전반에 영향을 미쳤기 때문이다.

이런 초기의 친수학 대 반수학 연합의 대결은 2차 세계대전 기간 잠시 수그러들었다. 정치지도자들이 신병의 부기와 포격 훈련에 기본적인 수학 능력이 필요하다는 점을 깨달았기 때문이다. 하지만

1950년대 냉전시대에 들어서면서 수학 교육은 다시 한번 큰 변화를 맞았다. 수학의 개념 학습에 중점을 두고 다시 고급 수학을 강조하면서 수학 교육의 공황 상태가 일어난 것이다. 이 시기에 고등학교에서 다시 대수학을 가르치기 시작했고, 미적분학이 처음으로 고등 과정에 포함되었다. 이후 1970년대와 1990년대, 아마도 2020년까지 20~30년마다 수학 전쟁이 반복되었다.

## { 연산 속도에 대한 지나친 환상 }

물론 지금은 어느 진영도 '여학생의 99%'는 수학을 배울 필요가 없다고 주장하지 않는다. 그러나 현실적으로 특히 STEM 분야 종사자들에게 양쪽 진영의 입장은 여전히 이해하기 어렵다. 예를 들어 수학 전쟁에서 늘 되풀이되는 논쟁 가운데 하나가 '절차적 숙련도'와 '개념적 이해'에서 무엇이 더 중요한가 하는 것이다.

여기서 절차적 숙련도는 $43 \times 9$ 같은 계산에서 곱셈 알고리즘을 사용할 수 있는지를 뜻한다. 곱셈 알고리즘은 쉽게 말해 숫자를 세로로 쓰고 '올림'을 이용해 곱을 계산하는 방법이다. 또한 개념적 이해는 문제가 의미하는 바를 파악하는 것이다. 예를 들어 $43 \times 9$의 값이 430보다 큰지 작은지 알아보고 그 이유를 설명하라고 하면 "$43 \times 10 = 430$이니까 문제의 답은 정확히 43만큼 작은 387이 됩니다. 따라서 더 작은 값입니다"라고 답할 수 있다.

이런 논쟁은 국어 교수가 '읽기'와 '이해' 가운데 무엇이 더 중요한지 다투는 것과 같다. 또는 의사들이 심장과 뇌 가운데 어디에 산소와 혈액 공급이 더 필수적인지 논의하는 것과도 같다. 당연히 둘 다 중요하다. 읽기든 수학이든 생명 유지든 두 가지 필수 요소를 두고 경쟁하는 건 무의미하다. 수학 교사와 학부모, 소규모 교육 사업가, 유치원 교사들은 이미 알고 있다. 수학 문제를 푸는 방법과 그 의미를 이해하는 것, 이 둘 모두 반드시 배워야 한다는 것을!

수학의 두 가지 측면이 모두 중요하다는 것을 알면서도 수학에 대한 부정적 인식 대부분은 '속도'에 대한 잘못된 환상에서 비롯되었다. 어떤 사람들은 고급 수학을 배울 실력을 키우기 위한 '시간제한 활동'을 충분히 하지 못했고, 또 다른 사람들은 제한 시간을 둔 시험을 너무 많이 보느라 수학을 완전히 싫어하게 되었다. 받아들이기 어렵겠지만, 이런 수학 전쟁에는 사실 악의적인 의도가 없다. 그저 지난 한 세기 동안 교육을 혼란스럽게 만들어 온 서로 다른 교육 이념의 충돌이 있을 뿐이다.

몇 년 전 캘리포니아 북부의 수학 교육 담당자 실라의 초대로 초등학교 몇 곳을 방문한 적이 있다. 우리는 온종일 교실 수십 곳을 돌아다니며 수학 수업을 참관했고, 나는 선생님들의 노력과 헌신에 깊은 감동을 받았다.

학교 수업이 끝난 뒤 교사 휴게실에서 실라는 말없이 컴퓨터를 켜고 문서 하나를 보여주었다. 화면에 있는 내용이 무엇인지 파악하려고 애썼는데, 그 문서는 수백 명의 학생이 곱셈 기본 연산을 다 푸는 데 걸린 시간을 기록한 순위표와 도표였다. 나는 이 정보로 무엇을 해야 할지 도무지 감을 잡을 수가 없었다.

"인상적인 자료네요. 제가 어떻게 도와드리면 될까요?"

실라는 이 자료를 얻기까지 들인 모든 노력을 설명했다. 그는 학생들이 수학 기본 연산을 암기하도록 노래도 부르고, 플래시 카드도 활용하고, 상품이 걸린 대회도 여는 등 온갖 노력을 기울여 왔다. 하지만 그 모든 시도에도 아쉬움이 남는다고 했다. 자료를 보니 많은 학생이 $6 \times 6 = 36$, $9 \times 9 = 81$ 같은 문제를 3~4초 안에 정확하게 풀어내고 있었다. 실라는 학생들이 2초 안에 답할 수 있게 하는 방법이 없을지 조심스럽게 물었다.

그 물음에 잠시 할 말을 잃었던 나는 조용히 되물었다.

"그게 왜 중요한가요?"

실라는 내 질문을 이해하지 못했다. 그래서 의도를 분명히 전달하기 위해 더 구체적으로 물었다.

"학생들이 $9 \times 9$의 답을 내는 시간을 3~4초에서 2초로 줄이는 게 왜 중요한가요?"

실라는 내가 "왜 지구가 둥글다고 생각하느냐"라고 묻기라도 한 것처럼 놀란 표정으로 바라보더니 말했다.

"당연히 중요해요. 그게 맞으니까요. 학생들이 앞으로 수학을 잘하려면 기본 연산에서 자동성을 길러야 해요. 자동성이란 2초 내로 답을 떠올리는 거예요. 그게 바로 자동성의 정의랍니다!"

실라의 대답에 다시 한번 조심스럽게 물었다.

"왜 하필 2초여야 하는지, 3초나 5초가 아닌 2초로 정한 연구 결과가 있는지 궁금해요."

내 말에 실라는 답을 하지 못했다.

그 일이 있는 뒤 궁금해서 자료를 찾아보았다. 기본적인 수학 연산을 3초가 아닌 2초 안에 푸는 능력이 실제 삶에서 어떤 의미 있는 차이를 만들어내는지 연구한 논문을 찾고 싶었다. 하지만 그런 연구는 어디서도 찾을 수 없었다.

실라는 수백 명의 학생과 수십 개 수업을 위해 끊임없이 더 나은 방법을 찾아온 헌신적이고 능력 있는 교육자다. 하지만 그의 진심 어린 노력은 "속도가 전부다"라는 잘못된 환상에 가려져 있었다. 그는 곱셈 기본 연산의 자동성이 수학 실력 향상의 핵심이고, 그 자동성은 2초 안에 답을 말하는 것이라고 굳게 믿었다. 이는 속도에 대한 환상을 지나치게 받아들인 결과였다.

아마 당신도 나 같은 경험을 한 적이 있을 것이다. 제한 시간을 둔 수학 시험에서 정해진 시간 안에 다 풀지 못한 문제들을 바라보며 "시간이 다 되었습니다"라는 선생님의 말씀을 듣던 순간. 연필을 내려놓으라는 말에 아직 끝내지 못한 문제들을 보며 가슴이 철렁 내려앉던 기분. 그리고 시간 안에 끝내지 못했다는 이유로 받게 된 낮은 점수와 성적.

이런 '실패' 경험은 우리에게 다음과 같은 잘못된 교훈을 심어줄 수 있다.

- 1분 혹은 짧은 시간 안에 풀지 못하는 문제는 포기하는 게 낫다. 어차피 그 시간 안에 풀 수 있는 다른 사람들을 위한 문제일 뿐이다.
- 나는 수학에 소질이 없고 풀이 속도가 느리니 수학은 나와 맞는 과목이 아니다.
- 다른 과목이나 운동처럼 꾸준한 노력으로 실력을 쌓을 수 있는 게 아니다. 속도가 느리다면 수학을 공부할 의미가 없다.
- 수학을 잘하려면 추론이나 비판적 사고가 아니라 규칙과 기본 연산을 무작정 암기하는 게 중요하다.

{ ## 성장 성향 vs 고정 성향 }

이런 잘못된 결론은 수학 불안과 수학 혐오로 이어진다. 더 심각한 것은 이것이 자기충족적 예언 Self-fulfilling prophecy이 된다는 점이다. "난 수학을 못해!"라고 믿을수록 수학을 피하게 되고, 실제로 수학 실력이 떨어지게 되는 것이다.

물론 제한 시간을 둔 시험과 속도가 필요한 상황이 분명 있다. 개인적으로 수학 시험과 학습을 통해 제한 시간을 두는 것이 학생들에게 중요하다는 것을 직접 확인했다. 그래서 우리도 이 전략을 활용한다. 숙련도를 높이는 것 외에도 현실적 이유가 있다. 교실에서 하루에 배울 수 있는 시간이 제한되어 있다 보니 시간을 제한하거나 기한을 두지 않는다면 학생들은 어떤 것도 제대로 끝내지 못할 수 있다.

직장인에겐 회사 업무에 마감 기한이 있으며, 과학자들이 백신 개발을 위해 촌각을 다투는 것처럼 빠른 일 처리 능력이 필요한 상황이 있다는 사실을 인정한다. 그러나 속도가 가장 중요한 목표가 되면 많은 학생이 수학에 흥미를 잃고, 결국 미래의 진로가 무엇이든 당사자에게 꼭 필요한 기량을 닦지 못하게 될 것이다.

우리는 속도에 대한 환상에 맞설 수 있는 몇 가지 중요한 진실을 항상 명심해야 한다.

- 수학은 삶의 여러 영역 가운데서도 특별하다. 임의적 규칙이 없고 단순 암기해야 할 것이 상대적으로 적은 몇 안 되는 분야 가운데 하나이기 때문이다. 오히려 수학은 사고와 탐구에 보상을 주는 열린 학문이다.
- 일반적 믿음과 달리 수학에서는 협력이 매우 중요하다. 어려

운 문제의 경우, 각자 맡은 부분을 빨리 풀어내는 것이 아니라 속도가 더디더라도 함께 고민하고 해결해 나가는 과정을 통해 풀어낼 수 있다.

- 수학의 핵심은 사실 추론과 비판적 사고에 있다. 특히 큰 문제를 다룰 때는 시간이 필요하다. 대담하면서도 침착하게 문제를 잘게 조각으로 나눠 해결하고, 이를 다시 모으다 보면 해답을 찾을 수 있다.
- 수학은 분명 어려울 수 있고, 때로는 많은 시간과 노력을 요구한다. 그렇다고 해서 수학이 접근 불가능한 분야라거나 두려워해야 할 대상은 아니다. 다른 가치 있는 기술과 마찬가지로 수학도 꾸준히 인내심을 갖고 학습한다면 점진적으로 익힐 수 있다. 중요한 것은 포기하지 않고 꾸준히 노력하는 자세다.

수학이나 암벽 등반 같은 어떤 가치 있는 기술을 습득할 때는 어려움을 받아들이고 즐기는 사고방식이 도움이 된다. '속도'에 대한 환상은 타고난 엄청난 재능이 없는 이상 수학을 완전히 피하거나 최소한의 노력으로 간신히 시험에 통과할 정도만 하면 된다는 그릇된 대안적 현실을 만들어낸다. 비록 어렵더라도 속도를 점차 높이겠다는 긍정적이고 진취적인 생각은 전혀 하지 못하게 된다.

반드시 빠르게 익히고 배워야 한다고 생각할 필요는 없다. 셰익스피어의 작품을 읽는 것, 요가를 배우는 것, 악기를 연주하는 것 모두

쉽지 않은 일이다. 그럼에도 누구나 이런 어려운 기술을 배울 수 있고, 그 과정에서 크나큰 즐거움과 의미를 발견할 수 있다. 이것을 마음에 새긴다면 수학을 지나치게 어렵고 지루하고 두려움을 주는 학문으로 여기게 만드는 고정된 사고방식을 피할 수 있다.

연구에 따르면 주어진 과제를 해내는 능력에 대해 학생들이 가진 인식[37]은 크게 두 가지 성향으로 나뉜다. 하나는 노력에 따라 자신의 능력이 변화하고 발전할 수 있다고 믿는 성장 성향Incremental Orientation이다. 나머지 하나는 능력은 타고나며 고정되어 있어서 노력해도 크게 달라지지 않는다고 여기는 고정 성향Entity Orientation이다.

후자의 경우에는 자신이 다른 아이들만큼 빠르지 않으면 수학을 잘하지 못한다고 생각하는데, 이런 학생은 스스로가 절대 바뀌지 않을 거라고 믿는다. 반면 성장 성향을 가진 학생은 시험에서 어려움을 겪거나 문제를 풀지 못하더라도 계속 노력하면 반드시 나아질 수 있다고 믿는다.

앞으로 이어질 2부에서는 이런 낙관적이고 현실적인 학습 성향에 대해 더 자세히 알아보려고 한다. 이런 성향은 학생들이 수학 문제를 풀 때 시간이 오래 걸려도 결국에는 '성공'할 수 있도록 도와준다.

## 3장 '요령'이 답은 아니다

요령은 마술사나 사기꾼에게나 유용하지 수학을 배우고 진정으로 사랑하고 싶은 사람에게는 도움이 되지 않는다. 하지만 많은 학생이 수학 수업을 그저 요령을 외우는 것으로 받아들이고 있다. 예를 들어 $3 \times 0 = 0$, $8 \times 0 = 0$, $N \times 0 = 0$이라는 걸 아무 의문 없이 받아들인다. 가끔 "어떤 수에 0을 곱하면 왜 0이 될까?"라는 궁금증에 대해 질문하면 돌아오는 대답은 늘 비슷하다.

"지금은 딴생각하지 말고 일단 외우세요. 왜 그런지는 나중에 자세히 설명할게요."

요령으로 좋은 점수를 받을 수는 있지만, 진정한 의미에서 수학 실력을 키우긴 어렵다. 수학을 배우는 데 따른 즐거움을 느끼지 못하고, 수학적 감각을 실제 문제 해결에 적용하지 못하게 되기 때문이다. 교육학이나 뇌과학 분야에서는 이렇게 배운 내용을 새로운 상황에 적용하는 능력을 '전이transfer'라고 부른다. 그런데 단순 암기와 요령에만 의존한다면 이런 중요한 능력을 잃고 만다.

<mark>속도에 대한 환상처럼 요령에 대한 환상도 좀 더 균형 잡힌 시각으로 봐야 한다. 알고리즘과 풀이 순서는 기계적 암기와 다르다.</mark> 제대로 이해한다면 매우 유용하고 필수적인 도구가 된다. 하지만 이것 역시 수학의 일부일 뿐 전부는 아니다.

그렇다면 알고리즘이 정확히 무엇일까? 사람의 상상력을 바탕으로 이미지를 만들거나 수준 높은 글을 쓰는 인공지능의 복잡한 알고리즘을 살펴보기 전 먼저 기본 개념부터 이해해야 한다. <mark>알고리즘은 특정 문제나 계산을 해결하기 위한 정해진 규칙이나 순서를 말한다.</mark>

예를 들면 아몬드 버터를 바른 바나나 샌드위치를 만드는 순서도 하나의 알고리즘이다. 이 순서대로 따라 했을 때 누구나 똑같은 샌드위치를 만들 수 있어야 진정한 알고리즘이라고 말할 수 있다.

우리가 초등학교 2학년 때 배우는 덧셈 알고리즘이 좋은 예다. 지금도 우리는 이 알고리즘을 자주 사용하고 있으며, 아마 오늘도 종이 한쪽에 숫자를 써 가며 이를 사용했을지도 모른다.

한 가지 예로 437과 128을 더해 보자. 먼저 두 수를 세로로 순서에 따라 쓰고 그 아래에 선을 긋는다. 그리고 오른쪽에서 왼쪽으로 더해 가면서 자릿수의 합이 10이 넘으면 1을 위의 자리로 올려준다. 이렇게 수를 더하는 방법을 우리는 '표준 덧셈 알고리즘'이라고 부른다.

요령과 달리 알고리즘은 정해진 절차에 따라 언제나 일정한 결과를 보장한다는 점에서 매우 유용하다. 알고리즘은 우리에게 토대를 제공하며, 알고리즘 없이는 더 복잡한 문제에 도전하기 어렵다. 하지만 알고리즘을 기본으로 삼되 거기에 만족하지 않고 이를 도구나 시작점으로 여기며 끊임없이 더 새롭고 더 나은 알고리즘을 개발해 나가야 한다. 이것이 바로 지금 우리가 보는 머신러닝 알고리즘과 생성형 AI 세계에서 일어나는, 때론 두렵지만 놀랍고도 즐거운 발전 과정의 결과다.

수학을 배울 때 알고리즘을 제대로 이해하지 못하면 더 깊이 있는 학습에 한계가 생길 수 있다. 예를 들어 덧셈 알고리즘의 원리를 제대로 이해하지 못한 채 뺄셈 알고리즘을 사용한다면 308-271 같은 계산에서 어려움을 겪게 된다.

그렇다면 '요령만 암기하는 것'이 가진 한계는 무엇일까? 이를 이해하려면 먼저 요령으로 해결할 수 없는 일이 무엇인지 아는 것이 가장 좋다.

## { 직관력을 키우는 법은 외울 수 없다 }

수학에 대한 환상은 우리도 모르는 사이 해를 끼치는 경우가 많다. 물론 암기와 공식 때문에 수학이 지루하고 기계적인 과정이 되어버리는 부작용도 분명 심각하다. 하지만 더 큰 문제는 우리가 미처 알아차리지 못한 상태에서 일어나는 세 가지 파괴적 영향이다.

### 타고난 문제해결력을 활용할 수 없다

나는 20명씩 10개 반의 학생 수에서 20명씩 6개 반의 학생 수를 빼면 얼마나 차이가 나는지, 굳이 수학 공식을 쓰지 않아도 쉽게 알 수 있다.

$$(10)(20) - (6)(20) =$$

이런 문제는 계산할 필요가 전혀 없다. 상식이나 직관만으로도 답을 알 수 있기 때문이다. 모든 반의 학생 수가 같으므로 한 반당 학생 수가 몇 명인지 잊어버려도 된다. 단순하게 10개 반이 6개 반보다 많다는 것만 생각하자. 만약 암기한 규칙이나 풀이 방법에만 매달린다면 타고난 문제해결력을 제대로 활용할 수 없다.

우리는 수리 감각이 언어 습득 능력처럼 타고난 것[38]이라는 사실에 자신감을 가져야 한다. 1장에서 보았듯 과학자들은 아기와 유아가 태어날 때부터 수리 감각을 가졌으며, 이를 발달시켜 나간다는 것을 증명했다. 심지어 태어난 지 며칠 안 된 아기조차 2와 3을 구별할 수 있다. 새와 침팬지를 비롯한 다른 영장류도 수리 감각을 타고난다. 하지만 이렇게 타고난 본능을 당연하게 여겨서는 안 된다. 다른 '정신 근육'처럼 수학적 감각도 사용하지 않으면 퇴화하기 때문이다.

### 창의력과 호기심을 키울 수 없다

창의력을 발휘하려면 새롭고 색다른 것에 대담하게 도전하고 실험해 보려는 의지가 필요하다. 창의적 시도는 실패할 수도 있지만, 그럼에도 도전해야 한다. 암기한 방법에만 의존한다면 아이들 스스로 문제를 해결하고 자신만의 방법을 찾을 기회를 잃게 된다. 결국 문제 푸는 방법은 하나뿐이며, 오직 그 방법으로만 풀 수 있다고 믿게 되는 것이다.

호기심이 왕성해지기 위해선 질문을 던지고 탐구할 수 있는 '열린 공간'이 필요하다. 하지만 이런 기회가 없다면 수많은 수학적 혁신의 핵심인 창의적 불꽃과 불타오르는 호기심은 꺼져버리고 만다. 창의력과 호기심은 놀이를 통해 가장 잘 발현된다. 놀이는 제한 없는 자유로운 탐구 활동이다. 이해도 하지 못한 채 외운 단계를 따라 하는 것이 아니다. 문제 해결은 놀이가 될 수 있고, 놀이가 되어야만 새로운 발견에 이를 수 있다.

그럼 다음에 나온 수학 문제를 보고 풀이 방법을 생각해 보자.

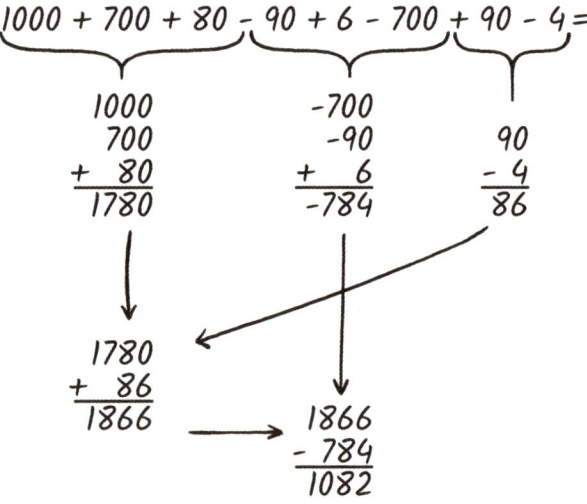

문제를 보자마자 곧바로 계산에 들어간다면 아마도 이런 방식으로 풀 것이다. 여기서 약 5번 계산을 하고 검산까지 마치면 총 10번

계산한 셈이다. 게다가 모든 계산이 서로 연결되어 있어서 초반에 실수라도 하면 그 오류가 답에 영향을 미치게 되므로 계산하는 내내 긴장할 수밖에 없었다. 하지만 문제를 풀기 전 다른 관점을 가지고 약간의 상식을 활용한다면 이 문제를 해결할 더 좋은 방법이 보인다.

$$1000 + 700 + 80 - 90 + 6 - 700 + 90 - 4 =$$
$$1000 + \cancel{700} + 80 - \cancel{90} + 6 - \cancel{700} + \cancel{90} - 4 =$$
$$1000 + 80 + 6 - 4 =$$
$$1082$$

이처럼 문제를 파악할 때는 한 발짝 뒤로 물러서서 바라볼 필요가 있다. 숫자의 순서에 얽매이지 않고 문제 전체를 훑어보면 5~10번의 계산 단계를 1~2번으로 줄일 수 있다. 게다가 맞게 계산했다는 사실을 더 빨리, 더 쉽게 확신할 수 있다.

몇 년 전 고등학교 수학 교사인 벤 올린은 잡지 〈디애틀랜틱The Atlantic〉에 '암기가 학습에 방해가 될 때'라는 제목의 기사를 기고했다. 그의 글은 암기의 문제점을 재미있으면서도 생각할 거리를 남겨주는 방식으로 다루어 많은 사람의 관심을 끌었다. 그는 고등학교에서 처음 삼각비를 가르칠 때 학생들에게 "$\sin\frac{\pi}{2}$의 값이 무엇인가요?"라고 물었던 에피소드를 소개했다. 이 질문에 학생들은 지난해에 배웠다고 하면서 "1이에요"라고 대답했고, 올린은 학생들의 대답이 가진 문제점이 무엇인지 명확하게 지적했다.

"학생들은 사실 sin이 무엇인지도 몰랐다. 단순히 배운 사실을 외웠을 뿐이다. 학생들에게 수학은 논리적 발견이나 깊이 생각하는 탐구 과정이 아니다. 단순히 질문하고 답하는 놀이일 뿐이다. 삼각비는 따라 부르기 지루하고 운율도 없는 가사 모음에 불과하다."[39]

올린의 말처럼 어떤 과목이든 단순히 배운 사실과 규칙을 외우기만 해서는 진정한 이해와 즐거움을 얻을 수 없다. 개별 공식이 다른 개념과 연결되는 보다 더 큰 맥락을 파악해야 하는 것이다.

### 암기한 내용을 쉽게 잊어버린다

암기의 또 다른 문제는 쉽게 잊어버린다는 점이다. 당신은 헤이스팅스 전투가 벌어진 날짜나 세계지도에서 벨기에가 어디에 있는지, 미국 11대 대통령의 이름을 기억하는가? 우리는 시험을 통과하기 위해 이런 내용을 외워야만 했다. 하지만 시험이 끝난 직후나 얼마 지나지 않아 우리의 기억은 그 내용을 의식에서 지워버리고 만다. 하지만 암기한 내용을 제대로 이해했다면 훨씬 더 오래 기억할 수 있다. 이런 방법을 '덩어리 기억법chunking' 또는 '연관 기억법congruent memory making'이라고 부른다.

예를 들면 내 책상 위에 놓인 물건처럼 서로 연관성 없는 것들의 목록보다 여러 가지 색깔처럼 연관 있는 것들의 목록을 기억하는 게 더 쉽다. 우리 뇌는 자연스럽게 덩어리나 반복되는 패턴을 기억의 기반으로 활용한다.

 실제로 신경과학자들은 뇌 스캔을 통해 흥미로운 사실을 발견했다. 만화책, 계산기, 충전기, 레고, 잡지, 동전처럼 아무런 관련이 없는 것을 기억할 때와 보라색, 노란색, 녹색, 청록색처럼 서로 관련 있는 것을 기억할 때 뇌가 다르게 작동한다는 것이다.

 이처럼 뇌는 다르게 작동할 뿐 아니라 연관성 있는 것을 기억할 때 훨씬 더 효율적으로 일한다. 우리는 아무런 관련이 없는 것보다 서로 연관된 것을 더 잘 기억한다.[40] 새로 배우는 내용이 이미 알고 있는 것과 연결되거나 무작정 머릿속에 쑤셔넣는 단순 암기가 아닌 의미 있는 덩어리로 묶을 수 있다면, 그 지식을 훨씬 더 쉽게 기억하고 활용할 수 있다.

{ 곱하기 0의 규칙 }

 제대로 된 이해는 우리 사고에 다양한 가능성의 문을 열어주고, 사물의 작동 원리를 꿰뚫어보는 통찰력을 주며, 더 깊이 있는 학습으로 이어지게 한다.

 어떤 수에 0을 곱하면 왜 0이 될까? 나는 종종 교수나 IT 전문가, 엔지니어 등 수준 높은 수학을 직업적으로 다루는 이들에게 이 질문을 던진다. 그러면 대부분은 잠시 생각하다가 이렇게 답한다.

"글쎄요. 그건 규칙이니까요. 수학에는 그런 규칙들이 있잖아요."

대부분의 사람이 그렇듯 이들도 별다른 이해 과정 없이 규칙을 받아들인 것이다.

나는 대학과 대학원을 졸업하고, 대량의 데이터를 처리하고 분석하는 일을 하면서도 이 규칙을 의심 없이 그냥 받아들였다는 사실에 죄책감마저 느꼈다. 그렇기에 이후 $x \times 0 = 0$의 이유를 알게 되었을 땐 정말 감격스럽기까지 했다. 이제 그 원리를 이해하게 된 기쁨을 당신과 함께 나누고자 한다.

쿠키를 담은 접시로 곱셈을 생각해 보자. 3×1은 접시 3개에 각각 쿠키 1개씩이 있다는 뜻이다. 3×3은 접시는 여전히 3개인데, 각 접시에 쿠키가 3개씩 총 9개 쿠키가 있다는 뜻이다.

여기 갓 구운 따끈하고 달콤한 초코칩 쿠키 그림이 있다. 이것을 설명하기 위해 나는 종종 쌍둥이 아들들과 쿠키를 굽는다. 물론 우리가 쿠키를 굽는 진짜 이유는 수학을 사랑하고 즐기는 법을 배우기 위해서다.

이 그림은 곱셈의 의미를 구체적으로 보여준다. 첫 번째 숫자는 접시의 개수, 두 번째 숫자는 각 접시에 담긴 쿠키의 개수를 뜻한다. 이제 3×0을 접시와 쿠키로 표현해 보자. 접시 3개가 있다. 그럼 각 접시에는 쿠키가 몇 개 있을까? 바로 0개다. 따라서 3개 접시에 달콤하고 따끈한 쿠키가 3개도, 9개도 아닌 단 하나도 없다!

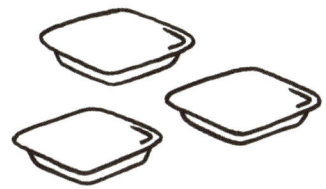

이렇게 이해하면 더는 암기한 규칙에 의존하지 않아도 된다. 쿠키가 없는 빈 접시를 떠올리면 어떤 수에 0을 곱하면 왜 0이 되는지 자연스럽게 알 수 있다. 이런 시각적 도구를 사용하면 스트레스도 줄이고 규칙을 외우느라 시간을 낭비하지 않아도 된다. 더 나아가 원리를 이해하게 되어 규칙에 대한 신뢰가 생긴다.

주어진 규칙이 참이라는 걸 알게 되면 수학에는 항상 이유가 있다는 사실을 알게 된다. 수학을 이해할 수 있다는 믿음이 생기면 자유롭게 탐구하고 놀면서 규칙의 적용 범위를 찾아갈 수 있다. 그리고 규칙이 기본 공리로서 참이 되는 이유를 이해하면 수학이 가진 진정한 아름다움을 느끼게 된다.

### 이해하지 못하면 알 수 없는 음수의 세계

그렇다면 이번에는 음수의 덧셈과 뺄셈에 대해 생각해 보자.

$$-5 + -5 = ?$$
$$-5 + 5 = ?$$

음수를 배울 때 임의의 부호 규칙을 암기했는가? 대부분 0을 곱하는 규칙은 쉽게 외웠지만, 양수와 음수의 연산에 필요한 부호 규칙은 그러지 못했을 것이다. 만약 이 규칙을 머릿속에 박힐 정도로 반복해 외우지 않았다면 당신은 운이 좋은 사람이라고 말할 수 있다. 대부분은 이해하지 못한 채 억지로 이 규칙을 배우고 적용해야만 했으니 말이다.

| 정수의 부호 | 연산 | 답의 부호 |
|---|---|---|
| ⊕ + ⊕ | 덧셈 | ⊕ |
| ⊖ + ⊖ | 덧셈 | ⊖ |
| ⊕ + ⊖ | 뺄셈 | 더 큰 정수의 부호 |
| ⊖ + ⊕ | 뺄셈 | 더 큰 정수의 부호 |

'음의 부호가 두 개 있으면 양의 부호가 된다.' 나는 이 규칙을 처

음 배웠을 때의 충격을 아직도 생생하게 기억하고 있다. 이제야 덧셈이 좀 익숙해지고 자신감이 생겼는데, 갑자기 부호표가 등장하다니! '음의 부호가 2개일 때 양의 부호가 된다면, 왜 처음부터 그냥 양의 부호를 쓰지 않는 거지? 어쩌면 이들은 머리가 나쁜 게 아닐까?'라고 생각했던 기억이 선명하게 떠오른다. 그때는 머릿속에 앞서 나온 부호표를 새겨두지 않으면 음수를 제대로 배울 수 없을 거라고 생각했다.

이 규칙이 앞으로 수학을 배우는 데 중요할 거라는 생각은 들었지만, 어떻게 외워야 할지 막막했다. 이 규칙에는 이해할 만한 논리적 이유가 있는 걸까, 아니면 그저 누군가 임의로 만든 규칙일 뿐일까?

열한 살의 어느 날, 아버지는 수학 숙제를 하는 내 옆을 지나가다 좌절감에 빠져 혼잣말을 하면서 연필심을 부러뜨리는 내 모습을 발견했다. 아버지는 한동안 무작정 문제만 풀고 있는 내 모습을 말없이 지켜보았다. 나는 마치 과자 봉지에서 나온 비밀 암호표라도 되는 듯 음수 규칙이 적힌 종이를 계속 들여다보며 따라가기 위해 끙끙거리고 있었다.

이 모습을 말없이 지켜보던 아버지는 내 옆에 앉더니 노트에 다음과 같은 그림을 그렸다.

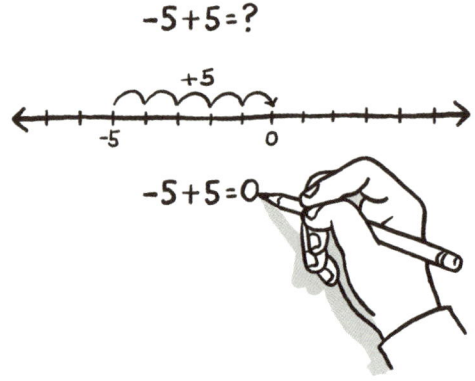

아버지는 먼저 양수와 음수의 부호는 임의로 정한 기호가 아니라 수직선에서 숫자의 위치를 나타내는 것이라고 설명했다. 수직선 위 -5의 위치에 있는 수에다 5를 더하면 양의 방향으로 5칸을 이동한다는 의미고, 그러면 0에 이르게 된다. 아버지는 이 개념만 제대로 이해하면 더는 복잡한 규칙을 외울 필요가 없다고 했다.

"이 수직선만 기억하렴."

머릿속을 혼란스럽게 만들던 규칙을 내려놓은 순간 모든 것이 선명해졌다. -5에 -5를 더하면 음의 방향으로 5칸 더 가서 -10이 된다는 것이 이제는 명확해졌다.

그때 나는 수학적 사고를 위한 진정한 첫걸음을 내디뎠다! 다음 날 숙제를 내야 한다는 걱정도 사라졌다. 눈앞에 있는 문제를 해결할 다른 방법이 있다는 것, 혼란스러울 때는 열심히 외우기보다 이해하기 위해 노력하는 것이 중요하다는 사실을 처음 깨달았던 순간이다.

{ **요령으로 풀었을 때의 문제점** }

　두 자리 숫자의 곱셈이나 분수의 덧셈에서 '나비 모양 그리기'라는 방법을 배운 적이 있는가? 지금도 그 방법이 기억나는가? 그리고 그 방법이 왜 통하는지 이유도 알고 있는가?

　먼저 분수의 덧셈에 사용하는 나비 모양 그리기 방법Bow Tie Method(사선 곱셈)을 살펴보자.

나비 모양 그리기

$$\frac{2}{3} + \frac{1}{4}$$

$$\frac{8+3}{12} = \boxed{\frac{11}{12}}$$

　먼저 2와 4를 포함하는 타원을 그리고, 이 둘을 곱해 8을 구한 뒤 분자에 적는다. 같은 방식으로 남은 숫자들을 타원으로 감싸서 곱하면 3이 나오고, 이것도 분자에 적으면 나비 모양 그리기가 완성된다. 그다음 분모의 두 숫자를 곱해 12를 구하고 이를 분모에 적는다. 마지막으로 분자의 8과 3을 더하면… 짜잔! 답 $\frac{11}{12}$이 나온다. 정말 간단하지 않은가!

하지만 어떻게 해서 이 방법이 통하는 걸까? 만약 중간 단계를 잊어버리면 어떻게 해야 할까? 이 과정에서 논리적 추론에 필요한 개념을 배웠는가? 아니면 막혔을 때 처음부터 다시 시작하는 방법을 배웠는가? 만약 두 개가 아니라 세 개 분수를 더해야 할 땐 어떻게 해야 할까?

$$\frac{2}{3} + \frac{1}{4} + \frac{1}{5} = ?$$

이제 나비 모양을 어디에다 그려야 할까? 나비 모양이 꼬여 엉망이 되지 않을까?

나비 모양 그리기는 간단한 요령으로, 요령만 배우면 왜 그렇게 되는지 설명해 주는 기본 원리를 놓치게 된다. 예를 들어 $\frac{8}{12}$과 $\frac{2}{3}$가 정확히 같은 값이라는 사실을 알고 있는가? 1년 12개월 중에서 8개월 동안 학교에 다닌다면 1년의 $\frac{2}{3}$ 동안 학교에 다닌다는 말과 같은 뜻이 된다는 것도 알 수 있다. 이렇게 이해하면 종이 위의 숫자가 아니라 실제 생활의 경험으로 바뀌게 되어 더 쉽게 기억하고 활용할 수 있다.

어린 시절 분수로 나눌 때 역수로 바꾸어 곱하라는 규칙을 배웠을 것이다. 하지만 분수로 나눈다는 말은 도대체 무슨 뜻일까? 실제로 언제 분수로 나누게 될까? 2를 $\frac{1}{2}$로 나누면 답은 몇일까?

역수로 바꾸어 곱하는 방법은 다음과 같다.

$$2 \div \frac{1}{2} =$$
$$\downarrow$$
$$2 \times \frac{2}{1} =$$
$$\downarrow$$
$$2 \times 2 = 4$$

역수로 바꾸기 규칙은 나비 모양 그리기보다 덜 복잡하다. 설령 세 번째 나눗수가 등장해 수식이 길어지더라도 계속해서 역수로 바꾸고 곱하면 된다. 이 방법은 특정 조건에서만 통하는 나비 모양 그리기 같은 요령이 아니라 탄탄한 이론적 기반을 갖춘 알고리즘이라고 할 수 있다.

그러나 이 알고리즘 역시 단순히 기계적으로 쓰는 게 아니라 이해하고 나서 사용해야 한다. 예를 들어 우리가 전통적으로 배운 '숫자를 위아래로 쌓아 나가는' 방식으로 38과 75를 더할 때 결과가 더 큰 수가 될 거라는 사실은 누구나 알고 있다. 두 수가 합쳐지면 더 큰 수가 된다는 원리를 이미 이해하고 있기 때문이다.

이제 스스로에게 물어보라. 2를 $\frac{1}{2}$로 나누면 결과는 더 커질까, 작아질까? 그 이유는 무엇일까? 이 질문에 대한 답을 직관적으로 이해하고 있는지도 자문해 보라. 만약 이해했다면 그 답을 이야기 형식으로 설명할 수 있어야 한다.

예를 들어 38 더하기 75의 경우 "유치원생 38명과 초등학교 1~2학년 학생이 모두 75명이라면, 유치원생부터 초등학교 2학년까지 총 몇 명일까?" 같은 이야기를 만들어 기본 원리를 자연스럽게 설명할 수 있다.

분수를 나누는 상황도 마찬가지다. 실제 경험을 떠올려보고 비슷한 이야기를 지어낼 수 있다.

예를 들어 쿠키 2개가 있을 때, 이를 반($\frac{1}{2}$)으로 나누면 몇 조각이 될까? 실제로 어떤 상황에서 이런 식으로 쿠키를 나누게 될까? 친구가 4명이고 쿠키가 2개뿐인데, 쿠키를 똑같이 나누어 먹고 싶다고 하자. 그럼 2를 $\frac{1}{2}$로 나누면 다 같이 먹을 수 있을까? 물론이다!

이 예시는 알고리즘이 지닌 진정한 의미를 보여준다. 두 양수를 더하면 합이 커진다는 사실을 아는 것처럼 숫자를 분수로 나누면 결과가 더 커질 수도 있다는 점을 자연스럽게 이해할 수 있다. 쿠키 2개를 반으로 나누면 4조각이 되고, 더 많은 사람이 함께 나눠 먹을 수 있는 것처럼 말이다.

수학에서 간단한 요령을 사용할 때 가장 큰 문제는 그것이 항상 적용되지 않는다는 점이다. 반면 2 더하기 2가 항상 4인 것처럼 수학 법칙은 언제 어디서나 성립하기에 우리는 수학을 믿고 의지하게 된다. 공학자가 정확한 계산을 바탕으로 다리를 설계했다면, 우리는 그 위를 마음 놓고 지나다닐 수 있다. 다리가 무너질까 걱정하지 않아도 되는 것이다.

"곱하면 수가 더 커지고 나누면 더 작아진다"는 규칙은 항상 성립되지 않는다. 이는 자명한 진리인 공리처럼 자주 언급되곤 하지만, 사실은 불안정한 목발처럼 특정 상황에서만 적용되는 '불안정한 법칙'이라고 할 수 있다.

이 규칙이 통하는 것은 초등학교 3학년 수준에서 양의 정수를 다룰 때뿐이다. 학년이 올라 소수의 곱셈을 배우게 되면 그 결과가 때로는 작아지기도 하고 커지기도 한다는 걸 알게 된다. 또 중학교에서 음수 개념을 접하게 되면 이 규칙은 더는 유효하지 않는다.

따라서 단순히 곱셈이냐 나눗셈이냐에 따라 결과를 예측할 수는 없다. 주어진 숫자가 양수인지 음수인지, 1보다 큰지 작은지 등을 종합적으로 고려해야 정확한 판단이 가능하다. 이처럼 수학에는 맥락에 따라 적용되는 법칙이 다양하다 보니 단편적 지식에 의존하기보다는 근본 원리에 대한 이해가 무엇보다 중요하다.

요령은 말 그대로 '쉽게 대충 어물거리며 넘어가는 방법'에 불과하다. 처음에는 쓸 만해 보여 믿고 쓰기 시작했다가도 어느 순간 낭패를 볼 수 있는 것이 요령이다.

다음은 레슬리대학교Lesley University 수학성취센터Center for Mathematics Achievement의 센터장 힐러리 크라이스버그Hilary Kreisberg 박사가 한 말이다.

"여러 정의를 통해 '요령'과 '학습'을 같은 선상에 두는 사람이 있다는 건 놀라운 일입니다. 요령trick이라는 단어에는 착각 또는 잘못된 생각이라는 뜻이 있습니다. '실패할 가능성이 있는 것'이라는 의미도 있죠. 이것이 수학 교육에서 요령을 가르치는 것을 멈춰야 하는 이유입니다. 요령은 통하던 때가 지나면 실패로 돌아갈 공산이 크고, 항상 적용 가능할 거라는 그릇된 인식도 심어주기 때문입니다."

크라이스버그 박사의 지적처럼 학습의 기초를 다지는 단계에서는 요령에 기대서는 안 된다. 단편적 지식에 현혹되기보다는 근본 원리를 꿰뚫어보는 눈을 기르는 게 더 중요하다. 맥락과 상황에 맞게 법칙을 적용하는 안목이야말로 수학의 참맛을 느끼게 해주는 열쇠가 된다.

반면 매일 해가 뜨는 것처럼 의심할 여지 없는 수학 원리와 공리도 있다. 그런데 우리는 종종 이런 원리를 감추곤 한다. 어쩌면 아이들이 이해하기에, 교사들이 가르치기에 너무 어렵다고 여기거나 지적 사치 또는 시간 낭비라고 생각해서 그런 것일지도 모른다. 이유가 어찌 됐든 간에 우리는 얄팍한 눈속임이 아니라 항상 적용 가능한 공리를 가르쳐야 한다.

내가 알고리즘에 '왜'라는 질문을 던져야만 진정한 의미를 찾을 수 있다고 믿는 '통합적 사고의 신봉자'라는 점을 기억해 주었으면 좋겠다. 아울러 모든 요령이 똑같다고 생각해선 안 된다. 우리가 믿고 따를 만한 요령은 바로 보편적으로 적용되는 알고리즘이다. 반대로 그렇지 않은 요령으로 포장된 수학은 사실 수학이 아니다. 이런 요령은 수학의 긍정적 정체성을 해치고 때론 돌이킬 수 없을 정도로 망가뜨리고 만다.

앞서 이야기한 구체적인 예시를 곰곰이 되새기면 이 문제가 얼마나 심각하지 심감할 수 있을 것이다. 결국 요령에 기대는 건 수학을 제대로 알지 못하게 만들뿐더러 아무리 좋게 보려고 해도 수학의 재미를 느끼지 못하게 하는 지름길이다.

## { 알고리즘과 블렌더 }

중학교 수학의 어려움과 머신러닝 machine learning (데이터에서 다양한 통계적·비통계적 기법들을 활용해 유의미한 정보를 추출하는 기술 - 옮긴이 주)

의 발전으로 한때 이해하기 어려웠던 알고리즘이 이제는 아예 난해하게 느껴질 수도 있다. 모든 알고리즘을 직접 만들 수는 없겠지만, 그렇다고 해서 그 사용법과 주의사항을 배우려는 노력을 포기해서는 안 된다. 알고리즘은 주방의 블렌더처럼 자주 사용하는 편리한 도구인 동시에 우리 모두가 공유한 역사이기도 하다.

단어 알고리즘은 8세기, 지금의 투르크메니스탄과 우즈베키스탄 지역에 있던 호라즘Khwarezm 왕국 출신의 한 남자의 이름에서 비롯되었다. '알고리즘'은 그의 성을 라틴어로 표기한 것으로, 그의 정식 이름은 무함마드 이븐 무사 알 콰리즈미Muhammad ibn Musa al-Khwarizmi[41]다. 알 콰리즈미는 천문학자이자 지리학자, 수학자로 흔히 '인도 수학에 대한 계산법'으로 알려진 《알 콰리즈미의 인도 수학 계산법 Al-Khwarizmi on the Hindu Art of Reckoning》을 저술했다. 이 책에서 그는 7세기 인도에 살았던 또 다른 저명한 수학자이자 천문학자인 브라마굽타Brahmagupta의 저서에서 발견한 숫자 체계를 소개하고 있다.

브라마굽타는 저서에서 1, 2, 3, 4, 5, 6, 7, 8, 9, 0과 소수점(.), 단 11개 기호만으로 지구상의 모든 숫자를 표현할 수 있는 놀랍고도 실용적인 체계를 보여주었다. 이 숫자 체계가 나오기 전에도 다양한 방식으로 숫자를 표현했지만 계산하기 쉬운 방법은 없었다. 그중 우리에게 가장 친숙한 것은 로마 숫자 체계일 것이다. 지금도 책의 장을 표시하거나 건물 외벽에 새길 때, 슈퍼볼의 회차를 나타낼 때처럼 특별한 경우에 사용되고 있다.

12세기 이후 이렇게 기호 몇 개로 지구상의 모든 수를 표현하는 숫자 체계는 전 세계적으로 보편화되었다. 수학에는 '바벨탑'이 없어 모두가 서로의 생각을 이해할 수 있다. 이것은 단순한 요령이 아닌 언제 어디서나 적용할 수 있는 기발한 체계다. 다른 모든 영역에서는 서로 다른 문자 체계와 언어를 사용하지만, 수학에서는 물 4잔을 요청할 때 전 세계 어디서든 같은 방식으로 숫자 4를 쓸 수 있다. 이 방식은 거의 1,000년 동안 수십억 인류 사이에서 통용되고 있다.

알 콰리즈미는 이 숫자 체계를 가능하게 한 순수 수학을 사랑했다. 더불어 그는 상인에서 가게 주인에 이르기까지 모든 사람이 수학을 실용적으로 활용할 수 있기를 바랐다. 그의 책은 입소문을 타며 큰 인기를 얻었고, 오래지 않아 이슬람권 전체가 이 체계를 받아들였다. 우리는 이를 짧게 '숫자'라고 부르지만, 역사가들은 이를 '힌두-아라비아 숫자'라고 부른다.

12세기 알 콰리즈미의 책이 라틴어로 번역되면서 유럽 전역에서도 이 방식을 채택하게 되었다. 그리고 그의 이름은 오늘날 우리가 잘 알고 있는 '알고리즘'으로 남게 되었다.

앞서 말했듯이 나는 알고리즘을 믿음직한 블렌더에 비유하는 걸 좋아한다. 나는 블렌더를 만드는 방법은 모른다. 관련 부품 수십 개를 준다고 해도 작동하는 기계로 조립할 수 없을 것이다. 하지만 블렌더의 사용법은 잘 알고 있다. 얼음을 잘게 부수도록 설정할 수 있고, 익숙하지 않은 블렌더라도 얼음을 잘게 부수고 싶다면 강도를 점점 높이면 된다는 것도 알고 있다. 이는 실험과 놀이를 통해 알아낸 것이다. 나는 블렌더 사용이 두렵지 않고, 그것에 주눅 들지 않으며, 사용법을 모두 외우려고 하지도 않는다.

이해되지 않는 수학이나 기술을 만날 때면 이 비유가 도움이 된다. 예를 들어 38 더하기 75를 계산해 답 43을 얻었다면, 이 답이 틀렸다는 것을 바로 알 수 있다. 더해야 할 75보다 작은 답이 나왔기 때문이다. 아마도 5만 더하고 급한 마음에 70 더하는 걸 잊어버렸을 것이다. 이처럼 수학을 배울 때는 답을 가늠해 보는 이유를 이해해야 하고, 완전히 틀린 답을 얻었을 때 이를 직감적으로 알아차릴 수 있어야 한다.

수학이 단순히 요령을 암기하는 것이라는 환상을 깨기 위해서는 알고리즘에 대해 깊이 살펴볼 필요가 있다. 특히 알고리즘을 어떻게 사용하고, 또 어떻게 사용하지 말아야 하는지 살펴봐야 한다. 우리는 신뢰할 수 없는 요령과 믿을 만한 알고리즘을 구분할 줄 알아야 한다. 다시 한번 말하지만, 이 환상을 생각할 때는 통합 복잡성의 원칙을 염두에 두어야 한다. 수학자들도 알고리즘과 암기, 그 외 다른 지름길을 사용하지만 동시에 자신의 수학적 사고를 발전시키고 더 깊이 있게 만들어간다.

수학적 사고는 몇 가지 규칙과 공리를 사용해 문제를 탐색하고 논리적으로 답을 찾아가는 과정으로, 이 과정 자체는 퍼즐이나 놀이처럼 흥미롭고 재미있어야 한다. 문제 해결의 실마리나 개념에 대한 직관이 바로 수학적 사고와 연결되는데, 이런 직관과 이해가 없다면 우리는 그저 기계처럼 계산만 하는 존재가 되고 만다. 결국 실수해도 왜 틀렸는지 알지 못한 채 컴퓨터보다 부정확한 결과만 내놓게 될 뿐이다.

# 4장 방법이 '단 하나'는 아니다

　수학 문제를 푸는 방법이 단 하나라고 가르친다면 우리는 문제를 해결하는 것이 아니라 그저 '정답 맞히기'를 하고 있는 셈이다. 나는 이런 경우를 수없이 보았는데, 특히 초등학생과 중학생이 문장으로 이루어진 문제를 이런 식으로 푸는 모습을 볼 때 가장 안타깝다.

　다음은 중학교 수학 수업에 자주 나오는 문제다.

　"상점에서 구슬이 담긴 주머니를 6개에 18달러에 팔고 있습니다. 구슬 주머니 1개당 가격은 얼마인가요?"

　이 문제를 읽을 때면 늘 떠오르는 장면이 있다. 아이들이 나를 올려다보며 "문제에서 '개당(of)'이라고 말했으니 곱하기를 말하는 거죠?"라고 묻는 모습이다.

여기에는 '비밀의 암호' 같은 건 없다. '개당'은 '곱하기'를 의미할 수도 있지만, 그렇지 않을 수도 있다. 핵심어를 찾는 것처럼 문장제를 푸는 '단 하나'의 방법만을 배운 아이들은 이처럼 학습에 오히려 방해되는 질문만 한다. 이 예시를 보고 학생들은 바로 6×18을 계산할 것이다. 그리고 그때 구슬 주머니 1개당 가격이 108달러면 주머니 6개보다 훨씬 비싸지 않느냐고 물으면 의아해하며 나를 올려볼 것이다. 이것이 바로 진정한 문제 해결이 아닌 '정답 찾기'에 매몰된 모습이다.

문제 해결은 단순한 정답 찾기와는 전혀 다른 사고 과정이다. 정답만 찾기보다는 문제가 설명하는 상황을 이해하려고 노력해야 한다. 정해진 풀이 단계를 무심코 따라가야 하는 것이 아니다. 이 문제를 포함해 모든 문제를 해결하는 방법은 그 상황을 제대로 이해하는 것에서 시작되어야 한다. 이는 곧 해답을 찾는 방법이 여러 가지일 수 있다는 뜻이다. 실제로 내가 문제를 이해하는 방식과 당신의 방식은 상당히 다를 수 있다.

나는 먼저 마음속으로 이야기를 만들어 보라고 제안한다. 내가 만든 이야기는 이렇다. 상점에 가서 구슬이 가득 담긴 통을 찾는다. 그 위에는 '주머니 6개에 18달러'라는 가격표가 붙어 있다. 나에겐 구슬 주머니 1개 살 돈밖에 없어 구슬 주머니를 딱 1개만 사고 싶다. 그렇다면 계산대 앞에 서 있는 직원에게 뭐라고 물어봐야 하나? 18달러를 6으로 나눈 뒤 구슬 주머니 1개를 3달러에 살 수 있냐고 물어보면 된다. 이 문장제에서 '개당'이라는 말은 수학적 의미가 아니라 단지 구슬 주머니를 세는 단위일 뿐이다.

수학의 본질은 문제 해결의 즐거움에 있지만, 실제 수학 학습은 점점 옥죄어 오는 벽처럼 느껴진다. 수학이 그저 정해진 단계를 기계적으로 따라 하는 과정일 뿐이라면 누가 머릿속으로 상황을 그려가며 생각하려고 하겠는가. 단순히 공식에 숫자를 대입하고 계산하는 것에 어떻게 '진정한 이해'가 있을까?

이런 '정답 찾기' 위주의 환경에서는 주어진 과정을 따라 답을 구하기만 할 뿐 그 과정이 왜 그런지 이해하지 못한다. 더 큰 문제는 자신이 구한 답이 상식적으로 맞는지 틀렸는지 판단하는 감각마저 잃어버리게 된다는 점이다. '직감은 필요 없다'는 암묵적 믿음이 독처럼 퍼져 결국 우리는 수학을 흉내 내기만 한다. 말 그대로 시키는 대로 따라 하는 지루하고 의미 없는 연습을 거듭할 뿐이다.

사실 수학은 지루하거나 무의미하지 않다. 진짜 문제 해결은 도전적이고 흥미롭고 창의적이며, 무엇보다 큰 만족감을 가져다준다. 하지만 '문제마다 정답을 찾는 방법은 단 하나다'라는 환상에 갇혀 있는 한 수학의 진짜 매력을 경험하는 사람은 거의 없을 것이다.

## { '옳은 방법'이 문제다?! }

수학 문제를 풀 때 단 하나의 '정답' 풀이 과정만 배워야 한다면 진정한 의미의 문제해결력은 키우기 어렵다. 문제 해결을 위한 감각은 사용하지 않으면 녹슬기 마련인데, 꾸준히 활용해야만 그 날카로움을 유지할 수 있다. 하지만 계속해서 다른 누군가가 제시한 '정확하고 옳은' 방법에만 기대다 보면 이 감각은 무뎌질 수밖에 없다. 이런 의존성은 스스로 문제를 해결하려는 용기마저 꺾어버린다. 문제 해결에는 때로 모험이 필요한데, 한 가지 방법만 고집한다면 실패를 무릅쓰고 새로운 방법을 시도할 수 없게 된다.

사실 우리는 문제를 다양한 방식으로 풀 수 있다. 여러 가지 접근을 시도하는 과정은 유익할 뿐 아니라 때로는 재미와 성취감을 가져다주기도 한다. 특히 문제가 까다롭고 그 해결 가치가 높을수록 여러 방안을 모색하는 것은 더욱 중요하다. 소프트웨어 개발자나 다리를 설계하는 엔지니어들이 쉬운 방법이 있음에도 의도적으로 여러 해결책을 찾고자 하는 것을 보면 알 수 있다. 왜 그들은 가장 손쉬운 한 가지 방법으로 끝내지 않고 다른 가능성을 찾고자 하는 걸까?

첫 번째, 여러 해결책을 깊이 탐색하다 보면 어떤 방법이 비용 효율적이고 내구성이 뛰어나며 더 확실한지 비교해 최선의 결과를 낳을 방법을 선택할 수 있다. 어쩌면 두 번째 이유가 더 중요할 수 있는데, 문제가 정말 어렵고 해결의 실마리가 보이지 않을 땐 무엇이든 시도할 준비가 되어 있어야 한다는 점이다. 이 '무엇이든 시도하기' 접근법의 첫 단계는 한 걸음 물러서서 모든 각도에서, 특히 처음에 미처 보지 못했던 새로운 각도에서 문제를 살펴보는 것이다.

다양한 접근 방식으로 사고의 폭을 넓히면 예상치 못한 곳에서 해결책을 발견할 수 있다. 가장 유명하고 획기적인 문제 해결의 사례는 기원전 300년경으로 거슬러 올라간다. 고대 그리스 과학자이자 수학자인 아르키메데스Archimedes가 시라쿠사 거리를 벌거벗은 채 뛰어다니며 "유레카(나는 찾았다)!"를 외쳤다는 유명한 이야기[42]를 들어 봤을 것이다.

시라쿠사 왕은 아르키메데스에게 어려운 과제를 내렸다. 금으로 만들었다는 왕관이 정말 순금인지 감별하라는 명령이었다. 왕관 모양이 특이하다 보니 같은 무게의 순금과 저울로 비교해도 속에 다른 금속을 숨겼는지 알 도리가 없었다. 아르키메데스가 해결하지 못하면 왕은 그를 죽일지도 모를 일이었다.

아르키메데스는 며칠 밤낮을 이 문제에 매달렸다. 모든 방법을 궁리하던 중 목욕하러 욕조에 들어간 순간 물이 넘치는 것을 보았다. 바로 자신의 몸 부피만큼 물이 밀려난 것이었다! 그는 문득 '밀려난 물의 부피로 물체의 특성을 알 수 있지 않을까?'라는 생각이 떠올랐다. 그래서 같은 무게의 금과 은을 물에 넣어보았고, 밀도가 낮은 은이 금보다 물을 더 많이 밀어낸다는 것을 발견했다. 그 순간 해결책이 떠올랐다! 왕관이 밀어낸 물의 양과 같은 무게의 순금 덩어리가 밀어낸 물의 양을 비교하면 되는 것이었다. 같다면 순금이요, 다르다면 가짜인 셈. 마침내 왕관이 순금으로 만들어졌는지 진위를 가릴 방법을 찾아낸 것이다. "유레카!"

하나의 정답만이 옳다는 생각은 잘못된 믿음이다. 정답을 찾는 행위와 문제 해결 과정의 결과를 비교해 보면 그 사실을 명확히 알 수 있다. 우리는 '정답 찾기'가 옳다는 믿음에 익숙해져 있고, 오랜 기간 정답 찾기 중심의 수학 교육을 받았기에 그에 따른 부정적 영향을 제대로 인식하지 못하고 있다.

'정답 찾기'에만 초점을 맞춘 환경에서 우리는 다음과 같은 반응을 보이게 된다.

- 머릿속이 텅 비어 창의적 사고를 하지 못하고 아무 생각도 떠

오르지 않는다.
- 어려운 문제에 직면하면 어떻게 시작해야 할지, 과연 시작해야 하는지조차 의문을 품는다.
- 문제 해결을 시도하기도 전부터 좌절감을 느낀다.
- 심장이 두근거리고, 선생님이 칠판에 수학 문제를 풀 때 처음에 어떻게 시작했는지 기억하려고 애쓰며 불안 증세를 보인다.
- 부정적인 혼잣말을 한다. 어려운 수학 문제를 풀 때 직감적인 아이디어가 떠올라도 하나의 풀이 방법으로 하나의 답을 찾도록 훈련받았기 때문에 결국 표준적인 풀이 방식으로 돌아간다.
- 다른 사람들과 궁금한 점이나 걱정거리를 나누기를 주저한다. 그들이 '옳은 하나의 방법'만 고집한다고 생각하기 때문이다. 이런 태도는 창의적이고 협력적인 과정을 가로막는 걸림돌이 된다.

정답 찾기가 불러온 가장 큰 문제점은 바로 무력감이다. 다음은 이런 수학 체계와 관련해 나눈 대화다. 한 아이가 이렇게 말했다.

"저는 소수를 사용하고 싶은데, 선생님은 무조건 분수만 쓰라고 해요. 제 방법이 더 쉬운데도 제 말은 들어주지 않아요. 그래서 선생님 말씀대로 따를 수밖에 없어요."

이제 막 성인이 된 한 친구는 자신의 경험을 이렇게 회상했다.

"고등학교 때 수학 시험에서 답이 맞았는데도 제 방식대로 풀었다고 감점당했어요. 그때는 정말 화가 났죠. 지금 생각해 보면 테니스랑 비슷한 것 같아요. 만약 백핸드 발리 같은 새로운 기술을 배우거나 잘하게 하려고 훈련시키는 거라면 특정 접근법을 강요할 수 있겠죠. 하지만 아무런 이유 없이 자신의 방법을 강요한다는 건 지금 생각해도 화가 나요."

이처럼 문제 해결 방식은 완전히 다른 세계를 열어준다. 때로는 무력함, 때로는 놀라운 용기와 자신감을 불러일으키는 마법 같은 힘이 있다. 학교에서는 오랜 고정관념처럼 여겨지던 '정답 찾기'라는 착각에서 벗어나 진정한 문제해결력을 가르쳐야 한다. 하지만 이런 변화를 이루기 위해서는 먼저 '문제 해결'이 무엇인지 근본적으로 깊이 이해해야 한다.

{ 사라진 열쇠와 글쓰기의 벽 }

수학 문제를 해결하기에 앞서 일상의 문제 해결 과정을 살펴보는 것은 매우 흥미로운 일이다. 아침에 아이를 학교까지 데려다주고 중요한 회의에 늦지 않도록 출근해야 하는 상황에서 자동차 열쇠를 분실한 이야기는 문제 해결의 본질을 생생하게 보여준다.

이 상황은 긴급함과 압박감으로 가득 찬 전형적인 문제 해결의 순간이다. 아이의 등교 시간과 중요한 회의로 시간이 촉박해서 열쇠를 빨리 찾아야 한다. 흥미로운 점은 이 과정에서 '막다른 길'이나 '잘못된 방향'은 실패가 아니라 문제를 해결하기 위한 탐색의 일부라는 것이다.

첫 번째 문제 해결 전략으로 '갔던 길 되짚어보기' 기법을 사용한다. 이는 기억을 통해 열쇠의 위치를 추적하는 방법으로, 눈을 감고 전날 저녁의 상황을 자세하고 꼼꼼하게 재구성하는 것이다.

"어제저녁에 집으로 걸어 들어오고 있었어. 뭘 입었더라? 파란색 비옷. 비가 오고 있었으니까. 아, 식료품이랑 우산을 들고 있었어. 물기 때문에 복도가 미끄러워 들어올 때 좀 위험했지. 열쇠를 깜빡할 만했네. 보통 녀두는 서랍에도 없고 지갑에도 없으면 비옷 주머니에 있지 않을까? 아니면 장바구니 안에 있으려나? 우산을 걸어두는 곳 근처 선반에 있지 않을까?"

이런 기억의 재구성은 단순한 회상을 넘어 체계적인 문제 해결 접근법이다. 비옷 주머니, 지갑, 장바구니, 서랍, 선반 등 가능한 모든 위치를 논리적으로 탐색하면서 직감과 논리적 사고가 조화롭게 어우러져 해결의 실마리를 찾아갈 수 있다.

이런 일상의 경험은 문제 해결의 핵심 원칙을 보여준다. 첫째, 침착함을 유지한다. 둘째, 체계적으로 정보를 수집한다. 셋째, 다양한 가능성을 탐색한다. 넷째, 실패를 두려워하지 않는다. 이들 원칙은 수학 문제 해결에서도 그대로 적용된다.

두 번째 문제 해결 방법은 사라진 열쇠를 찾기 위해 직접 집 안을 돌아다니는 것이다. 머릿속으로 기억을 되살리며, 그 흐름에 따라 천천히 움직인다. 현관문을 열고 들어서며 시간 순서대로 동선을 따라간다. 이런 모습은 다른 사람에게 무언극처럼 보일 수 있지만, 이처럼 몸으로 경험하며 움직이는 것은 전날의 기억에 깊이 집중하는 데 놀라울 정도로 효과적이다. 식료품을 내려놓는 순간 젖은 신발을 벗는 모습이 떠오른다. 비옷을 걸어두고 우산도 정리한다. 그러다 갑자기 '짜잔!' 우산을 걸어둔 곳 옆 선반에서 열쇠를 발견한다. 아, 드디어 찾았다!

문제 해결 기법은 개인의 성향과 해결해야 할 과제의 특성에 따라 무궁무진하게 달라질 수 있다. 어떤 이는 배우자에게 열쇠를 어디에 두었는지 묻고, 또 다른 이는 산책 전 스트레칭할 때 주머니에서 떨어졌을지 모른다며 거실을 샅샅이 뒤진다. 어떤 사람은 종이와 연필을 들고 이전에 잃어버렸던 물건의 장소를 적어 그 장소를 집중적으로 찾아보기도 한다. 요점은 문제 해결에 실험 정신과 창의력이 필수이며, 그 방식이 상당히 개인적일 수 있다는 점이다. 정답은 없지만 긍정적 결과를 이끌어내는 다양한 접근법은 분명 존재한다.

또 다른 예로 글을 쓰다가 진전이 없는 상황을 들 수 있다. 우리 가족 모두는 이런 어려움을 경험하고 각자 자신만의 방식으로 대처한다. 쌍둥이 가운데 한 아이는 다른 가족에게 화를 낸다. 다른 아이는 좌절하며 흥미로운 발상이 떠오르지 않는다고 낙담한다. 나는 과자를 먹는다.

뇌과학 연구에 따르면 문제 해결에는 휴식을 취하고 긴장을 풀어주며 편안한 마음 상태를 유지하는 것이 효과적이다. 특히 까다로운 문제에서 막혔다면 공원 산책이나 명상 등 마음이 편안해지고 자유롭게 흘러가는 활동을 통해 휴식을 취하는 게 도움이 된다.[43]

우리 가족에게 효과가 있었던 또 다른 방법은 할 수 있는 일부터 시작하는 것이다. 우리는 모두 작문 과제나 글을 쓸 때 첫 단어나 문장, 단락에서 막히곤 한다. 첫 단어에 집착해서 시간을 끄는 대신 떠오르는 생각이나 관련 단어를 나열하거나 결론 문단을 먼저 쓰는 등 무엇이든 시작한다는 마음가짐이 중요하다. 시작을 위한 마중물로 무엇이든 괜찮다.

작문에는 단 하나로 고정된 '옳은 방법'이 없다. 어떤 사람은 음악을 들으며 글을 쓰지만 다른 사람은 음악을 들으면 논리적인 생각을 할 수 없다. 어떤 사람은 소란스러운 카페에서 글을 쓰는 것을 좋아하고, 또 다른 사람은 수도원처럼 조용하고 고립된 곳을 선호한다. 결국 자신에게 맞는 방법을 스스로 찾아내야 한다. '할 수 있는 것부터 시작하기' 같은 방법을 활용하되, 종이에 자유롭게 연상되는 단어를 적든 좀 더 구조적인 접근을 하든 간에 큰 틀 안에서 자신에게 가장 적합한 방법을 발견하는 것이 중요하다.

중학교에서 아이들이 글짓기에 어려움을 겪을 때 교사들은 보통 격려하며 글 쓰는 과정에서 생기는 어려움을 극복하도록 이런 방법을 제안한다. 우리의 교육 방침은 다양한 접근 방식을 포용하며, 모두가 각자 글쓰기에서 겪는 어려움을 해결하고 작문 방법을 찾게 되리라고 기대한다.

그러나 수학에 접근하는 방식은 배타적이다. 아이들이 수학을 포기하도록 내버려둔다. 아이들이 문제를 풀지 못하면 풀 능력이 없는 것이고, "글쎄, 너는 수학과 맞지 않는가 보다"라고 위로할 뿐이다. 그럼에도 아이들은 어쩔 수 없이 수학을 배워야 하는데, 수업 시간에 그저 참고 견디기만 하면 된다는 암묵적 메시지를 받는다. 결국 아무도 이런 아이들이 수학을 좋아하게 되거나 잘할 수 있을 거라고 기대하지 않는다.

1990년대 매사추세츠공과대학교MIT의 므리강카 수르Mriganka Sur[44] 교수는 인간 뇌의 절반이 시각 정보에 집중해 있다는 사실을 밝혀냈다. 또한 뇌인지과학자 데이비드 크닐David Knill[45] 교수는 다음과 같이 주장한다.

"1950년대 과학자들이 인공지능에 대해 논의하려고 모였을 때 그들은 컴퓨터가 체스를 두도록 가르치는 건 매우 어렵지만 보는 걸 가르치는 것은 쉬울 거라고 생각했다."

컴퓨터가 체스 고수들을 이기도록 가르칠 수 있었지만, 실제로 컴퓨터에게 '보는 법'을 가르치는 것이 믿기 어려울 만큼 어렵다는 사실이 밝혀졌다. 시각은 복잡하면서도 핵심적 과정이기 때문이다.

수학 문제를 해결하려면 두뇌의 작동 방식에 맞춰 문제를 시각화하여 접근해야 한다. 열쇠를 찾거나 글쓰기에서 겪는 어려움을 극복하거나 복잡한 학교 과제를 해결할 때 우리는 직감적으로 특정 방식을 사용해 문제를 해결하고 싶어 한다. 그런데 수학에서 엄격하고 추상적인 풀이 과정만이 유일한 방법이라고 배운다면, 이는 오히려 우리의 직감을 떨어뜨리는 결과를 가져온다. 수학을 배울 때 직감을 유지하고 강화하려면 머릿속으로 문제를 실연해 보는 시각화 기법이 필요하다.

다음 수학 문제를 생각해 보자.

가로와 세로가 각각 6*cm*인 종이를 4등분하여 접는다.
4개 영역에서 1개 영역의 넓이는 얼마일까?

공식을 떠올리기 위해 머리를 쥐어짜고, 곱셈을 할지 나눗셈을 할지 고민하는 것부터 시작하는 건 자기 자신을 괴롭히는 결과를 낳을 수도 있다. 그렇다면 처음에는 무엇을 해야 할까? 옳은 방법은 무엇일까?

잃어버린 열쇠를 찾거나 글쓰기에서 어려움을 겪을 때 썼던 접근법을 생각해 보자. 종이를 조금 움직여도 보고 돌려도 보며 모든 각도에서 살펴볼 필요가 있다. 또는 과정을 되짚어 종이를 4등분으로 접는 과정부터 시도해 볼 수도 있다. 어쩌면 문제의 답에 집중하기보다 더 쉬운 계산부터 시작하는 것이 좋을 수도 있다.

다음을 따라 해보자.

- 종이를 잡고 조금 잘라내거나 해서 정사각형 또는 정사각형과 비슷하게 만든다. 그냥 머릿속으로 그려도 된다. 어떻게 4등분이 되도록 접을까?

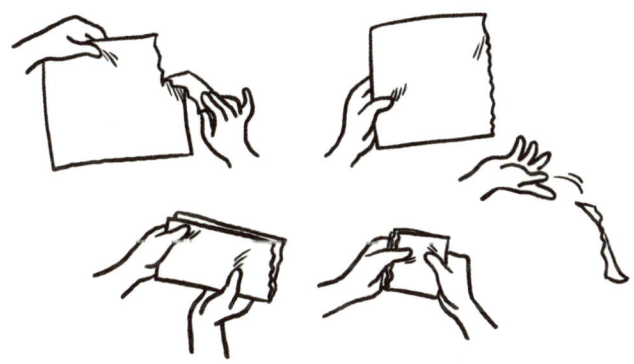

- 종이를 직접 접거나 머릿속으로 그려보면 두 번 접어야 한다는 것을 금방 알 수 있다.
- 두 번 접은 다음 나눠진 영역 중 한 부분의 넓이는 얼마인가? 이때 어떻게 계산해야 할까?
- 작은 정사각형 한 변의 길이가 $3cm$이니까 답은 9다.

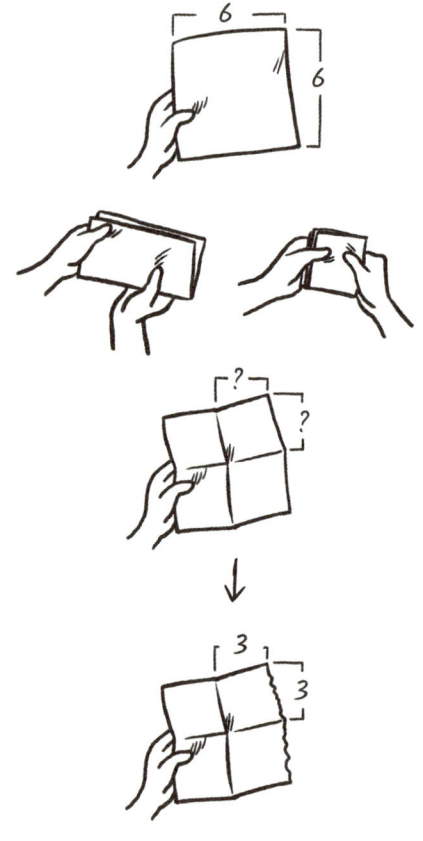

- 또는 처음 정사각형에서 한 변의 길이가 6cm라는 것을 떠올린다. 그러면 넓이는 6×6으로 36이다. 4개로 등분된 작은 정사각형 1개의 넓이는 정확하게 처음 정사각형의 $\frac{1}{4}$이다. 36을 4로 나누면 9가 된다.

여기서 공식은 없다. 순수한 인간의 창의성만 있을 뿐이다. 이처럼 수학 학습은 단순히 정답을 찾아내는 능력이 아니라 창의성을 개발하는 것이어야 한다.

## { 환상에 대응하는 법 }

"질문이 의미하는 바를 알면 정답의 의미를 알 수 있다."
—《은하수를 여행하는 히치하이커를 위한 안내서》중에서

우리 교육은 수학을 배움의 과정이 아니라 보여주기 위한 행위로 만들고 있다. 교사가 "63에 37을 더한 값은 얼마일까?"라고 물었을 때 그는 수학을 개인별 경기로 변질시킨다. 여기서 속도에 대한 환상이 더해지면 학생들은 남보다 먼저 답을 찾아 경기에서 이기려고 애쓰게 된다. 결국 답만이 중요해지고, 이해와 협력은 뒷전으로 밀린다.

몇몇 사람은 자신이 수학적 감각을 완전히 잃어버린 건 아닌지 의문스러울 수 있다. 어쨌든 바닥에 딱 맞는 카펫을 사거나 로켓이 달에 제대로 착륙하려면 정확한 답을 구해야 하기 때문이다. 다시 말하지만, 이는 통합 복잡성의 문제다. 물론 우리는 52 더하기 48의 값이 얼마인지 알아야 하지만, 그것만 알고 지나간다면 수학이 우리에게 제공하는 많은 가치를 놓치고 있는 셈이다.

다행스러운 것은 우리가 정확성만이 아닌 다양한 이점을 얻을 수 있는 방식으로 수학을 배울 수 있다는 것이다. 다시 63 더하기 37을 생각해 보자.

교사가 다음과 같이 질문을 던진다면 어떨까?

"답을 말하지 마세요. 답은 100이니까요. 머릿속으로 63 더하기 37을 계산할 때 어떻게 시작하나요? 첫 단계는 무엇인가요?"

이렇게 질문한다면 수학은 과정에 초점이 맞춰진다. 나는 이 질문을 받은 2학년 학생들의 사고 과정을 들을 기회가 여러 번 있었는데, 그때마다 새로운 즐거움을 느꼈다. 한 학생은 "이 문제를 60 더하기 30, 3 더하기 7로 나눴어요. 다음 머릿속에 떠오른 건 93 더하기 7이고요. 그래서 답이 100이라는 걸 알았어요"라고 답했다. 다른 2학년 학생은 "잠시 생각해 봤더니 3 더하기 7이 10이 된다는 게 보였어요. 그러니까 60 더하기 30 더하기 10을 계산하면 되죠. 그럼 100이 돼요"라며 또 다른 방법을 제시했다.

이것이 바로 실생활에 필요한 진짜 수학이다. 다리를 건설하고 설계할 때도 이런 수학이 쓰인다. 이런 방식이야말로 수학적 감각을 키우는 방법이다. 수학 역시 다른 과목들과 마찬가지로 함께 배우고 협력하는 과정으로 가르쳐야 한다.

그런데 우리 교육은 수학만큼은 초등학교부터 중학교까지의 다른 과목과 달리 혼자서 정답을 먼저 찾아야 하는 개인 경기처럼 가르쳐 왔다. 다른 과목들은 학습 과정을 중시하고, 함께 탐구하도록 권장하며 다양한 해결 방식을 허용하는 단체 경기처럼 가르치면서 수학에서만큼은 협력과 과정을 부차적인 것으로 여기거나 아예 무시한다.

## { 어릴 적 발견한 수학의 즐거움은 평생 간다 }

고등학생들에게 무작위로 수학에 대한 생각을 물어보면 이런 대답이 돌아온다.

"아, 수학은 잘 못하지만 다른 과목은 꽤 잘해요."

"정말 수학을 싫어해요. 수학도 저를 싫어하고요."

더 어린 학생들에게 수학의 어떤 점이 좋은지 물어보면 고등학생들의 대답과 완전히 다른 답을 들을 수 있다. 한 2학년 학생은 "나눗셈이 좋아요. 나눗셈과 제 이름엔 같은 철자가 들어 있거든요!"라고 말했다. 또 다른 아이는 "숫자 8이 동글동글하고 예뻐서 좋아요"라고 대답했다.

이런 순수한 대답은 우리가 고등학교까지 소중하게 지켜야 할 창의적이고 두려움 없는 수학적 관점을 보여준다. 이 아이들은 수학을 풀면서 아직 겁을 먹거나 굴욕감을 느낀 적이 없다. 이들은 수학에 대한 잘못된 편견에 사로잡히지 않았고 수학에 대해 자신들이 결코 이길 수 없는 싸움을 한다고 여기지도 않는다.

마지막으로, 어릴 적 열정을 여전히 간직하고 있던 중고생의 답변을 들려주겠다.

"개념만 이해하면 무엇이든 배울 수 있다는 점이 좋아요. 수학은 항상 이치에 맞고 비논리적인 게 없거든요."

"더 고급 방정식에서는 내 방식대로 풀 수 있어요. 정해진 한 가지 방법만 있는 게 아니어서 창의적이죠. 여기서 창의적이라는 것은 자유롭다는 뜻이에요."

이 아이들은 수학을 믿는다. 이들에게 수학은 논리적이며 힘을 주는 과목이자 더 넓은 배움의 세계로 향하는 관문이다. 우리는 더 많은 아이가 이런 관점을 발전시키도록 도와야 한다.

그럼, 다음 장에서 그 방법을 소개하겠다.

**2부**

---

# 점수보다 '이것'이 먼저!

### 꺾이지 않는 수학 자존감을 키우는
### 다섯 가지 방법

> "어려움에 직면했을 때 '나는 수학 머리가 없어'라고
> 단정 짓는 대신 '아직 이 방법을 모를 뿐이야'
> '연습하면 나아질 수 있어'라고 생각하는 것,
> 이것이 바로 성장의 태도다."
> ─ 캐럴 드웩 Carol S. Dweck

# 5장 수학은 당신의 것

'소속감'은 어떤 집단이나 공동체에 속해 있다고 느끼는 감정이다. 우리 가운데 많은 사람이 수학 수업에서 이런 소속감 대신 소외감을 경험하거나 그런 느낌을 들게 만드는 환경에 놓여 왔다. 이는 학습 의욕과 사기를 꺾는 경험이지만 우리는 불가피한 현실인 것처럼 받아들여 왔다. 일반적으로 수학과 감정은 별개라고 여긴다. 하지만 최신 뇌과학 연구는 소외감이 학습 자체를 방해할 뿐 아니라 노력하고자 하는 의지와 끈기, 인내심을 약화시킨다는 사실을 보여준다.

다른 학습 과정과 마찬가지로 수학에서도 실수는 자연스러운 학습 과정의 일부다. 그런데 유독 수학에서는 실수를 학습 과정이 아닌 자질 부족의 증거로 여긴다. 마치 '수학 세계'에 속하지 않는다는 증거처럼 해석되는 것이다. 때문에 역설적이게도 수학 교육 분야는 최신 과학의 통찰력을 제대로 활용하지 못하고 있다.

우리는 종종 수학을 누구나 배울 수 있는 것이 아니라고 여긴다. 이처럼 수학 학습을 제한적으로 바라보는 '희소성 사고방식scarcity mindset'은 결과적으로 수학 학습을 필요 이상으로 어렵게 만드는 원인이 된다. 그렇다면 여기서 말하는 '희소성'은 어떤 뜻일까?

## { 수학 능력을 떨어뜨리는 '수학 불안' }

지금부터 내가 경험한 혹독하기 그지없었던 '수학 신고식' 이야기를 하겠다. 고등학교 첫날 친구들과 함께 첫 교시 수학 수업에 들어갔다. 그날은 조금 일찍 교실에 도착했는데, 들어갈 때 보니 몇 자리가 남아 있었다. 새 공책을 꺼내며 긴장된 마음으로 교실을 둘러봤다. 책상은 5개씩 4줄로 완벽에 가까운 바둑판 모양으로 놓여 있었는데, 이상하게도 가운데 책상 두 개가 비어 있었다.

학생이 더 들어오자 없어진 2개 책상이 문제가 되었다. 수업을 신청한 학생은 20명인데 책상이 18개뿐이었기 때문이다. (늦게 교실에 들어온 내 친구는 운 나쁘게도 서 있어야 했던 2명 가운데 1명이었다!) 잠시 후 문을 열고 들어온 록힐 선생님은 딱딱한 미소를 지으며 자신의 수업이 엄격하다고 말했다. 자신의 우등 수학 수업이 고급 미적분학 AP Calculus BC을 수강할 수 있는 유일한 길이라고도 강조했다. 그리고 우리 중 최소 두 명, 아마 그 이상이 이 수업을 통과하지 못할 거라고 덧붙였다. 그러고 나자 교실에는 바늘 떨어지는 소리가 들릴 정도로 어색한 침묵이 흘렀다. 잠시 후 선생님은 교실을 나가 책상과 의자 2개를 가져왔다.

그 이야기를 듣자 갑자기 긴장감이 몰려왔다. '선생님은 이미 낙제할 학생 2명이 누구인지 알고 있는 걸까? 그중 한 명이 내가 되는 건 아닐까'라는 생각으로 머릿속이 가득 찼다. 그날 록힐 선생님은 중학교 3학년(9학년) 수학을 제대로 배울 수 있는 능력을 가진 학생은 극소수에 불과하며(이게 바로 희소성이다!), 우리 가운데 일부는 이 수업을 따라오지 못할 거라고 말했다.

결국 내 친구는 2학기가 시작되자마자 수업에서 나가게 되었다. 친구가 다른 반으로 옮겨 가는 모습을 지켜보며 난 우울한 감정에 휩싸였다. (지금까지도 그날 교실에 서 일어난 불운이 친구의 운명을 결정한 것이 아니었을까 하는 의구심이 든다.)

수학 학습 자료가 제한적이거나 수학이 중요하지 않다면 록힐 선생님의 접근 방식이 합리적일 수 있다. 하지만 오늘날에는 누구나 수학을 성공적으로 배울 수 있다. 수십억 명이 이미 기본적인 수리력과 문해력을 갖추고 있으며, 교사들의 역할을 보완해 줄 수 있는 다양한 교육 기술이 많기 때문이다. 이제 더는 "수학은 소수의 사람만 잘할 수 있다"는 희소성 사고방식에 얽매여 수학을 교육할 필요가 없다.

그럼에도 우리는 여전히 전통적 방식과 오만함, 엘리트주의를 고수한다. 수학 교육이 일부 '재능'을 가진 학생들의 몫이라고 생각한다면 다음에 나온 흥미로운 사실을 눈여겨볼 필요가 있다.

사실 가장 뛰어난 작업 기억력을 가진 학생들,[46] 즉 타고난 능력 덕에 당연히 뛰어날 거라는 기대를 한 몸에 받는 학생들이 오히려 소속감을 느끼지 못할 때 가장 심각하게 무너진다. 이들은 작업 기억력이 매우 높아서 더 복잡한 방식으로 문제를 해결하려는 경향이 있다. 문제를 풀면서 거의 동시에 최종 답을 추정하기도 하고, 암산을 많이 사용하며, 지름길이 필요 없어 굳이 배우려고 하지 않는 경우가 많다. 하지만 스트레스로 작업 기억력이 손상되면 이들이 가진 더 복잡한 문제 해결 과정 또한 무너지게 된다. 따라서 소속감은 모든 학생에게 필수다.

록힐 선생님의 수업을 포함해 이후 여러 수학 수업에서 나는 정확히 이런 심리적 과정을 경험했다. 혹시 나한테 어울리지 않는 반에 온 건 아닐까 하는 생각이 머릿속을 떠나지 않았고, 한 문제만 실수해도 3년 뒤 미적분학을 공부할 자격이 있는지 평가받는 중요한 시험에 떨어진 것처럼 느껴졌다.

스탠퍼드대학교의 심리학자 클로드 스틸Claude Steele은 여학생들이

'여자는 수학을 못한다'는 고정관념을 떠올리면, 그 편견이 사실이 될까 봐 걱정하며 시험에 집중하지 못하는 경우가 있다고 말했다. 그는 이런 상태를 '심리적 압박churn'[47]이라고 불렀다. 실제로는 수학 실력이 문제가 아니라 그 고정관념 때문에 긴장하고 불안해지는 것이다. 이와 관련된 여러 연구에서는 이를 '수학 불안math anxiety'이라고도 부르는데, 이런 불안이 실제로 능력을 발휘하는 데 방해가 된다는 분석을 내놓았다. 또 다른 연구에서는 이런 스트레스가 몸의 생존 반응을 일으켜 뇌에 있어야 할 혈류가 신체로 몰리면서 생리적인 '투쟁-도피 반응fight or flight'이 나타난다고 설명한다.

이처럼 수학을 접할 때 생기는 심리적 압박은 단순한 기분 문제가 아니다. 작업 기억, 즉 머릿속에서 정보를 처리하는 능력을 떨어뜨린다. 수학 문제를 풀 때는 이 작업 기억이 매우 중요하다. 그런데 왜 우리는 이 소중한 인지 능력을 방해하는 방식으로 수학을 배우고 있는 걸까?

내가 수학에 재미를 느끼기 시작한 게 언제였는지는 잘 기억나지 않는다. 다만 중학교 3학년 2학기쯤, 다른 친구들이 하나둘 수업을 포기한 뒤였다는 건 확실하다. 나는 간신히 따라잡았다는 안도감을 느끼며 수업을 계속 들었고, 그해에 배운 수학을 정말 좋아하게 되었다. 친구들 사이에서는 고등학교 2학년 전까지는 수업에서 탈락하는 일이 없을 거라는 말이 돌았다. (무척 힘들었던 시기를 제외하면, 록힐 선생님은 학생 한 명 한 명이 수학을 이해하도록 끝까지 도움을 주던 정말 좋은 교사였다.)

성인이 되어 논문을 읽고, 수학 교육에 대해 분석하면서 알게 된 사실이 있다. 수학에서 소외감을 이겨내려면 반드시 한 번쯤은 '할 수 있다'는 성공 경험이 필요하다는 것이다. 이 부분은 다음 장에서 더 자세히 다루겠다.

## { 늦은 때란 없다, '수학 소속감' 키우기 }

중학교 수학에서 뒤처진 학생들을 이야기할 때면 흔히 '이미 늦었다'라는 생각을 기저에 깔고 있다. 하지만 이는 잘못된 생각이다. 수학 교육 현장에서 어려움을 겪던 중학생들이 자기 학년 수준의 문제를 해결하며 놀라운 성장을 이루어낸 사례는 얼마든지 있다.

테니스 황제 로저 페더러Roger Federer는 열두 살에 처음 테니스 라켓을 잡았고, 발레리나 미스티 코플랜드Misty Copeland는 열세 살에 처음 토슈즈를 신었다. 둘 다 자신의 분야에서 통상적으로 시작해야 한다고 여기는 나이보다 5~7년이나 늦게 시작했지만, 결국 정상의 자리에 올랐다. 어릴 적 수학에 트라우마를 겪은 성인도 수학을 배우고 소속감을 느낄 수 있다. 요리의 대가 줄리아 차일드Julia Child는 마흔 살에 요리를 시작했고, 작가 수잔 콜린스Suzanne Collins는 마흔여섯 살에 《헝거 게임》을 출간했다.

==우리는 모두 수학의 핵심을 이해하고 능숙하게 풀 수 있는 능력을 가졌다.== 수학을 배우는 과정은 시도와 실패, 작은 성공이 모여 조금씩 성장해 가는 여정이다. 그러다 문득 '나도 할 수 있어! 나도 수학을 잘하는 사람이야! 나도 이곳에 속해 있어!'라는 깨달음의 순간이 찾아온다.

읽기를 더디게 배우는 학생들이 책 읽기의 즐거움을 놓치고, 체육 과목을 어려워하는 학생들이 운동 자체를 싫어하게 되는 것처럼 사실 학생들은 학교 교육에서 어떤 과목에서든 소속감을 느끼지 못할 수 있다. 그런데 수학에서는 이런 문제가 더 자주 심각하게 나타난다. 일반적으로 다른 과목에서는 다양한 방식으로 성취를 이룰 기회가 많다고 여기기 때문이다.

우리 사회는 학문 분야에서 뒤늦게 진입할 수 있는 여러 경로를 열어두고 있다. 많은 분야에서 나중에 재능을 발견하고 뛰어난 성취를 이루는 사례는 생각보다 흔해서 우리는 그것을 특별하게 여기지 않는다.

쌍둥이 아들 중 한 명이 다른 아이보다 늦게 읽기 시작했을 때 주변 친구들과 전문가들은 모두 걱정하지 말라며 나를 안심시켰다. 아이들은 저마다 다른 시기에 읽기를 배우게 되므로 마음을 편히 먹고 꾸준히 책을 읽어주라고 조언했다. 그들의 조언에는 여유가 담겨 있었다. 그들은 모두 내 걱정이 실제로는 큰 문제가 아니라고 말해 주었다. 그리고 그들의 말처럼 중학교 1학년이 된 아이들은 누가 늦게 글을 읽기 시작했는지 지금은 구분하기 어려울 정도다.

도서관에서 여름 독서 프로그램처럼 다양한 방식으로 독서를 장려하듯, 우리는 아이들에게 풍부한 책 읽기 경험을 제공한다. 내가 어릴 때 없던 그래픽 노블은 요즘 아이들이 쉽게 책의 세계로 들어오는 통로가 되어준다. 건강한 아이로 성장하기 위한 공공 캠페인에서도 하루 20분씩 아이에게 책을 읽어주라는 긍정적 메시지를 전한다.

그러나 아이들이 잘못된 희소성 사고방식 때문에 수학에서 소외감을 느끼면 이후 소속감이나 풍요로운 경험을 쌓을 기회가 거의 사라지고 만다. 더구나 대중 미디어에서 수학을 잘하는 건 외로운 천재들만의 영역인 것처럼 묘사하는 경우가 종종 있는데, 이들을 괴짜로 표현하는 경우가 많다. 이런 '수학 천재'는 주로 백인이나 아시아계 남성으로 그려진다. 이것이 우리 가족이 영화 〈히든 피겨스 Hidden Figures〉를 즐겨 보는 이유 중 하나다. 이 영화는 미국의 우주 경쟁을 승리로 이끈 천부적인 수학 능력을 가진 흑인 여성 수학자 캐서린 존슨의 이야기를 다룬다. (가족 영화로 강력 추천한다!)

역사 속에 가려져 있지만, 여성과 유색인종이 중요한 수학적 도전을 해결해 왔다는 사실을 아는 것은 매우 중요하다. 하지만 〈히든 피겨스〉는 주류 미디어에서 보기 드문 예외적인 작품이다. 아이들이 일상에서 접하는 대부분의 이야기는 오히려 자신들이 수학 세계에 속하지 않는다는 인식을 더 깊이 심어준다.

아이들은 우리 어른들이 생각하는 것보다 통찰력이 뛰어나다. 그들은 자신이 이해력이나 자질이 부족해 수학 공동체가 자신에게 시간과 노력을 들이지 않을 거라는 암묵적 메시지를 민감하게 포착해 낸다. 수학 공부에서 어려움에 부닥치면 고립감을 느끼게 되고, 이때 도움을 청하지 않으면 더 큰 어려움을 겪게 된다. 결국 이런 악순환은 자기충족적 예언이 되어 아이들은 나이 들수록 이런 암묵적 메시지에 자신을 맞춰 간다. "수학 세계에 속하지 않는 외부인이다"라는 말을 반복해 들으면서 그냥 보기엔 합리적인 결론처럼 보이는 '수학에 시간을 투자하지 않기'로 결정을 내리게 되는 것이다.

그러나 수학은 포용적인 방식으로 가르칠 수 있다. 그렇게 되면 아이들은 실수를 두려워하지 않고 회복력을 발휘하며 문제를 해결하기 위해 새로운 접근 방법을 시도하게 된다. 물론 거짓 약속은 할 수 없다. 진정한 소속감은 실제로 문제를 해결하고 올바른 결과를 얻을 때 비로소 생겨나니까.

독서나 축구처럼 아이들은 수학의 여러 영역을 각기 다른 속도로 습득한다. 학습 속도가 다르다고 해서 누군가를 배제하는 건 합당한 이유가 될 수 없다. 수학 역시 다른 어떤 분야와 마찬가지로, 늦게 시작한 사람도 충분히 빛나는 재능을 발하는 '영재'가 될 수 있다.

## { 대조적인 수업 환경 }

대부분이 경험한 수학 수업은 이런 모습이었다. 선생님이 "251에 49를 더하면 얼마죠?"라고 물으면, 즉시 '수학 잘하는 아이' 두세 명이 손을 번쩍 든다. 그때 당신은 아직 문제를 제대로 파악하지도 못한 상태다. 하나의 문제에 단 하나의 정답만 있고, '수학 잘하는 아이'는 빠르게 그 답을 찾아낸다.

이제 당신의 심장은 빠르게 뛰기 시작하고, 머릿속은 하얘진다. 초원에서 사자를 만난 것처럼 온몸의 피가 다리로 쏠려 도망칠 준비를 한다. 그저 그 자리에서 사라지고 싶을 뿐이다. 선생님이 자신의 이름을 부르지 않기를 바라면서 말이다. 그러면서 당신은 교실에서 이방인 같은 느낌을 받는다.

이제 이와는 다른 접근법을 살펴보자. 선생님은 질문을 던지는 대신 칠판에 문제 3개를 적는다.

그러고 나서 바로 정답을 묻지 않고 이렇게 말한다.

"애들아, 정답부터 찾으려고 너무 조급해하지 않아도 괜찮아. 답은 금방 알아낼 수 있을 거야! 손을 번쩍 들거나 큰 소리로 답을 외치지 말고, 우리 다 같이 이 방정식을 읽어보자. 251 더하기 59, 251 더하기 49, 251 더하기 39, 이렇게 세 가지 덧셈을 하는 거야. 모두 60초 동안 천천히 살펴보고 나서 이 문제를 어떻게 풀기 시작했는지 방법을 이야기해 보기로 하자. 혹시 처음에 다른 방법으로 풀려고 했거나, 중간에 풀이 방식을 바꾼 경험이 있다면 그것도 솔직하게 말해 주면 좋겠어."

학생 1: "일의 자리 숫자들은 잠깐 빼고 생각했어요. 그게 저한테는 더 편했거든요. 그랬더니 250 더하기 50, 250 더하기 40, 250 더하기 30이 딱 보이는 거예요. 이 계산은 암산으로 금방 할 수 있으니까, 나중에 남은 일의 자리 숫자만 더하면 되겠다 싶었어요."

선생님: "좋은 생각이야! 다른 친구들도 자기 생각을 말해 줄 수 있을까?"

학생 2: "각 문제에서 두 번째 숫자가 10씩 작아진다는 걸 알아챘어요. 59, 49, 39 이렇게요."

**학생 3:** "저는 좀 다르게 풀었어요. 일의 자리 숫자부터 봤는데, 모두 9 더하기 1이더라고요. 그래서 세 문제 모두 일의 자리 숫자부터 더했더니 10이 나왔어요. 그러고 나니 문제가 250 더하기 50 더하기 10, 250 더하기 40 더하기 10, 250 더하기 30 더하기 10으로 바뀐다는 걸 알았어요. 그 다음부터는 암산으로 쉽게 풀 수 있었어요."

**선생님:** "혹시 이 사실을 알아챈 친구들이 더 있니? 이걸 알면 답에 어떤 변화가 생길까?"

**학생 4:** "세 문제를 서로 비교하며 답을 확인할 수 있어요. 각 문제의 답은 바로 앞 문제보다 10씩 작아져요."

**학생 5:** "평소 하던 대로 251 더하기 59를 세로로 적어 계산했어요. 일의 자리 숫자부터 더하고 10을 올림했죠. 최종 답은 310이 나왔고, 저도 각 숫자가 10씩 줄어든다는 걸 알았기 때문에 다음 문제는 굳이 계산하지 않았어요. 300이랑 290이라는 걸 바로 알았거든요."

수학을 가르칠 때는 원래 함께 즐기는 단체 경기처럼 가르쳐야 하지만, 현실에서는 혼자서 끙끙대야 하는 과목처럼 가르치는 경우가 많다. 첫 번째 사례를 보면 선생님은 속도와 정답만 중요하게 여기는 재미없는 덧셈 문제를 냈다. 마치 승자가 모든 걸 가져가는 게임처럼 긴장되고 경쟁적인 분위기를 만든 것이다. 그래서 배우는 과정은 거의 없고, 아이들은 오로지 자기 점수만 생각하게 된다. 이미 답을 알고 있는 그 아이가 정답을 말하는 순간 게임은 끝나버린다. 그리고 나머지 아이들은 흥미를 잃고 더는 노력할 필요성을 느끼지 못하게 된다.

반면 두 번째 사례에서 선생님은 모든 아이의 수학적 감각과 문제해결력을 키우는 데 집중한다. 아이들에게 자신이 생각한 방법, 사용한 전략, 실패했던 접근 방식까지 이야기해 달라고 부탁한다. 이렇게 하면 아이들은 251이라는 숫자가 200, 50, 1로 이루어져 있다는 기본적 원리를 자연스럽게 배우게 된다. 또한 숫자를 어떤 순서로 더해도 결과가 같다는 사실도 깨닫게 된다. 다른 친구가 더 쉽고 편한 방법으로 문제를 푸는 걸 보면서 자신도 그런 방법을 받아들일 수 있다는 걸 배우는 '메타인지 학습 metacognitive learning'도 가능해진다. 친구들에게 수학 문제 푸는 방법을 물어보고 배우면서 문제해결력을 키울 수도 있다. 이렇게 하면 어느 누구도 소외되지 않고, 모두가 훨씬 더 많은 것을 배울 수 있다.

전통적 방식을 선호하는 사람은 협력적인 수학보다 경쟁적인 수학을 더 좋게 생각하고, 협력적인 방식은 정확도가 떨어진다고 여길 수 있다. 감정을 중요하게 생각하는 관점에서는 수학이 딱딱하고 엄격한 규칙을 따르는 학문으로 보일 수 있기에, 그런 반응이 나오는 것이 어찌 보면 당연하다. 하지만 그런 생각을 하는 사람들은 STEM 분야에서 실제로 일해 보거나, 소프트웨어를 개발하거나 복잡한 데이터를 분석해 본 경험이 부족할 가능성이 높다.

이런 경험을 가진 사람으로서 나는 수학이 실제 세상에서 어떻게 사용되고 적용되는지 잘 알고 있다. 아이들이 문제 해결 전략을 공유하고, 정답을 외치는 것만이 자신의 가치를 증명하는 유일한 방법이 아니라는 것을 더불어 배우는 교실에서 학생들은 미래에 필요한 체계적이고 협력적인 문제해결력을 키울 수 있다. 수학에 대해 자신감이 부족한 아이들과 자신감이 넘치는 아이들 모두 소속감 중심의 학습법에 참여할 수 있으며, 이 방법은 실제 STEM 환경을 반영하고, 학생들이 그 분야에서 성공하도록 실질적 도움을 준다.

{ **수학 소속감이 필요한 이유** }

과학자들은 소속감의 가치를 연구해 왔으며, 특히 수학 분야에서 그 가치가 매우 크다는 사실을 밝혀냈다. 소속감은 그저 좋기만 하고 실제 이점은 거의 없는 모호한 개념이라고 생각하기 쉽다. 하지만 실제로 사람들이 소속감을 느낄 때 훨씬 더 뛰어난 성과를 보이며, 잘하는 일을 더욱 즐길 수 있다는 수많은 증거가 존재한다.

수학에서 소속감의 중요성을 보여주는 연구가 많은데, 수학을 가르치고 배우는 방식에 놀라운 영향을 준 연구 결과 하나를 소개하고자 한다. 이 연구의 시작은 2005년 당시 하버드대학교 총장이었던 래리 서머스Larry Summers[48]의 말에서 비롯되었다. 실제 발언 내용에 대해서는 논란의 여지가 있지만, 여학생은 성별 때문에 STEM 분야에서 남학생만큼 유능하지 않다고 직접 말하거나 간접적으로 말해 논쟁을 불러일으켰다.

래리 서머스와 그의 동료들은 대학 수준의 STEM 분야에서 여성 참여가 부족하다는 점에 대해 논의하고 있었다. 이들은 종종 STEM 분야에서 '누수leaky' 현상이 발생한다고 말했다.[49] 이는 남성과 비슷한 수준의 성과를 보이는 여성이 많음에도 너무 많은 여성이 중도에 포기한다는 뜻이었다.

캐럴 드웩Carol Dweck과 아니타 라탄Aneeta Rattan, 캐서린 굿Catherine Good[50]은 여성의 참여 부족에 의문을 품고 서머스의 의견에 반박하는 연구를 시작했다. 왜 여성들은 수학을 기반으로 하는 학문에 참여하지 않을까? 여성이 기피하는 이유를 설명할 수 있는 과학적 요인을 밝혀낼 수 있을까? 만약 그 이유를 밝혀낸다면 과학적 요인을 활용해 STEM 분야에서 여성의 참여를 늘릴 수 있을까?

세 명의 연구자는 STEM 분야의 상위 과정에서 여성들이 이탈하는 시점에 주목했다. 특히 명문대에서 수학 과목을 이수했지만 남성보다 STEM을 전공하거나 직업으로 삼는 비율이 낮은 여성들에 대한 연구부터 시작하기로 했다. 이들 여성은 수학 과목을 수강했고, 수학을 잘하고 흥미를 느낀다는 객관적 지표도 있었다. 하지만 사회 전반의 분석에 따르면 이들과 비슷한 여성들은 STEM 분야의 직업을 선택하지 않았다.

연구진은 네 가지에 초점을 맞췄다. 첫째, 이들 여성이 대학 생활 전반에서 소속감을 느끼는지 파악하려고 했다. 그리고 일반적인 소외감과 수학에서 느끼는 소외감을 구분하려고 했다. 그 과정에서 여성들이 전반적으로 또는 수업, 동아리, 교내 모임 등 다양한 환경에서 소속감을 느낀다고 해도 그 소속감이 수학 수업에서 소속감을 높이는 데 영향을 미치지 않는다는 점을 발견했다. 수학에 대한 광범위한 문화적 인식이 너무 부정적이다 보니 일반적인 소속감이 수학 분야로 이어지지 않았다. 또한 수학에서의 소속감은 특정 영역에 따라 다르게 나타났다. 추가 연구를 통해 기하학에서는 소속감을 느끼지만, 대수에서는 못 느끼는 등 주제별로 소속감이 다를 수 있다는 것을 확인했다.

두 번째 발견은 최고 수준의 성과를 내는 학생이라고 해도 소속감이 약할 수 있다는 사실이다. 이는 수학 분야에서 희소성, 즉 '재능 있는 사람은 소수'라는 문화적 인식이 얼마나 강력하게 작용하는지 보여준다. 놀랍게도 오랜 기간 학업과 수학에서 뛰어난 성적을 받은 여성들조차 자신이 이 분야에 진정으로 속해 있는지 의문을 품었다. 마치 록힐 선생님이 일부러 책상과 의자를 빼놓은 것처럼 자신들도 언제든 배제될 수 있다고 느꼈다. 연구진은 수학 실력이 우수한 여학생과 남학생을 대상으로 설문 조사를 벌였다. 그 결과 남학생은 그렇지 않았지만, 놀랄 정도로 많은 여학생이 '나는 무능하다고 느낀다' '눈에 띄지 않았으면 좋겠다' 같은 문항에 동의했다. 반대로 남학생과 달리 여학생은 '내 성과가 부족하지만, 교수가 내 잠재력을 믿어줄 것으로 생각한다'는 의견에는 동의하지 않았다.

연구진은 여성의 소속감에 영향을 미치는 외부 요인도 조사했는데, "여자는 수학을 못한다"는 식의 무심코 던진 농담이나 성별 고정관념이 언급될 때마다 수학 공동체 내 여성의 소속감이 크게 흔들렸다. 이에 대한 영향이 너무 심각해 연구자들은 이런 사소해 보이는 요소가 STEM 분야 전반에서 여성 참여율이 낮은 광범위한 문제와 어떻게 연결되는지 깊이 살펴보게 되었다.

마지막으로 설문 조사를 통해 측정한 소속감은 여성이 가장 경쟁이 심한 대학에서 수학을 계속 공부할 것인지를 예측하는 지표로 나타났다. 소속감이 없으면 10년 이상 수학에서 커다란 성취를 보여준 여성조차 수학의 길에서 쉽게 벗어나고, 수학은 자신과 맞지 않는 학문이라고 느꼈다.

이것은 단지 여성만의 문제가 아니다. 수학 프로그램의 남학생이 설문에서 더 나은 결과를 보이긴 했지만, 남성도 비슷한 소외감을 느낄 수 있다. 롤 모델이 부족한 유색인종 학생은 수학 수업에서 소속감 부재로 어려움을 겪는다. 그리고 아이들, 특히 청소년기 학생은 소속감 문제로 고민한다.

다음은 이 분야에서 선도적 역할을 한 연구자 데이비드 예거David S. Yeager의 설명이다.

"청소년기는 하루에도 몇 번씩 '나는 이곳에 어울리는 사람인가?[51] 이곳에서 성공할 수 있는 사람인가?'라고 스스로에게 질문하는 시기다."

내가 이 연구를 인용한 이유는 이것이 빙산의 일각이기 때문이다. 일류대학에 다니며 우수한 성적을 거두고 있는 여성조차 소외감으로 수학에서 어려움을 겪는다면, 자신이 이 분야에 속하지 않는다고 확신하는 다른 학생은 얼마나 더 힘든 상황에 처해 있을까.

{ 수학 소속감을 만드는 것 }

숙련된 교사들과 여러 연구 결과에 따르면 아이들이 수학에서 소속감을 느끼도록 도울 수 있는 두 가지 핵심 행동이 있다. 우리는 연구 전문 용어로 정의하지 않더라도, 결국 같은 생각을 하고 있다.

- 성장형 사고방식growth mindset을 길러라(또는 아이들에게 성공은 단

순히 타고난 재능이 아니라 노력과 좋은 전략을 통해 이루어진다는 것을 알려주라).

- **고정관념의 위협을 줄여라**(또는 누가 수학을 잘하는지에 대해 우리 문화가 전달하는 미묘하고 노골적인 메시지에 주의하라).

먼저 드웩 박사가 창안한 개념인 '성장형 사고방식'에 대해 알아보자.[52] 그녀는 성장형 사고방식을 노력, 좋은 전략, 다른 이들의 조언을 통해 자신의 재능을 발전시킬 수 있다고 믿는 개인의 의식이라고 정의한다. 이는 그녀가 고정형 사고방식fixed mindset이라고 부르는 것, 즉 재능을 타고난 선물로 여기는 관점과 반대된다. 성장형 사고방식을 가진 사람은 단순히 타고난 재능에 의존하기보다 학습에 더 많은 에너지를 쏟아붓기 때문에 고정형 사고방식을 가진 사람보다 더 많은 것을 성취하는 경향이 있다.

부모와 교사가 아이들에게 수학에 적극적으로 참여하고, 자기효능감self-efficacy(특정 과제를 성공적으로 수행할 수 있다는 자신의 능력에 대한 믿음 - 옮긴이 주)을 키우며, 호기심을 갖고 질문하는 성장형 사고방식을 기르도록 격려한다면 아이들은 점차 이를 내면화하고 진정한 소속감을 느끼기 시작할 것이다. 내 이야기를 통해 이런 소속감이 어떻게 형성되는지 설명해 보겠다.

### 프레임이 바뀌면 세상이 바뀐다

인생을 살아오는 동안 수없이 많은 일에서 고정형 사고방식으로 고통받았음에도 이를 인지하지 못했다. 고등학교 말기와 대학 입학 초기에는 내가 보기에 노력 없이 이뤄내는 것처럼 보이는 다른 사람들의 천재성을 동경했다. 당시 나는 성적, 과외 활동, 외모 등 모든 일에서 거의 노력을 하지 않는다고 으스대는 친구들에게 둘러싸여 있었다.

"그 과제, 별로 열심히 하지도 않았는데 A를 받아서 나도 깜짝 놀랐어. '지속 가능한 식량 계획 동아리' 활동을 하면서 어떻게 학점 관리까지 하냐고? 음, 솔직히 너무 쉬워서 하품이 나올 지경이야. 그냥 눈 뜨자마자 바닥에 널브러진 옷 가운데서 대충 집어 입었는데, 어쩌다 보니 이렇게 완벽한 옷차림이 된 거지."

늘 주변 사람들과 나를 비교하면서 얼마나 더 노력해야 하는지 재곤 했다. 스스로의 노력을 훈련과 끈기의 결과로 보기보다는 내 능력의 한계로 단정 짓기도 했다. 그러면서 '괜찮아, 샬리니. 넌 딱히 똑똑한 것도, 특별한 재능이 있는 것도 아니잖아. 다른 사람들은 타고났지만 말이야. 그래도 넌 열심히 노력하는 사람이잖아. 그게 네 유일한 재능일지도 모르지'라며 스스로를 위로하려고 했던 기억이 생생하다. 하지만 드웩 박사의 말처럼 성장형 사고방식을 키우면 세상이 달라진다. 과장하는 것이 아니다. 세상이 정말로 변한다. 마치

낮이 밤이 되고 밤이 낮이 되는 것처럼 말이다.

대학교 후반기와 졸업 직후 베인앤드컴퍼니Bain & Company에서 경력을 쌓으면서 운 좋게도 성장형 사고방식을 키우는 데 도움을 준 친구들과 멘토를 만났다. 그들 가운데 자신을 '그냥 노력파'라고 부르는 친구가 있었다. 처음에는 그 모습이 낯설었지만, 곧 그 친구를 존경하게 되었다. 그리고 얼마 지나지 않아 나도 다른 '노력파' 친구들을 찾아다녔고, 나와 비슷한 사람들을 만날 수 있었다.

이제 아름다운 역사적 건물을 보거나 화려한 발리우드 영화의 춤추는 장면을 볼 때면 그런 장관을 볼 수 있도록 만들어준 수천 시간의 노력과 헌신에 경외감을 느낀다. 사람들이 얼마나 열심히 노력했는지와 그 노력의 결실을 볼 수 있다는 사실에 깊은 감사의 마음을 갖는다. '천재의 재능'이 아니라 그들의 땀, 끈기, 결단에 경외감을 느끼고 그들이 오랫동안 버텨주고 견뎌준 것에 감탄한다.

성장형 사고방식이 소속감 문제의 만병통치약이라고 주장하는 것도 아니고, 누구든 영원히 성장형 사고방식만 가질 수 있다고 말하는 것도 아니다. 드웩 박사가 분명히 밝히듯, 우리는 모두 성장형과 고정형 사고방식을 혼합해 가지고 있다. 하지만 부모와 교사가 아이들이 수학 학습에서 소속감을 느끼도록 돕는 데 성장형 사고방식을 길러주는 것이 유용한 도구가 될 수 있다.

그럼 어떻게 성장형 사고방식을 키울 수 있을까? 결과나 능력보다 노력을 칭찬하는 것도 하나의 방법일 수 있겠지만, 드웩 박사는 단순히 "열심히 노력했구나"라는 말로는 충분하지 않다고 분명히 말했다.

수학 시험에서 좋지 않은 결과를 받은 아이에게 "열심히 노력했구나"라고 말했다고 하자. 그러면 그 아이는 "시도는 좋았지만 넌 이걸 할 수 없어" 또는 "걱정하지 마. 그냥 넌 수학에 재능이 없는 거야"라는 뜻으로 받아들일 수 있다. 아이가 수학 시험을 망쳤을 때는 "이걸 다시 생각해 보자. 여기서 배울 점이 뭘까? 이해하기 어려웠던 점이 뭐였니? 다음에는 어떤 다른 방식을 시도해 볼까?"라고 말하는 게 더 좋은 방법이다. 단순 계산 실수로 시험에서 감점을 받았다면 스스로 학습하는 계기가 될 수 있다. 아이는 다음 시험에서 좀 더 신중하게 문제를 풀거나 답안을 검토하려고 노력할 것이다.

그러나 아이가 근본적으로 잘못된 개념을 가졌거나 내용을 제대로 이해하지 못한 것이라면 실수는 단순한 실수가 아닌 학습의 시작점이 된다. 이때 필요한 것은 아이가 새로운 접근 방식을 시도하고 수학 개념을 제대로 이해하도록 돕는 것이다. 이런 방식에서 성장형 사고방식의 목표는 결과나 일반적인 노력이 아니라 특정 어려움을 찾고 해결할 수 있는 전략 선택을 돕는 과정, 즉 학습 과정의 정의 자체에 있다. 그리고 성장형 사고방식의 응답은 암묵적으로 "넌 당연히 할 수 있어. 맞아, 정말 어렵지. 하지만 난 널 믿고 항상 지지할 거야"라고 말한다.

## 수학을 두렵게 만드는 고정관념에서 벗어나라

소속감을 높이는 환경을 만드는 두 번째 방법은 고정관념의 위협을 줄이는 것이다. 클로드 스틸은 사람들이 수학 문제를 풀기 직전 여성이나 흑인이라는 특정 정체성에 대한 고정관념을 갖게 되면, 그렇지 않았을 때보다 성적이 낮아진다는 사실을 발견했다.

왜 그럴까? 그 이유는 수학 학습의 세계에서 자신이 '외부인'이라는 사실을 떠올리게 되기 때문이다.[53] 즉 그들은 자신이 수학을 배우는 세계에 '소속되어 있지 않다'는 것을 다시 한번 확인하게 된다. 심지어 백인 남성에게 아시아 남성이 수학에서 더 뛰어나다는 사실을 상기시켰을 때도 그들의 성적은 떨어졌다. 이렇듯 어떤 집단도 고정관념의 영향에서 자유로울 수 없다.

고정관념의 위협은 여러 가지 일을 동시에 처리하는 것과 같다. 중학교 3학년 때 우등반에 속한 학생들 가운데 몇 명을 탈락시킬 거라는 사실을 알았을 때 선생님이 그런 생각을 드러내지 않았음에도 나는 당연히 여학생 모두가 탈락할 거라고 여겼다. 여학생들이 수학과 과학에서 남학생만큼 뛰어나지 않다는 고정관념에 빠져 있었기 때문이다. 숙제하는 동안에도 머릿속에서는 '어머, 쟤가 수학을 좋아한다고?'라며 의아해하는 어른들의 목소리가 계속해서 맴돌았다.

스틸은 고정관념의 위협 가운데 있는 사람들이 여러 가지 일을 동시에 신경 쓰느라 눈앞에 놓인 어려운 수학 문제에 온전히 집중할 수 없다고 설명했다. 자신들에 대한 고정관념이 사실이 아니라는 것을 증명하기 위해 애쓰느라 당면한 과제에 집중하지 못한다는 것이다. 이때 대부분의 사람은 전두엽 피질의 정보처리 능력을 저하시키는 스트레스 반응을 겪게 되고, 결국 좋은 결과를 얻지 못하게 된다.

그러나 이런 문제에 개입하는 방법은 의외로 간단하다.

첫째, 고정관념에 대한 두려움을 불러일으키는 신호를 줄인다. 예를 들면 중학교 1학년 수학 수업에서 여학생과 남학생을 모둠으로 따로 나누는 것은 학생들에게 여성과 STEM에 대해 널리 퍼져 있는 고정관념을 상기시키고, 이를 따르도록 만드는 것과 다르지 않다.

둘째, 모든 학생에게 높은 기대치를 설정하고 학생들을 믿는다고 말해 준다. 이는 무엇보다 심리적 압박감을 해소하는 데 가장 효과적인 해결책이다. 6학년 때 수학 선생님은 비록 구식 표현이었지만 내게 남학생만큼 똑똑해질 수 있다는 점을 전달하려고 애썼다. 성적이 저조하고 어려움을 겪고 있던 상황에서도 선생님은 나를 안타까워하며 기대치를 낮추지 않았다. 내게 최선을 다하라고 격려하면서 나를 믿는다고 말해 주었다.

셋째, 참고할 수 있는 인물과 본보기를 제시한다. 연구에 따르면 성인과 어린아이 모두 자신과 관련된 성공 사례를 보는 것이 중요하다. 이는 우리도 성공할 수 있다는 것을 암묵적으로 전달하는 역할을 한다.

지난 10년간 수학 전문 플랫폼 전을 개발하고 개선하면서 수학 수업 현장을 수없이 경험했다. 이 글을 쓰는 현재까지 학생들은 우리 학습 플랫폼에서 140억 개 이상의 초등과 중등 수학 문제를 풀었다. 이 모든 경험과 데이터를 바탕으로 누가 수학 학습에 참여할 자격이 있는지, 그 이유는 무엇인지, 모든 학생이 소속감을 느끼도록 도울 방법은 무엇인지에 대해 깊이 고민해 왔다.

우리는 모두 소속감을 느낄 자격이 있다. 살아오면서 여러 차례 소속감을 느끼지 못했던 경험이 있어 이 문제에 더욱 민감하다는 것을 고백하겠다. 나는 뉴욕주 버펄로에서 이민 가정의 아이로 자랐고 인도를 방문했을 때도 그곳에 속하지 못한다는 현실을 깨달았다. 이런 경험을 통해 스스로를 이방인이라고 느끼는 아이나 성인을 예민하게 알아차릴 수 있다. 아무 말을 하지 않아도 그들이 느끼는 소외감은 몸짓을 통해 분명하게 드러난다. 이방인이라고 느끼는 사람에게 시간을 내어 함께 시간을 보내고 이곳에 속해 있다고 말해 주면 그들은 주어진 환경에서 긴장을 풀고 더 편안함을 느낄 수 있다.

지속적으로 소속감을 키워 나가야 한다. 새로운 주제를 배우거나 다른 관련 요소가 변하면 학생은 소속감이 약해진다고 느낄 수 있다. 그러므로 정원을 가꾸듯 아이의 소속감을 항상 돌보고 보살펴야 한다.

다음은 학생들을 응석받이로 키우는 것이 아니라 성장하도록 돕는 몇 가지 제안이다.

- 학생들의 부담을 줄이기 위해 자주 시험을 본다. 쪽지 시험을

생각하면 된다. 수학에서 흔히 사용하는 방법으로 학생들에게 부담이 큰 진단평가가 있다. 하지만 이 진단평가가 얼마나 유용한지는 명확하지 않다. 예를 들면 진단평가의 경우 같은 학생이 다른 날에 같은 시험을 보면 다른 점수를 받을 가능성이 꽤 크다. 어찌 됐든 간에 학생들은 진단평가의 목적이 자신들을 분류하려는 것임을 알고 있다. 하지만 일주일에 여러 차례에 걸쳐 결과에 대한 압박이 적은 쪽지 시험을 보며 학생들에게 교재에서 집중해야 할 부분을 알려주면, 모든 학생이 더 좋은 학습 결과와 더 높은 참여도를 보인다.

- **친숙한 질문으로 시작한다.** 예를 들어 "이 문제가 무엇을 묻고 있나요?" "이 문제에서 알고 있는 사실은 무엇인가요?" 같은 질문을 할 수 있다. 학생들은 시작부터 수학 학습 공동체에서 환영받고 있다고 느껴야 한다. 엄마들이 말하듯 첫인상이 중요하다. 한 학년, 한 단원, 하루의 수업을 어떻게 시작하느냐 하는 것이 학습자에게 소속감을 느끼게 할 수도 있고, 그 반대일 수도 있다.

- **학생들이 좌절감에서 벗어나도록 집중 지원을 통해 도와준다.** 모든 아이가 겪기 마련인 어려움이나 좌절의 순간에도 아이들이 여전히 소속감을 느끼고 배울 수 있으며 어려운 일을 할 수 있다고 느끼게 하려면 교사와 부모, 친구들의 추가적인 노력과 참여가 필요하다.

{ **소속감은 어떤 모습일까?** }

직장에서 혹은 출장을 다니면서 수학 세계에서 사람들이 겪은 경험에 대해 자주 묻는다. 그럴 때면 많은 사람이 내 질문에 대해 답하기를 꺼린다. 누가 교육이라는 이름 아래 겪었던 고통스러운 시간을 다시 떠올리고 싶겠는가? 어린 시절 소속감을 느끼면서 수학 수업을 순조롭게 들었던 소수의 성인, 주로 백인 또는 아시아계 남성들은 같은 반 친구들이 겪었던 어려움을 알지 못한다.

"잠깐만요, 샬리니. 그러니까 사람들이 수학 수업에서 외부인처럼 느낀다는 말인가요? 그게 정말인가요?"

그러면 나는 이 질문에 어리둥절한 표정을 지으며 이렇게 말할 수밖에 없다.

"음, 네, 정말이에요."

다음은 수학 수업에서 소속감을 느끼기 위해 애썼던 사람들이 그 수업에 소속감을 느끼는 '감정'에 대해 들려준 세 가지 사례.

- 수학 선생님이자 수학 교육 전문가(백인, 시각장애인): 처음으로 '아, 나도 수학이라는 세계에 속해 있구나'라고 느꼈던 것은 4학년 때 담임 선생님 덕분이었어요. 선생님이 따로 불러서 좀 더 어려운 문제들을 내주셨는데, 선생님을 기쁘게 해드리고 싶어 열심히 풀었죠. 여름방학 숙제로 문제집을 여러 권 주셨

는데, 그걸 다 풀었을 때 정말 뿌듯했어요. 처음에는 선생님을 기쁘게 해드리고 싶었지만, 시간이 지날수록 수학 자체가 정말 재미있게 느껴졌어요. 선생님이 수학 세계로 저를 초대해 준 건 정말 놀라운 일이었어요. 어릴 때 희귀한 안질환 진단을 받아서 대부분의 사람이 "눈 때문에 학교 생활이 힘들 거야"라고 말했거든요. 그런데 선생님은 이런 장애를 가졌음에도 저를 수학 세계로 초대해 주었고, 그 덕분에 '열심히 노력하고 올바른 방법을 쓰면 나도 잘할 수 있구나'라는 걸 깨달았어요. 그 경험이 제 인생을 완전히 바꿔놓았죠.

- **의사**(아시아계 여성): 어렸을 때는 수학을 정말 어려워했어요. 계속해서 '나는 못해'라는 부정적 생각을 하면서 결국 포기하곤 했죠. 그래서 수학 과목뿐 아니라 학교 생활 전체가 힘들었어요. 그러던 어느 날 7학년 담임 선생님이 제 인생을 바꿔놓을 말을 해주었어요. 선생님은 저와 시선을 맞추며 "너는 어려운 일도 해낼 수 있어. 우리 반 모두가 어려운 일을 해내고 있단다"라고 말했죠. 의사이자 연구자인 지금도 심적으로 힘들거나 위축될 때, 소속감을 느끼지 못할 때면 선생님의 말씀이 떠올라요. 그럴 때마다 스스로에게 '나는 어려운 일도 해낼 수 있어. 여기 있는 모두가 어려운 일을 하고 있어'라고 되뇌곤 해요.

- **성공한 기업가(흑인 여성)**: 남들에게 보이지 않는, 관심 없는 존재가 된다는 건 정말 견디기 힘든 일이에요. 혼자만 다른 존재라는 건 외로운 일이기도 하고요. 사람들이 직접 괴롭히지 않아도 혼자만 다르다고 느끼면 괴롭힘을 당하는 것처럼 느껴지고 고립감과 외로움을 느끼게 돼요. 고등학교 때 수학 우등반이나 심화 과정을 들으면서 느꼈던 감정이 바로 그런 거였어요. 학교를 졸업하고 직장에서 흑인 여성 상사나 멘토들을 만나고 나서야 '나도 리더가 될 수 있구나'라고 생각할 수 있었죠. 흑인 여성으로서 제 세 아이가 인종 때문에 STEM 분야에서 성공하지 못하거나 경제적으로 부를 쌓지 못할 거라는 사회적 편견을 극복하도록 항상 지켜보고 도와주고 있어요. 또한 아이들이 소속감을 느낄 수 있도록 항상 고민하고 있어요. 우리 가족의 좌우명은 "어려운 일이 가치 있는 일이냐"예요.

소속감은 단순히 머리로 이해할 수 있는 문제가 아니라 마음으로 느끼는 문제다. 소속감은 수학 문제를 푸는 방법을 아는 것만으로는 충분하지 않다. 모두가 가치 있는 존재이고, 무언가 기여할 수 있으며, 실제로 기여하고 있다고 느낄 때 비로소 수학 학습 공동체의 진정한 일원이 될 수 있다.

# 6장

# 그림과 사물로 배우는 수학의 언어

스스로 수학을 배울 능력이 있다고 믿는 것은 수학 학습에 있어 필요하지만, 그것만으로는 충분하지 않다. 소속감도 물론 중요하다. 하지만 교실 앞에서 반갑게 인사하거나 '모두가 환영받는 분위기'를 목표로 내거는 식의 피상적 노력만으로는 집단적 소외감을 해결하기 어렵다. 가혹한 신고식이나 괴롭힘을 없애는 것은 문제 해결의 시작일 뿐이다. 진정으로 수학 학습에 편안함을 느끼려면 실제로 수학을 제대로 배우고 이해하는 경험이 필요하다.

미국 최대 도시와 교육구의 교육감이 참석한 수학 학습 회의에서 한 교육감이 이렇게 말했다.

"수학은 언어인데, 우리는 모든 아이에게 이 언어를 가르치지 않았다."

맞는 말이다. 스페인어 교실에 들어섰을 때 아무리 반 분위기가 좋아도, 아이들이 스페인어 소설을 이해할 수 있다고 생각하는 사람은 없다. 결국 스페인어를 배워야 스페인어 소설을 읽을 수 있으니 말이다.

그렇다면 널리 퍼진 수학에 대한 잘못된 믿음을 어떻게 해야 바로잡을 수 있을까? 수학이라는 언어를 어떻게 가르쳐야 이해하기 쉽고, 속도나 요령 또는 특정 풀이 방식에 매달리지 않게 될까?

가장 좋은 방법은 우리 모두 태어날 때부터 그림과 사물을 통해 수학을 이해하도록 설계되었다는 사실을 깨닫는 것이다. 이는 수학을 잘하는 나라들의 교육 방식에서도 확인되며, 수백만 명의 아이가 풀어낸 수학 문제 수십억 개 데이터를 분석한 전의 핵심 통찰이기도 하다. 이 사실을 받아들이면 지금까지 배워 온 수학 교육 방식의 훌륭한 대안을 찾을 수 있다.

이제부터 몇 가지 사례를 통해 타고난 수학적 능력을 어떻게 활용할 수 있는지 보여주겠다.

## { 그림으로 증명하기 }

"4가 3보다 크다는 것을 증명해 보세요"라고 말하면 아마도 '그냥 당연한 거 아닌가?'라고 생각할 수 있다. 맞다! 하지만 그 당연한 사실을 어떻게 증명해야 할까? 내일 태양이 뜰 것이라는 사실을 증명하려고 했던 유명한 철학적 논쟁처럼 이 질문도 무의미하게 느껴질 수 있다. 하지만 4가 3보다 크다는 증명은 우리 주변에서 쉽게 찾을 수 있다.

연필이나 포크, 휴대전화 충전용 선 등 우리 주변에서 쉽게 볼 수 있는 7개 물건을 앞에 두고 한 묶음은 3개, 다른 묶음은 4개로 총 2개 묶음으로 분류해 보자. 4개 묶음이 3개 묶음보다 물건 수가 많다는 것을 통해 우리는 4가 3보다 크다는 사실을 눈으로 직접 확인할 수 있다.

당연한 사실을 증명하라고 한 이유는 묶음을 만드는 과정을 통해

4와 3이라는 기호와 관련된 수량을 본능적으로 이해하게 되고, 이를 통해 진리에 도달할 수 있기 때문이다. 이들 숫자는 단순히 기호나 상형 문자가 아니라 자신이 가진 절대적이고 구체적인 양에 대한 지식을 나타낸다.

$\frac{1}{3}$과 $\frac{1}{4}$은 어떨까? 어떤 수가 더 클까? 큰 액수의 돈이 걸려 있다고 가정해 보자. 누군가가 당신의 은행 계좌 잔고에서 $\frac{1}{3}$ 또는 $\frac{1}{4}$의 돈을 훔치려 한다는 말을 들었을 때 어떤 수가 더 큰지 반사적으로 알아챘을까? 아니면 잠시 멈춰 기호의 의미를 해석하고 어떤 숫자가 더 큰지 생각했을까?

6학년 때 만난 스나이더 선생님은 우리 반 학생들이 깊이 이해하지 못한 채 정답만 맞히는 데 집착하는 모습을 보고 크게 실망했다. 선생님은 이해 없이 수학을 배우는 것이 얼마나 위험한지를 보여주는 예를 들어준 적이 있다. 바로 A&W의 '서드 파운더 버거' 이야기였다.[54]

1980년대 초 블라인드 테스트에서 최고라는 평가를 받았던 A&W는 맥도날드의 쿼터 파운더보다 고기를 더 많이 넣은 햄버거를 출시했다. 당시 광고 문구는 'A&W에는 더 크고 맛있는 서드 파운더 버거가 있다'였고, 햄버거를 홍보할 때 고기 양을 강조하며 '서드가 정답이다'라는 슬로건을 내걸었다.

출처: '서드가 정답이다' 광고
ⓒ A&W 레스토랑, 1980

맥도날드의 쿼터 파운더Quarter Pounder 버거는 이름대로 고기 $\frac{1}{4}$파운드, 즉 113g을 제공한다. 반면 A&W의 서드 파운더Third Pounder 버거는 이름대로 $\frac{1}{3}$파운드, 즉 151g의 고기가 사용됐고 맥도날드와 같은 가격으로 판매되었다. 그럼에도 이 상품은 실패로 돌아갔다. 왜 그랬을까?

A&W가 실패한 원인을 조사해 보니, 놀랍게도 대다수 사람이 숫자 3이 4보다 작으므로 $\frac{1}{3}$파운드가 $\frac{1}{4}$파운드보다 적다고 오해했다는 사실을 알아냈다. 결국 사람들은 고기 양이 더 많다는 걸 알아채

지 못한 채 오히려 손해를 본다고 여겼던 것이다. 교육 전문 기자인 엘리자베스 그린Elizabeth Green은 이렇게 말했다.

"서드 파운더 버거는 미국 대중에게 분수 시험을 치르게 했고, 우리는 낙제했다."[55]

{ **시각화로 약해진 직관력을 강하게!** }

A&W의 사례는 미국인들이 직관력을 잃었다는 사실을 보여주는 단적인 예다. 마치 내일 태양이 뜰지 말지, 4가 3보다 큰지 작은지를 판단하지 못하는 것과 유사하다. (나 역시 GPS에 의존하면서 방향 감각과 직감력이 약해지는 것을 느낀다!) 다행히 분수의 경우에는 그림이나 사물을 사용하여 수학을 공부하면 그에 대한 직관력을 되찾을 수 있다. 이는 수학을 단순화하자는 말이 아니다. STEM 분야에서 수십 년간 일해 온 사람으로서 그림은 수학에서 정확한 이해를 돕는 최상의 방법이라고 확신한다.

3 또는 4 같은 수량의 개념은 너무 어릴 때 배워서 그걸 배웠다는 사실조차 기억하지 못할 정도다. 말하기 능력에 한계가 있고 쓰기 능력이 거의 없을 때였으니, 남은 유일한 방법으로 구체적인 사물을 통해 3과 4가 무엇인지 배웠을 것이다. 가족들이 의도했든 그렇지 않았든 사물을 활용해 이를 가르쳤을 텐데, 아마도 당신이 중요하게

여기는 물건을 이용했을 가능성이 높다. 유아기에는 "더 주세요!"라고 표현하다가 점차 빨간 벽돌 3개, 동그란 과자 4개, 동물 모양 쿠키 2개, 쌀과자 5개처럼 숫자를 사용하게 되면서 구체적으로 표현하는 것의 가치를 깨닫게 된다.

그러나 분수를 배울 때는 이미 읽고 쓸 수 있는 나이가 된다. 핀란드[56]나 싱가포르[57]처럼 수학 성취도가 높은 나라의 아이들을 포함해 운이 좋은 학생들은 어린아이가 수를 배우듯 구체적 경험으로 분수를 익힌다. 숫자를 다른 숫자 위에 올려 쓰는 추상적이고 혼란스러운 기호를 배우는 대신, 교실에서 오렌지와 케이크를 자르며 $\frac{1}{2}, \frac{1}{4}, \frac{1}{3}$ 같은 개념을 익히는 것이다. 과자와 쿠키를 쪼개 나눠 먹으며 분수를 체험하고, 수학 시간에 그림도 많이 그린다. 복사한 연습문제지의 작은 빈칸을 채워 넣는 대신, 유치원에서뿐 아니라 매일 수학 수업마다 구체적인 활동에 집중하면서 $\frac{1}{3}$이 $\frac{1}{4}$보다 크다는 사실을 본능적으로 깊이 있게 이해한다. 이 아이들은 항상 이런 간단한 그림을 보고 그렸을 것이다.

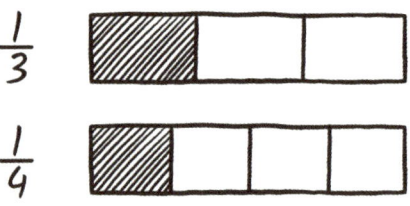

이 아이들에게 분수는 구체적으로 이해할 수 있는 실제적인 양이다. 아이들은 그림과 사물을 통해서 분수를 이해한다. 삶에서 우리가 경험하는 대부분은 이처럼 구체적인 세계에서 이루어진다. 새로운 것을 배우는 가장 쉬운 방법은 배울 내용을 이미 알고 있는 사실과 연관 짓는 것[58]이다. 우리가 알고 있는 것들 가운데 대부분은 구체적인 경험에서 비롯된다. 최신 뇌과학 연구에 따르면 나이와 지식 수준에 상관없이 물리적 세계에서 출발하면 많은 것을 더 쉽게 배울 수 있다.

이런 사물과 그림은 분수를 소개하는 수업에서만 활용하고 끝나는 게 아니다. 특히 개념을 가르치는 중요한 순간마다 그림과 사물은 학습의 일부로 계속 활용된다.

예를 들어 $\frac{1}{2}$은 무엇일까? 이해하기 쉬운 값이나. 피자 반 판을 떠올리면 된다. 그렇다면 $\frac{8}{4}$은 어떤가? 분자가 분모보다 크다는 것은 어떤 의미일까? 분수 기호를 다루는 요령은 외울 수 있지만, 어른들도 이 숫자를 직관적으로 이해하지 못하는데 아이들이 과연 이해할 수 있을까?

우리는 수년간 시행착오를 거치면서 아이들이 이 개념을 이해할 수 있고, 또 반드시 이해해야 한다는 점을 배웠다. 3학년부터 5학년까지 분수 학습의 성취도는 대수학의 성취도를 가장 잘 예측할 수 있는 지표다. 또한 대수학과 다른 고등학교 수학 수업에서의 성취도는 고등학교와 대학을 무사히 졸업할 수 있을지를 가장 잘 예상할 수 있는 지표다. 따라서 기호 $\frac{8}{4}$이 무엇을 의미하는지를 제대로 이해한다는 것은 인생 전반에 걸쳐 상당히 중요한 의미를 지닌다.

분수 학습에서 새로운 개념, 특히 분수가 1보다 큰 수도 나타낼 수 있다는 것을 가르칠 때 우리는 다시 구체적 방법으로 돌아가야 한다는 사실을 깨달았다. 추상적인 개념을 다룰 때일수록 학생들이 실제 사물을 통해 이해하는 것이 중요하다. 이렇게 했을 때 학생들은 다시 분수를 직관적으로 이해하고, 그 의미를 깊이 있게 파악할 수 있다.

자, 그렇다면 구체적으로 어떻게 했을까?

우리는 $\frac{8}{4}$을 직관적으로 이해하도록 하기 위해 영상 강의 선생님들 가운데 한 분인 사위키 선생님이 교실에서 하듯 천천히 오렌지 2개를 자르는 모습을 동영상으로 촬영했다.

먼저 사위키 선생님은 오렌지 1개를 4조각으로 자른다.

그리고 남은 오렌지도 4조각으로 자른다.

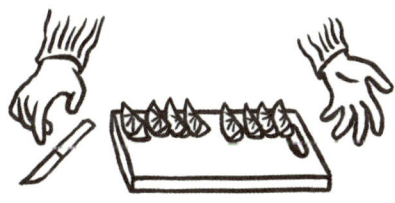

우리는 $\frac{8}{4}$을 실제량으로 표현하기 위해 오렌지 2개를 4조각으로 나누는 과정을 보여주는 25초 분량의 영상을 사용했다. 25초 동안 사위키 선생님이 직접 오렌지를 자르는 모습을 보는 것이 시간 낭비라고 생각할 수도 있지만, 전혀 그렇지 않다.

$\frac{8}{4}$을 다른 방식으로 표현하면 2다. 어린 학생들에게 $\frac{8}{4}$이 2로 약분되거나 단순화시킬 수 있다는 사실을 연습문제지를 활용해 추상적

으로 설명하려면 몇 주가 걸릴 수도 있다. 하지만 오렌지를 자르는 과정을 통해 30초도 안 되는 시간 안에 본능적으로 이해하고 기억할 수 있는 방법으로 이 사실을 보여주었다.

오렌지 2개를 각각 4조각으로 자르면 8조각이 된다. 이것이 바로 $\frac{8}{4}$의 의미다.

그림을 그리는 일이 진짜 수학처럼 보이지 않을 수 있지만, 실제 수학자들은 항상 그림을 그린다. 방정식을 풀고 있지 않더라도 시각적 표현을 통해 정교한 수학적 사고를 나타낼 수 있다. 안타깝게도 우리는 교육 방식의 방향을 잃어버려 이 진실을 알아차리지 못한다. 이는 음악적 감각을 잃어버린 것과 같다.

누구나 음악 교육을 받지 않았거나 악보를 읽지 못하더라도 노래를 흥얼거리거나 리듬에 맞춰 박수를 칠 수 있다. 하지만 직관을 앗아가는 방식으로 음악을 배워 더는 곡조를 흥얼거리거나 리듬을 맞출 수 없게 된다면 어떨까? 이것이 바로 우리가 수학 교육에서 저지르고 있는 실수다. 다시 말해 학생들의 자연스러운 수학적 직관을 억누르고 있다.

반면 수학 성취도가 높은 국가들은 학생들의 직관력을 적극적으로 강화한다. (수학적 직관은 수학 자존감과도 깊이 연관되어 있다!) 이들은 추상적인 공식만 강조하지 않고 그림 그리기와 시각화, 실생활 속에서 수학을 이해하도록 장려한다. 이런 접근법은 학생들의 직관을 키우는 효과적인 전략일뿐더러 탄탄한 수리 감각을 발달시키는 핵심 요소다.

아직도 회의적인 생각이 든다면 새와 생후 이틀 된 아기가 수학을 이해하는 모습을 떠올려보라. 내가 언급하지 않았지만, 이들이 수학을 배우는 방법은 바로 구체적 물건과 시각적 표현을 통해서다. 새와 아기들은 곱하기, 나누기, 등호 같은 추상적인 기호를 전혀 알지 못한다. 대신 이들은 간식이 담긴 그릇이나 빨간 공처럼 흥미로운 실제 사물을 통해 비교하고, 더하고, 빼는 활동을 한다. 복잡한 규칙을 외우거나 추상적 기호를 해석하지 않고도 자신들이 살아가는 실제 세상에서 자연스럽게 수학을 이해하고 있었던 것이다.

## { 구체적 사물을 그림으로, 그림을 추상적 개념으로! }

사람들은 종종 내게 수학을 가르치는 '마법의 해결책'을 묻는다. 그러면서 "아이들의 생활과 문제 해결을 연관시켜야 합니다" 또는 "구구단을 25단까지 외워야 해요" 등 한 문장으로 요약할 수 있는 간단하고 쉬운 답을 기대한다. 하지만 이런 말들은 실질적 내용이 없는 공허한 표어일 뿐 진정한 해결책이 아니다. 추론 능력을 키우기 위한 새로운 방법과 구조를 만드는 수학 교육 개혁은 섬세하고 깊이 있는 노력이 필요하다. 이때 우리는 지나치게 단순한 해답을 경계해야 한다.

"구체적 사물 → 그림 → 추상적 개념 학습법 Concrete to Pictorial to Abstract (CPA 접근법)을 따른다면 누구나 수학을 이해하고 수학 문제를 풀 수 있다."

이는 근본적 교육 원리다. 광고 문구로 쓰기에는 적합하지 않지만, 가장 효과적인 방법을 찾는 데 도움이 되는 검증된 진리다. 모든 아이가 수학을 잘할 수 있도록 구체적 물건, 시각적 표현, 추상적 방정식을 순차적으로 활용하여 이해를 돕고 숙련도를 높여야 한다.

앞서 언급했던 것처럼 우리는 새로운 지식을 기존에 알고 있던 지식과 연결해 배운다. 둘 사이를 연결하는 다리를 만들 수 없다면 새로운 지식은 흡수되지 않는다. 새로운 지식이 기존의 지식에 연결되면 작은 유레카의 순간을 경험할 수 있고, 도파민이 두뇌를 자극하면서 머릿속에 '아, 이해됐어. 이건 그때 ○○했을 때와 비슷해'라는 생각이 떠오를 수 있다.

우리가 소유한 지식의 대부분은 우리가 사는 세상을 직접 만지고 눈으로 확인해서 얻은 결과다. 그러므로 새로운 지식에 접근하는 가장 쉬운 방법은 구체화하거나 시각화하는 것이다.

"시각형 학습자 visual learner가 아니라면 어떻게 하나요?"

이런 경우는 없으니 전혀 걱정할 필요가 없다.

연구 결과에 따르면 학습 방식을 시각형, 청각형, 운동감각형으로 구분하는 일반적 생각은 잘못된 것이다. 우리는 모두 시각형 학습을 함과 동시에 다른 방식으로도 배울 수 있다. 실제로 학습은 여러 방식을 동시에 사용하거나[59] 같은 내용을 다양한 방법으로 배울 때 그 깊이를 더할 수 있다. 따라서 모두가 수학을 즐기고 잘할 수 있도록 수학 교육을 개혁할 방법을 간단히 정리해 달라고 내게 요구한다면 이렇게 대답하겠다.

"수학에 그림을 적극 활용하라. STEM 분야의 최고 전문가들은 일상적인 대화에서도 그림을 자주 사용하고, 왓슨과 크릭의 이중 나선 구조 Watson and Crick's double helix나 멘델레예프의 주기율표 Mendeleev's periodic table처럼 그림으로 자신들이 찾은 새로운 발견을 표현한다. 그림은 수학의 핵심 개념을 이해하는 데 있어 추상적 기호와 수식만 사용하는 것보다 훨씬 더 간단하고 명쾌한 방법이며, 아이들에게 수학을 가르치는 데도 가장 효과적인 도구다."

수학 교육에 시각화를 도입하는 것은 우리가 만들어낼 수 있는 가장 큰 변화다. 이것이 제대로 이루어진다면 더 많은 사람이 수학에 더 쉽게 접근할 수 있고 동시에 정확성을 높일 수 있다.

수리 감각을 확장하려는 다른 노력은 종종 양극단을 오간다. "대수학이 왜 필요한가?"라고 묻는 식으로 기준을 지나치게 낮추거나, 반대로 수학 올림피아드처럼 소수의 학생과 성인만 관심을 가질 방식으로 제시하는 경향이 있다.

'수학적 표상'이라는 멋진 용어로 불리는 수학적 그림이 교육에 도입되어 이미 수학적 사고를 하는 곳에서는 성취도가 빠르게 향상되고 있다. 싱가포르는 미국 평균을 훨씬 뛰어넘는 수학 성취도로 이런 주장을 뒷받침하는 대표적인 예다. 하지만 이런 접근법은 아직 널리 채택되지 않고 있다. 오늘날 구체적 사물과 그림의 활용은 주로 어린아이를 위한 도구로 여겨지거나 특정 상황에서만 제한적으로 사용되고 있을 뿐이다.

### 이중 표상의 학습 과정

몇 년 전에 큰 성공을 거둔 투자자와 대화를 나눈 적이 있다. 그는 내게 학생 수백만 명이 수십억 개 문제를 풀고 있는 젠 수학을 구축하면서 배운 점에 대해 물었다. 나는 특히 밝은 색상의 그림이 학생들이 틀린 문제를 다음번에 바르게 푸는 데 큰 도움이 된다는 사실을 발견했다고 말했다.

여기서 우리는, 그가 투자 전문가로서 수학을 능숙하게 활용하여 자신만의 공식으로 수백만 달러를 거래하는 사람이었다는 사실을 기억해야 한다. 내가 그림 이야기를 꺼내자 그의 눈이 반짝였다. 어린 시절 그는 선생님이 부등호 기호를 입 모양 그림처럼 생각하라고 알려주기 전까지는 '크다'와 '작다'를 나타내는 기호의 차이를 외울 수 없었다고 털어놓았다. 하지만 더 큰 숫자를 향해 '배고픈 입'이 크게 벌어지는 모습을 상상하자 금방 이해할 수 있었다고 말했다. 순수 수학 박사학위를 가진 그가 손을 사용하여 배고픈 입이 숫자를 덥석 무는 모습을 흉내 내는 것을 보았다. 나는 미소를 지으며 놀라움을 감추려고 노력했는데, 마음속으로 '내 말의 핵심이 제대로 전달됐구나'라는 걸 알았다.

뇌과학 연구에 따르면 어린아이들이 기호로 사고[60]하려면 아직 발달이 덜 된 전전두엽 피질의 성장이 필요하다. 이는 아이들이 $x$와 $y$ 같은 기호나 숫자를 통해 수학을 본격적으로 이해하려면 먼저 발달 2단계를 거쳐야 한다는 것을 뜻한다.

<u>첫째, 기호 학습의 기반이 되는 뇌, 특히 전전두엽 피질이 충분히 발달해야 한다. 둘째, 아이들은 물건 하나가 실제 그 자체이면서 동시에 다른 대상을 나타내는 상징이 될 수도 있다는 것, 즉 '이중 표상</u>dual representation'<u></u> 개념을 이해하는 능력을 길러야 한다. 예를 들어 계단에 붙어 있는 건물 지도에서 가장 가까운 비상구를 찾고 '현재 위치'를 빨간 원으로 표시한 그림을 볼 때 뇌는 이중 표상을 이해하는 능력을 작동시켜야 한다.

지도는 검은 선과 빨간 표시가 있는 종이로 만든 작은 물체로, 액자에 넣어 벽에 걸어두는 물건이다. 동시에 건물의 전체 구조와 그 안에 있는 우리의 위치를 보여주는 그림이기도 하다. 유아는 이 두 가지 개념을 동시에 이해할 수 없다. 유아에게 세상은 훨씬 더 구체적이다. 아이들이 실제로 벽에 걸린 지도 안에 있는 것이 아니기 때문에 그들에게 지도는 '말도 안 되는 것'이다. 아이들은 자신이 지도

에 표시된 '현재 위치'에 있다고 생각하지 않는다.

디지털 수업을 개발하며 아이들의 생각을 영상으로 기록하기 위해 10년 동안 매주 유치원을 방문했다. 어느 날 개발 중인 수업이 끝나자 화면에 뇌가 자라는 듯한 모습이 나타났고, 한 아이가 그게 무엇인지 물었다. 동료가 "올해 배운 게 많아서 뇌가 커지는 거야"라고 대답하자, 아이는 어른의 이해력을 걱정하며 진지하게 "음, 하지만 제 뇌는 머릿속에 있는데요"라고 말했다. (나는 이 영상을 볼 때마다 웃음을 참을 수가 없다.)

한 실험에서 이중 표상의 학습 과정을 인상적으로 증명했다. 심리학자인 주디 디로처Judy S. DeLoache와 케빈 밀러Kevin F. Miller, 카를 로즌그렌Karl Rosengren은 2~3세 유아가 추상적 사고를 어떻게 발달시키는지 연구했다. 이 실험에서 연구진은 30개월 된 여자아이에게 인형의 집을 보여주었다.[61] 그리고 아이의 도움을 받아서 작은 곰 인형을 인형의 집 소파 아래에 숨겼다. 그런 다음 아이를 실제 문으로 데려가 열어보게 했다. 문 건너편에는 인형의 집과 똑같은 구조의 방이 있었다. 연구진은 아이에게 곰 인형을 찾아 달라고 말했는데, 실제 큰 방의 소파 아래에도 곰 인형을 숨겨두었다. 하지만 아이는 인형을 찾지 못했으며, 이는 같은 실험을 참여한 다른 아이들도 마찬가지였다.

연구진은 아이에게 자신들은 마법으로 방을 축소하거나 확대할 수 있으며, 인형의 집에서 실제 방으로 물건을 옮길 수 있다고 설명하며 실험을 이어갔다. 그리고 방이 커지고 줄어드는 걸 나타내기 위해 음향효과를 들려주자 아이들은 마침내 인형의 집과 실제 방이 서로 대응 관계에 있다는 것, 즉 서로 같은 공간을 나타낸다는 것을 이해했다. 그제야 아이들은 곰 인형을 찾을 수 있었다.

## '깊은 이해'는 '구체적인 것'에서 시작된다

수학이 10진법을 기본으로 하고 우리 손가락이 10개인 것은 결코 우연이 아니다. 이는 우리 뇌가 어떻게 작동하고 발달하는지 보여주는 구체적인 예다. 전전두엽 피질이 계속 발달하는 동안 기호와 이중 표상을 다루는 능력에는 다른 형태의 지원이 필요하다.

그럼 대수학에 나오는 복잡한 방정식을 생각해 보자. 6학년에서 대수학에 필요한 큰 개념인 비율과 비례 추론을 배울 때 구체적 사물이니 그림을 활용해 시작한다면 학생들은 개념을 더 잘 이해할 수 있다.

이번에는 땅콩버터와 잼을 바른 샌드위치를 만든다고 상상해 보자. 어떤 사람은 땅콩버터와 잼을 1:1로 바르지만, 또 다른 사람은 1:3으로, 누군가는 3:1로 바른다. 첫 번째 샌드위치는 땅콩버터와 잼의 양이 같으며 땅콩버터 1티스푼당 잼 1티스푼을 바른다. 다른 샌드위치들은 잼이 더 많거나 땅콩버터가 더 많다. 학생들은 어떤 샌드위치가 좋은지 선택할 수 있다.

여기서 땅콩버터와 잼은 비율에 대한 이해를 돕는 도구가 된다.

한 재료와 다른 자료의 비율은 사소한 것처럼 보일 수 있지만, 비율은 우리가 주변 세상을 이해하는 데 큰 도움을 주는 중요한 개념이다.

경험주의자들은 뇌과학이 구체적인 학습의 가치를 뒷받침하기 훨씬 이전부터 이를 증명해 왔다. 뇌 기능을 추적하는 MRI가 개발되기 오래전부터 아동 발달 전문가들은 과학적 방법으로 아이들과 직접 실험을 진행하며 교육 이론을 검증했다. 이런 경험주의자들 가운데 마리아 몬테소리Maria Montessori[62]와 심리학자 제롬 브루너Jerome Bruner도 있었다.

몬테소리 교육법과 학교는 마리아 몬테소리의 연구에서 비롯되었다. 소아과 의사였던 몬테소리는 아이들이 추상적인 개념을 쉽고 재미있게 이해하도록 돕기 위해, 오늘날에도 교실에서 사용되거나 때로는 오용되기도 하는 유명한 나무 교구를 개발했다. 또한 브루너는 "우리는 어떤 과목이든 아이가 어떤 발달 단계에 있든 상관없이 지적 발달에 맞춰 효과적으로 가르칠 수 있다는 가설에서 시작한다"[63]라고 말했다. 두 사람 모두 구체적 학습이 특히 어린아이들, 학습에 어려움을 겪는 아이들과 새로운 내용을 배우는 아이들에게 필수라고 결론지었다.

브루너는 하버드대학교 교수였지만, 그의 교육 방법론을 가장 적극적으로 받아들인 나라는 미국이 아닌 싱가포르였다. 브루너의 CPA 접근법은 싱가포르 학생들이 수학을 완벽하게 이해하는 데 큰 도움을 주었고, 이 사실을 잘 아는 미국 내 교육자들과 학부모들 사이에서 '싱가포르 수학'[64]이라는 이름으로 큰 호응을 얻었다.

싱가포르에서는 6학년 학생이라도 새로운 개념을 배울 때 구체적인 사물을 직접 만지고 조작하는 활동부터 시작한다. 그다음 수학적 그림이나 시각적 표현을 활용하고, 마지막으로 추상적인 기호를 사용해 방정식을 다룬다. 즉 우리가 흔히 중학교 수학에서 떠올리는 방정식을 다루게 된다. 이런 단계를 거쳐 학생들은 수학 문제의 의미와 해결 방법을 모두 완벽하게 이해하고, 본능적으로 이해하면서 능숙하게 계산을 할 수 있다.

그러나 싱가포르 교육 과정이 도입되기 훨씬 이전부터 구체적 사물과 시각화는 역사적 발견을 이끌었다. 물리적 또는 시각적 통찰력을 바탕으로 이루어진 대표적인 과학적 발견을 이루어낸 사례는 머리에 사과를 맞은 아이작 뉴턴Isaac Newton, 나선형 계단을 꿈꾸고 DNA의 이중 나선 구조를 떠올린 제임스 왓슨James Watson, 꿈에서 원소 주기율표를 본 드미트리 멘델레예프Dmitri Mendeleev 등이 있다.

수학을 추상적이고 어려운 용어로만 생각하지 않는다면 그림이나 사물과 수학 사이 연결 고리를 자연스럽게 이해할 수 있다. 수학은 결국 물리적 세상을 표현하는 언어일 뿐이다. 그림이 없다면 과학자들은 규칙을 발견하기 어려워지고, 대부분의 사람은 그들보다 더 어려워할 것이다. 수학을 그림과 연결하면 모든 사람이 더 쉽게 수학을 이해할 수 있고, 예상치 못한 정확성까지 얻을 수 있다.

우리는 교사들을 교육할 때 비율의 예시로 땅콩버터와 잼 샌드위치, 견과류 간식 봉투 만들기, 초콜릿 우유 만들기 등 음식 사진을 보여준다. 그러면 교사들은 이런 반응을 보인다.

"와, 수학을 이렇게 배웠으면 좋았을 텐데요. 그랬다면 수학을 정말 잘했을 거예요. 이걸 꼭 우리 아이들에게 가르쳐줘야겠어요."

이해는 본능적이다. 그래서 이해는 항상 구체적인 것에서 시작된다. 어떤 것을 구체적으로 이해하고 난 뒤에야 그것을 바탕으로 추상화할 수 있다.

{ 프레츨과 큐브 }

학교 다닐 때 머리를 써야 하는 문제라고 불리는 문장제를 풀어봤을 것이다. $x$와 $y$ 같은 추상적 도구만 사용해서 문장제를 풀려면 어렵게 느껴질 수 있다. 하지만 그림을 활용하면 머릿속으로 그리는 것만으로도 훨씬 쉽게 이해할 수 있다.

그럼 다음의 몇 가지 문장제를 함께 풀어보자.

코너와 릴리가 간식 봉지를 만들고 있다. 코너는 봉지마다 프레츨을 7개씩 넣고, 릴리는 건포도를 $r$개씩 넣는다. 봉지 3개를 만들고 나니 총 45개 프레츨과 건포도를 사용했다. $r$을 구해 보자.

이는 말로 표현된 문제를 대수학 전 단계의 핵심 부분인 추상적 방정식으로 바꿀 수 있는지를 묻는 7학년(중학교 1학년)에 나오는 문장제다. 수학의 추상적 언어에 능숙한 학생들은 종이에 다음과 같은 식을 재빨리 적기 시작할 것이다.

$$\begin{aligned} 3(7 + r) &= 45 \\ 21 + 3r &= 45 \\ -21 \qquad &-21 \\ \hline \frac{3r}{3} &= \frac{24}{3} \\ r &= 8 \end{aligned}$$

그러나 이런 문장제를 추상적인 방정식으로 바꾸는 건 7학년들이 가장 어려워하는 문제 유형 중 하나다. 특히 성적이 좋은 학생들은 더 큰 어려움을 겪는다. 이들은 직접 쓰지 않고 머릿속으로 계산해 답을 구하는 데 익숙하기 때문이다. 하지만 어느 순간 대수학 문제 풀이로 넘어가면 문제를 해결하기 위해 반드시 방정식을 써야 하는 때가 온다.

이 이야기를 $3(7+r)=45$라는 방정식으로 바꾸는 첫 단계는 상당히 어려울 수 있다. 또한 $r=8$이라는 정답을 얻기 위해 $3(7+r)=45$라는 방정식을 푸는 방법처럼, 이 문장제를 해결하는 데 필요한 다른 중요한 부분들도 있다. 이 점은 아무리 강조해도 지나치지 않다. 그런데 많은 학생들에게 이 순간이 바로 수학이 더 이상 이해되지 않는 때이며, 결국 수학 과목을 포기하게 되는 시기다. 학생들은 자신의 능력이 부족해 수학을 이해할 수 없게 되었다고 단정한 뒤 남은 필수 수업 시간을 그저 외우고, 찍고, 어둠 속을 헤매는 막막한 심정으로 간신히 버텨낸다.

하지만 우리는 문제를 직관적으로 쉽게 이해하기 위해 그림을 사용하거나, 요즘은 더 좋은 그래픽 제작 앱 GIF를 이용해 이 과정을 생생하게 표현할 수 있다. 앞선 문장제를 살펴보자. 내 머릿속에는 이런 장면이 그려진다. 봉지 3개가 놓여 있다. 코너가 각 봉지에 프레츨 7개씩을 넣는 모습이 보인다. 릴리는 건포도를 넣을 예정이다. 봉지를 모두 채우고 나면 프레츨과 건포도를 합쳐 총 45개가 된다. 이 문제를 시각화하면서 조용히 되뇌다 보면 어렵지 않게 이해가 된다.

코너와 릴리는 간식 봉지를 만들고 있다.

코너는 봉지마다 프레츨을 7개씩 넣고,
릴리는 건포도를 $r$개씩 넣는다.
3개 봉지를 채우자 모두 합해 45개를 사용했다.

$r$을 구하라.

다음은 이 문장제를 풀 때 필요한 대수적 사고를 시각화한 또 다른 그림이다.

이 그림은 방정식이 바로 떠오르지 않을 때 이 문제가 설명하는 식인 $3(7+r)=45$를 세우는 방법을 배울 수 있는 발판 또는 접근 방

법을 보여준다.

다른 예를 들어보겠다.

짐을 보관해 주는 한 회사에는 '큐브Cube'와 '더블Double' 두 가지 보관 유형이 있다. 큐브는 정육면체로 보관 용적이 $64m^3$이다. 더블은 큐브와 밑면적은 같지만, 보관 용적은 두 배다. 더블의 가로, 세로, 높이는 얼마일까?

많은 사람이 이 문제를 풀 때 큐브의 가로, 세로, 높이를 구하는 것부터 시작할 것이다. 4×4×4 = 64이므로 각 변의 길이가 4인 큐브라고 파악하는 식이다. 그렇다면 밑면적은 그대로 유지하면서 부피만 두 배로 늘리려면 무엇을 어떻게 해야 할까? 어떤 것을 두 배로 늘려야 할까? 단순히 변의 길이를 두 배로 늘린 8×8×8 크기가 과연 부피가 두 배인 큐브일까?

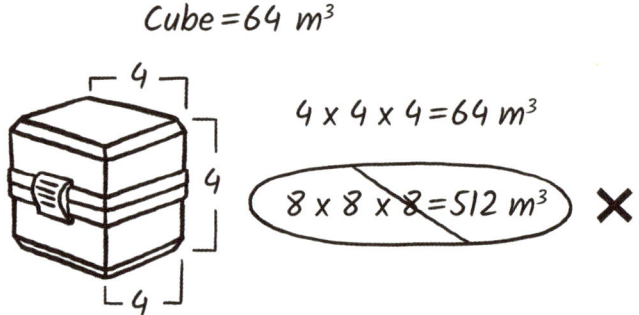

이때 그림은 복잡한 계산이나 추상적인 질문 대신 정육면체 2개를 쌓아 올리는 과정을 시각적으로 보여주며 문제를 보다 단순하고 직관적으로 이해하는 데 도움을 준다.

한 변의 길이가 4인 정육면체와 한 변의 길이가 8인 정육면체의 부피를 비교해 보자. 단순히 변의 길이를 두 배로 늘렸을 뿐인데, 실제 부피가 8×8×8은 512$cm^3$로, 64$m^3$의 여덟 배가 된다. (두 배를 훌쩍 뛰어넘는다!) 이처럼 모든 변의 길이가 두 배가 되어 부피가 여덟 배가 되는 경우를 수학에서는 '옥튜플Octuple'이라고 표현하기도 한다. 게다가 모든 변의 두 배가 되었기 때문에 큐브와 밑면적이 같지도 않다.

다음 그림은 옥튜플의 모습이다. 그림을 보면 8×8×8이 4×4×4의 두 배가 아니라는 걸 한눈에 알 수 있다.

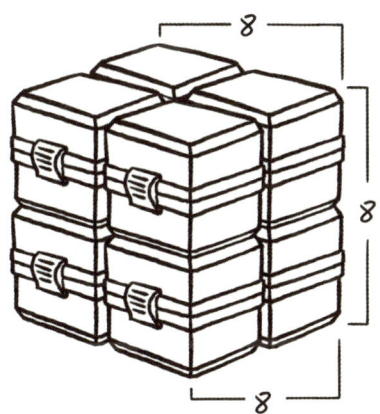

그림을 활용하면 추상적이고 복잡한 문제를 간단한 연습문제처럼 쉽게 풀 수 있다. 시각적으로 생각해 보면, 2개 정육면체를 쌓아 새로운 모양을 만들었을 때 한 변의 길이만 두 배로 늘어난 직육면체가 된다는 것을 알 수 있다. 다시 말해 큐브 2개를 단순히 위아래로 쌓아 올린 모양과 같다.

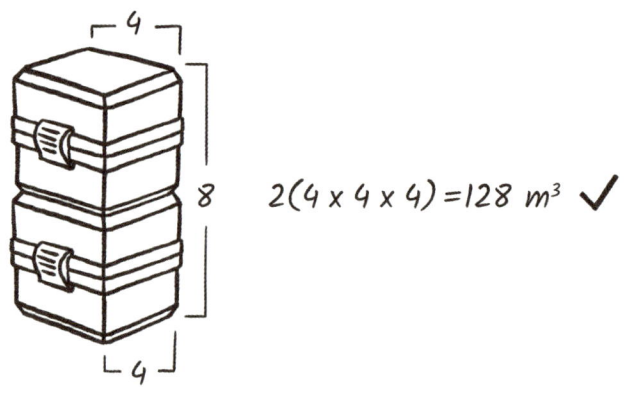

아이들이 구체적인 사물에서 그림, 추상적 개념으로 단계를 밟아 가며 학습할 때 가장 큰 효과를 보는 이유는 각 단계를 직접 보는 것이 가장 쉽게 이해할 수 있기 때문이다. 장황하고 지루한 설명보다 "아하!" 하고 깨닫는 순간이 이 접근법의 가치를 훨씬 효과적으로 전달한다.

이런 '깨달음의 순간'이 이어지도록 유치원에서 중학교까지의 학습 과정에서 활용할 수 있는 시각 자료를 공유하고자 한다. 먼저 아이들은 어떻게 2라는 기호가 2개라는 수량을 나타내고, 2 자체가 하나의 개념이라는 것을 배우게 될까?

먼저 사과 2개로 시작한다. 아이의 눈앞에 사과 2개를 두고, 그다음에는 종이에 원 2개를 그린다. 원 그림은 하나의 물건이므로 2개를 그려주는 것이다. 이렇게 사과와 원 그림을 통해서 '2개'라는 개념을 이해한 아이는 마지막으로 숫자 '2'가 남겨진 것을 보게 된다. 숫자 '2'는 이제 단순히 2개 사과나 원 그림을 나타내는 것을 넘어, 그 자체로 '둘'이라는 추상적 개념을 의미한다. 이것이 바로 아이들이 숫자 '2'를 이해하는 과정이다.

그리고 마침내 남겨진 것!

이는 유치원생에게 개념을 가르치는 방법이기도 하지만, 6학년 과정에서 배우는 대수학의 가장 중요한 구성 요소 중 하나인 비율과

비례 추론 같은 개념을 가르치는 방법이기도 하다.

우리는 비율을 설명할 때 과일 그릇에 바나나 1개, 사과 2개를 담는 것부터 시작한다. 비율이 고정되어 있고 과일을 더 추가해야 한다면 바나나 2개에 사과는 4개가 된다. 중학생이라면 이 과정을 과일에서 사각형 1개와 원 2개로 재빨리 넘어갈 수 있다. 그러고 나면 마침내 1:2의 관계를 그 자체로 하나의 개념이라고 설명할 수 있다. 이것이 바로 비율이다.

두뇌가 성장하면서 기호와 숫자에 대한 추상적인 수학 감각이 발달한다. 어른이 되면 기호 2가 2개를 의미한다는 것을 이해하고, 더는 사과 2개의 그림이 필요하지 않게 된다. 하지만 수학을 배우는 과정에서 추상적 개념을 완전히 이해하지 못했을 때 사물과 그림을 활용하면 복잡한 개념도 쉽게 이해할 수 있다. 즉 유치원생이든 AI 알고리즘을 개발하는 수학자든 개념을 가장 쉽고 깊이 있게 이해하는 방법은 구체화하거나 시각화하는 것이다.

결국 수학을 제대로 이해했는지 확인하는 가장 확실한 방법은 그것을 그림으로 표현할 수 있느냐 없느냐다.

**7장**

# 문제를
# 더 쉽고 단순하게 바꾸기

전 수학 설립 초기, 수천 시간에 걸쳐 학생들의 수학 수업을 관찰하며 놀라운 사실을 발견했다. 수학을 좋아하고 잘하는 학생들과 어려워하는 학생들이 문제를 해결 방식이 확연히 다르다는 점이다.

가장 의외였던 부분은 오히려 수학을 잘하는 학생들이 더 느긋하고 틀에 얽매이지 않는 방식으로 문제를 푼다는 것이었다. 다시 말해, 이 학생들은 문제를 보자마자 서둘러 풀려 하기보다 잠시 멈춰 문제에 대해 깊이 생각하고 이해하려고 애썼다. 그리고 그 잠깐의 멈춤 속에서 얻은 통찰을 바탕으로 문제를 더 쉽게 해결할 방법을 찾아내곤 했다.

당신이나 당신의 아이들이 수학을 어려워한다고 해도 실망할 필요는 없다. 약간의 도움만 받으면 당신도 더 쉬운 방법을 찾을 수 있다. 아직 그런 경험이 없더라도 좀 더 힘을 내보자. 지난 10여 년간 만나왔던 수학을 잘하는 학생들은 아이든 어른이든 혼자 힘으로 자연스럽게 쉬운 방법을 터득한 것이 아니라 다양한 방법과 사고방식을 보고 배우면서 성장했다. 물론 소수의 학생은 스스로 더 쉬운 방식을 찾아내기도 하지만, 대부분은 방법을 배우고 이를 다른 문제에 적용하는 방법을 익혔다.

그러니 더는 자책하지 말자! 사실 기존의 교육 방식은 당신에게 더 쉬운 방법을 알려주지 않았다. 문제를 더 쉽게 바꿀 수 있다는 사실조차 알려주지 않았다. 물론 의도적으로 당신을 속인 것은 아니다. 그리고 더 쉽다고 해서 문제 풀이 과정이 반드시 짧아지는 건 아니라는 점을 분명히 밝혀둔다. 곧 알게 되겠지만, 더 쉬운 방법은 실생활에서 더 나은 문제 해결 전략으로 이어진다.

## { 더 쉬운 방법을 찾아서 }

스스로에게 "정말 더 쉬운 방법이 있을까?"라고 묻는 중이라면 그 대답은 "있다"다. 하지만 이를 위해서는 질문하는 태도와 인내심이 필요하다. 이 장에서는 하나의 수학 문제를 여러 각도에서 분석하고 더 쉬운 방법을 찾아보려고 한다. 또한 문제를 더 쉽게 만들려면 특정 사고방식과 과정이 필요하다는 것도 함께 보여주려고 한다. 이 글을 읽는 동안 이런 접근법을 활용하는 학생들이 특별히 뛰어난 능력을 타고난 게 아니라는 점을 꼭 기억하길 바란다. 다만 그들은 더 쉬운 방법을 찾아내고 당당하게 요구하는 자세를 배웠을 뿐이다.

여기서 '요구'라는 부분이 핵심이다. 무언가를 요구한다는 것은 자신을 가치 있는 존재로 여긴다는 뜻이다. 이 특정한 수학 문제를 이해하지 못한 채 누군가가 가르쳐준 공식을 그냥 외워서 풀겠는가? 아니면 자신을 탐구하고 이해하면서 문제를 풀 권리와 능력이 있다고 믿으며 도전하겠는가?

그럼, 다음 문제부터 함께 풀어보자.

$$35 \times 18 = ?$$

이 문제를 어떻게 시작하면 좋을까? 한번에 완벽하게 풀 필요는 없다. 일단 시작하는 것에 집중한다. 그리고 누가 가장 빨리 정답을 맞히는지 경쟁하는 것이 아니라는 점을 기억하라. 이는 중요한 첫 단계다.

대부분의 사람은 이 문제를 세로로 적어 곱셈 알고리즘을 적용하면 된다고 생각할 것이다. 예를 들면 다음과 같다.

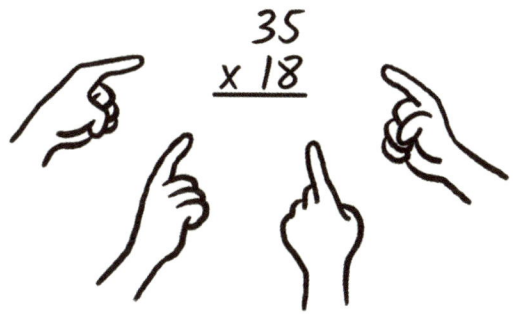

그럼 정말 다른 방법은 없을까? 더 쉬운 방법이 있지 않을까? 수백 명에게 이 문제를 보여준 뒤 어떻게 문제 풀이를 시작하고, 더 쉽게 만드는 방법은 무엇인지 물어보았다. (나를 저녁식사에 초대하면 이런 점이 불편할 수 있다.) 답변의 범위는 매우 다양했다.

많은 사람이 학교에서 배운 대로 앞서 나온 전통적인 알고리즘을 사용한다. 하지만 대부분, 심지어 그것을 첫 번째 선택으로 삼는 사람조차 그 알고리즘이 지루하다고 여긴다. 그런데 더 쉬운 방법을 찾도록 배운 사람들은 다른 전략을 시도한다.

여기서 한 가지 방법을 소개하겠다. 이 문제의 숫자들을 계산하기 더 쉬운 수로 바꾸는 것이다. 어떤 사람은 18을 20으로 바꾼다. 그래서 35×18 대신 35×20을 계산한다. 다음 그림은 그들이 머릿속으로 계산하거나 직접 종이에 적어서 계산하는 단계를 보여준다.

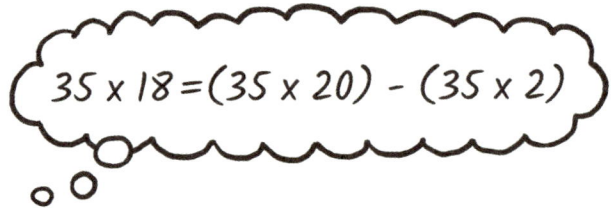

지금 '나는 저런 생각을 해본 적이 없는데…'라고 생각할 수도 있다. 이 그림은 사람들이 머릿속에서 실제로 그리는 것을 그대로 보여준 게 아니다. 나는 아이들이나 어른들과 문제를 더 쉽게 만드는 방법에 대해 이야기를 나눌 때 머릿속으로 문제 푸는 과정을 말로 표현해 보라고 한다. 이 책의 그림처럼 방정식을 머릿속에 그려보는 사람은 거의 없다. 대부분의 사람은 머릿속으로 구체적인 식을 떠올리지 않는다. 하지만 이제 어떤 과정을 거치는지 짐작할 수 있다.

다음 단계에서는 많은 사람이 자신의 접근 방식을 말로 설명한다. "18을 20으로 바꾸고 싶어. 35 곱하기 10은 350인 걸 알고 있지. 20을 곱해야 하니까 350을 2번 더하면 되겠네. 따라서 정답은 700이야."

또 다른 사람은 이렇게 말할 수도 있다.

"35 곱하기 2는 70이잖아. 그런데 2가 아니라 20을 곱해야 하니까, 10을 더 곱하면 돼. 그럼 700이지."

다음은 이런 생각의 흐름을 그림으로 나타낸 것이다.

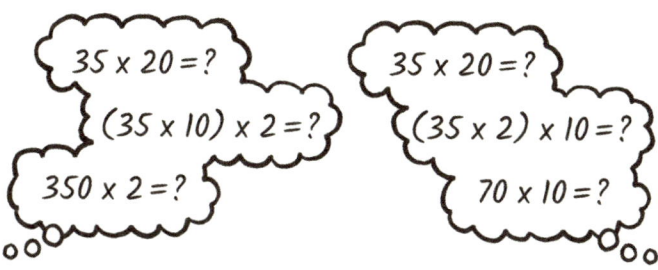

이제는 35×20의 답이 700이라는 것을 안다. 하지만 35×18의 답은 아직 모르는 상태다.

이 시점에서 다음에 무엇을 할지는 사람마다 조금씩 다르다. 다음은 '이 시점에서' 중학생과 문제에 대해 이야기를 나눈다면 들을 수 있는 대답의 한 예시다.

"그러니까 35 곱하기 20이 700이라는 건 알아요. 그런데 35개씩 18묶음이 얼마인지 계산해야 하는 거잖아요. 그러니 35개씩 2묶음을 빼야 해요. 즉 70을 빼야 하죠. 말하자면 35 곱하기 18은 700에서 70을 빼는 것과 같아요."

이렇게 해서 정답이 630이라는 결론을 낼 수 있다.

나는 이 전략이 곱셈 알고리즘보다 쉽다고 생각한다. 하지만 이 방법이 모두에게, 심지어 나에게도 잘 맞는다는 뜻은 아니다. 쉬운 계산도 아름다움처럼 보는 사람의 관점에 따라 달라진다. 다른 중학생은 내가 봤을 때 더 어려워 보이지만 자신이 선호하는 풀이 방법을 설명했다. 그 학생은 18을 10과 8로 나누기로 했다. 그리고 재빨리 35 곱하기 10을 암산했다. 쉽다! 350이다. 다음은 35 곱하기 8을 계산한다. 이 계산은 쉽지 않다. 여기선 종이에 35 곱하기 8을 구하는 알고리즘을 써서 280을 구했다. 그리고 남은 350 더하기 280을 계산해서 630을 구한다.

물론 문제를 더 쉽게 만들려는 시도가 항상 그 문제를 해결하는 결과를 가져오는 건 아니다. 또한 '더 쉬운 방법'은 개인의 선호도나 스타일에 따라 달라진다. 이는 단순히 따라 하는 암기식 과정이 아니다. 오히려 사고방식에 가깝고, 유연하게 적용할 수 있다. 이런 접근 방식을 통해 우리는 문제 해결 과정에서 주도성을 느끼고 문제 해결력을 키울 수 있다.

## { 아이디어의 적, 이데올로기 }

문제를 더 쉽게 만드는 데 한 가지 걸림돌이 있다. 바로 이데올로기, 즉 이념이다.

"도대체 이념이 미지수 $x$를 구하거나 분수를 나누는 것과 무슨 상관이 있나요?"

이렇게 물어볼 수도 있다. 곧이어 알게 되겠지만, 이념은 사실 수학과 삶에서 선택의 폭을 제한하는 고정관념을 부추기는 역할을 한다. 설명하는 동안 잠시만 기다려주면 곧 수학 이야기로 다시 돌아가겠다.

정치 전문가는 아니지만, 나는 지난 10년 동안 수많은 논쟁과 끊임없는 분노로 말미암아 분명 국가적 담론이 변화했고 그 결과 일상적인 상호작용이 변하고 있음을 실감하고 있다. 많은 일상 대화에서 이념이 아이디어를 대체했다.

이념은 세상을 폭넓게 해석하는 완전한 신념 체계다. 반면 '아이디어'는 구체적이든 추상적이든 특정한 개념을 뜻한다. 이념적 관점은 기업의 탐욕이나 정부의 과도한 간섭이라는 렌즈를 통해 세상을 바라보는 것과 같다. 우리의 짧은 소셜 미디어 스크롤링 시간은 이념을 단순화하고 증폭시켜 더욱 위험하게 만든다. 하지만 복잡하거나 혼란스러운 아이디어와 씨름하는 것을 피하도록 도와주기에 효율적이라고도 말할 수 있다. 선택으로 가득 찬 바쁜 세상에서 우리는 지름길을 원하고 필요로 한다. 건강식품에 대한 이념이 과학적 지식이 정확하지 않더라도 섭취를 더 잘하도록 도울 수 있는 것처럼 쏟아지는 모든 문제를 우리가 하나하나 깊이 생각하는 것은 불가능하다.

그러나 이런 이념적 사고는 수학 교육과 학습을 방해한다. 문제 해결을 가르치는 방법을 파고들기 시작했을 때 '이념'이 방해가 된다는 것을 알게 되었다. 만약 우리가 "수학은 절차를 따르는 것이다"라는 이념에 사로잡혀 있다면, 35×18 문제를 보고 알고리즘을 적용해 풀고 넘어갈 것이다. 우리는 알고리즘을 알고 있다. 사실 '수학 전쟁'을 벌이는 많은 사람은 맥락과 상관없이 알고리즘을 사용하는 것에 이념적으로 집착한다. (그렇다! 냉철한 논리가 지배할 것 같은 수학 세계에서 사람들이 절차에 대해 이념적으로 생각한다는 사실에 나 역시 놀랐다.) 다른 사람들은 이념적으로 알고리즘에 반대하는데, 그 유용성을 고려하면 이것 역시 이해하기 어렵다. 그들의 주된 주장은 알고리즘을 배우면 다른 방식을 통해 수학 문제를 창의적으로 해결할 방법을 배우지 못한다는 것이다.

여기서 문제를 더 쉽게 만드는 것과 지나치게 단순화하는 것을 혼동해선 안 된다. 중요한 것은 스스로 생각하며 이념에서 아이디어로 나아가는 것이다. 아이디어는 구체적이고 개별적이다. 알고리즘을 사용하여 $35 \times 18$을 푸는 것은 하나의 아이디어다. 18을 20개의 35묶음으로 올린 다음 35묶음 2개를 빼서 푸는 것은 또 다른 아이디어다. 이 아이디어의 수학적 공식 명칭은 '보상 전략compensation strategy'이다. 18을 10과 8로 나누어 각각 35를 곱하고, 다시 둘을 더하는 것은 '분배 법칙distributive property'이라고 부른다. 이것 역시 또 다른 아이디어다.

더 쉬운 문제로 바꾸는 것은 아이디어의 영역에서만 가능하다. 아이디어는 구체적으로 생각해야 하므로 이념보다 어려운 작업이다. 매번 모든 아이디어를 고려해야 하기 때문이다. 반면 아이디어의 영역은 포괄적이다. 모두가 개념과 씨름하고 질문을 던지고 분석하도록 격려받는다. 누구나 문제를 해결할 수 있는 아이디어를 떠올릴 수 있고, 성공하지 못하더라도 최소한 실패의 경험을 통해 배움의 기회를 얻을 방법을 시도할 수 있다. 토머스 에디슨이 "나는 전구를 만들 수 없는 2,000가지 방법을 발견했다"[65]라고 말한 것처럼 말이다.

그런데 이념은 배타적이다. 이념은 특정 환경에서 같은 목표를 가진 사람들이 집단을 형성하도록 돕지만, 그 이념에 동의하지 않는 사람들을 배척하기도 한다. 이 책의 목적은 수학을 잘할 수 있는 사람과 그렇지 않은 사람에 대한 이념을 깨부술 수 있다는 희망을 품고 수학 교육과 학습에서 여러 가지 구체적 아이디어를 공유하는 데 있다.

이념에서 아이디어로 전환하는 순간 우리는 문제 해결자이자 문제 해결을 위해 태어난 존재가 된다. 단순히 뇌에서 주는 일시적인 만족감을 넘어서 우리는 자신 앞에 놓인 크고 작은 문제들과 씨름하는 동안 진정한 열정과 목적을 발견할 수 있게 된다. 예를 들면 완벽한 바나나 빵 레시피를 찾고 있다면, 그 과정에서 최고의 바나나 빵을 만드는 아이디어를 듣는 것에 집중하게 된다.

최근 차가운 오븐에 처음부터 견과류를 넣어두면 예열이 완료되었다는 신호가 울릴 때 딱 알맞게 구워진다는 것을 알게 되었다. 문제 해결을 위한 특정 아이디어에 더 많은 시간을 쏟을수록 그 문제에 대한 열정이 더 커지게 된다. 나는 완벽한 바나나 빵을 만드는 것과 마찬가지로, 35×18이라는 특정 문제를 다루는 일도 좋아하게 되었다. (나는 새로운 해결 방법을 듣는 것을 정말 좋아한다.)

자, 이제 35×18로 돌아가겠다. 5학년 학생이 머릿속에 떠올린 그림과 자신의 전략에 대한 열정을 정말 생생하게 표현하여 내 기억에 아직까지 남아 있는 문제 해결 아이디어를 소개하겠다. 그 학생은 이렇게 말했다.

"저는 수학에서 넓이 구하는 걸 좋아해요. 그래서 이 문제도 직사각형으로 생각하고 넓이를 구했어요. 더 작은 직사각형으로 나누고 그 넓이를 모두 더했죠."

"와, 진짜 멋진데! 왜 넓이 구하는 걸 좋아하게 된 거야?"

"넓이는 수학이 진짜라는 걸 보여주니까요. 넓이는 제 방바닥 공간의 크기예요. 그래서 쉽게 이해가 돼요."

학생의 말을 듣고 내가 마음속에서 그린 그림은 다음과 같다.

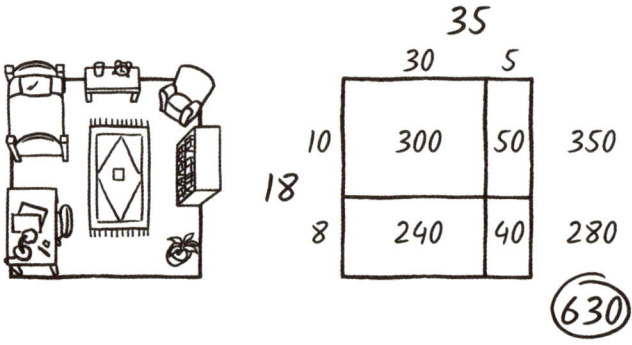

"저는 각 직사각형의 넓이를 계산해 모두 더할 거예요. 300, 50, 240, 40이에요."

학생은 잠시 멈칫했다.

"답은 630인데, 제 암산이 틀렸을 수도 있어요."

이 문제를 아이들이나 어른들과 같이 풀기 시작하고 몇 년이 지난 뒤 새롭고 더 쉬운 방법을 알려준 교육자 데니스를 만났다. 그가 알려준 방법을 듣고 나는 온몸에 전율을 느꼈다. 35×18을 구하는 이 아이디어는 내가 가장 좋아하는 방법이자 비슷한 문제를 풀 때 사용하는 방법이 되었다.

데니스는 말하기 전에 먼저 생각하는 걸 좋아한다. 오후에 데니스와 이 문제에 대해 논의했는데, 그는 듣기만 하고 곧장 어떤 풀이법을 제시하지 않았다. 대신 곰곰이 생각해 보고 다시 연락하고 싶다고 말했다. 그리고 그날 저녁 데니스는 다음과 같은 긴단한 글이 적힌 쪽지를 보냈다.

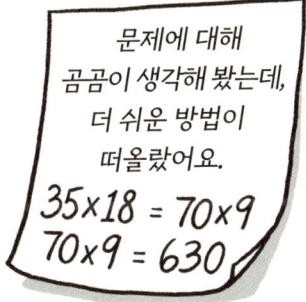

이걸 보고 정말 깜짝 놀랐다! 데니스는 35×18에서 숫자 18 속에 2가 있다는 것을 알아채고, 35와 곱해 70을 구한 것이다!

$$35 \times 18 = 35 \times (2 \times 9) = (35 \times 2) \times 9 = 70 \times 9$$

이 전략에 사용된 수학 기법은 '결합 법칙associate property'이다. 결합 법칙은 35×2×9를 어떤 순서로 곱해도 같은 결과인 630이 된다는 것을 뜻한다. 이 전략의 이름은 그다지 중요하지 않지만, 여기에 담긴 공리는 중요하다. 문제를 더 쉽게 만들려면 구체적인 아이디어를 깊이 탐구해야 한다. 그러면 우리는 숫자의 규칙을 더 깊이 이해할 기회를 얻을 수 있다. 예외 없는 규칙, 즉 순수한 공리를 발견하게 되는 것이다. 수학 문제를 더 쉽게 바꾸는 학생들은 놀이를 통해 수학의 공리를 직관적으로 깨닫는다.

철학 고전인 《선禪과 모터사이클 관리술Zen and the Art of Motorcycle Maintenance》[66]에서 저자 로버트 메이너드 피어시그Robert M. Pirsig는 모터사이클 정비 설명서를 비판하며 이와 비슷한 관점을 드러낸다.

"이런 종류의 설명서에 정말 화가 나는 이유는 로티세리rotisserie(정비할 때 모터사이클 본체나 특정 부품을 고정하고 회전시키는 장비 – 옮긴이 주)를 조립하는 방법이 마치 자기들 방식 하나뿐인 것처럼 암시한다는 점이다. 이런 가정은 창의성을 완전히 없애버린다. 실제로 로티세리를 조립하는 방법은 수백 가지나 되지만, 설명서에서는 전체적인 맥락 없이 오직 한 가지 방법만 제시하기 때문에 그대로 따라 하더라도 실수하기가 쉽다. 그러다 보면 작업에 대한 감각을 잃게 된다. 게다가 설명서에 제시된 방법이 최선이라고 장담할 수도 없다."

## { 수학 자존감을 높이는 '질문할 용기' }

도움을 요청하는 게 얼마나 큰 용기를 필요로 하는 일인지, 나 역시 실제로 도움이 필요해지기 전까진 종종 잊고 지낸다. 아마도 혼자 힘으로 해결하려는 성향 때문인지 도움을 청하는 게 더 어렵게 느껴지는 것 같다. 하지만 문제 해결 과정에서 다른 방법을 시도하는 것이 자연스러운 일임을 깨닫게 되면 학생들은 도움을 청하는 법을 배우게 된다. "다른 방법을 알려주실 수 있나요?"라거나 "선생님 질문을 잘 이해하지 못했는데, 다른 방식으로 설명해 주세요"라는 식으로 말이다.

도움을 구하는 행동은 학업 성취를 예측하는 매우 중요한 지표 가운데 하나다. 선생님이나 친구에게 설명을 부탁하고 피드백을 받으면 훨씬 수월하게 문제를 해결할 수 있다. 학교에서 도움을 부탁하는 모습은 다양하게 나타날 수 있다. 조언을 구하거나, 과제 수행에 도움을 요청하거나, 이해하지 못한 특정 부분을 구체적으로 질문하는 것 모두 도움을 청하는 행동에 해당한다.

도움을 요청하는 데 영향을 미치는 요인은 많지만, 과학 학습에서는 피드백이 풍부한 환경을 조성하는 것이 도움을 요청하는 행동을 이끌어낸다고 본다.

지난 10년 동안 나는 초등학교 수학 수업을 수없이 참관했다. 수업하는 교실의 벽에는 다양한 학습 자료가 붙어 있었는데, 그중에서도 "실수를 통해 배운다"라는 문구를 자주 본다. 피드백이 풍부한 환경을 만들기 위한 최고 '슬로건'처럼 보이지만, 아이들은 그 말이 거짓말이라는 걸 알고 있다. 아이들은 바보가 아니다. 그들은 학교와 수학 수업 중에 일어나는 실수가 학교 생활에 영향을 미친다는 것을 알고 있으며, 그 실수가 처벌로 이어진다는 사실도 잘 알고 있다.

아이들이 비디오 게임을 하는 모습을 한번 지켜보자. 퀘스트나 전투에서 실패하면 도움을 청하고 다시 도전하며 문제를 분석한다. 그들은 확실히 이념이 아닌 아이디어에 몰두하고, 게임에서 일어나는 문제를 더 쉽게 만들려고 노력한다. 비디오 게임은 게임에 능숙한 '비디오 게임 키즈'만을 만들기 위해 플레이어의 의욕을 꺾지 않는다. 그 공간에서 아이들은 즐거운 마음으로 실패가 성공의 첫걸음이라는 사실을 배운다.

나는 중학교 수학 선생님들이 잠시 멈춰 생각에 잠긴 모습을 관찰하는 걸 좋아한다. 그들은 성공하는 학생과 어려움을 겪는 학생의 차이를 고민할 때 타고난 지능보다 도움을 요청하는 행동이 더 중요하다고 이야기하는 경우가 많다. 다음은 내가 받았던 몇 가지 답변이다.

"잘하는 학생들은 이해를 위해 도움을 구하고 시간을 효율적으로 활용합니다. 문제를 분석하고 혼란스러운 특정 부분에 초점을 맞춰 질문하죠."

"중학교 학생들이 복잡하고 여러 단계로 이루어진 문장제를 풀 때 어떻게 하는지 생각해 보았습니다. 이런 문제들은 대부분 5~6단계로 이루어져 있죠. 학생 대부분이 가장 복잡한 수학 문제도 정확하게 풀곤 했습니다. 하지만 어떤 학생은 계산하면서 길고 복잡한 단계를 거치다가 부주의한 실수를 범하곤 했습니다. 안타까운 점은 정답을 맞힌 학생들은 실제로 더 쉬운 문제로 바꿔 풀고 있었지만 틀린 학생들은 안 그래도 복잡한 문제를 중간에 더 복잡하게 만들어 풀고 있었다는 거죠. 나중에 이 사실을 깨닫고 나서 저는 모든 학생이 문제를 더 쉽게 바꿀 수 있도록 의도적으로 수업 방식을 바꾸기 시작했습니다."

경험 많은 교사들은 학생들의 미묘한 문제 해결 습관과 사고방식을 파악하고, 개념과 풀이 순서를 가르치는 것 외에도 이런 능력을 길러주고자 한다.

여기서 우리는 도움을 요청하는 행위를 넘어 문제 해결 방식 자체에 대해 이야기했다. 앞서 다루었던 '환상'을 다시 떠올려보자. 문제를 빨리 푸는 것이 잠시 멈춰 문제를 더 쉽게 만드는 데 정말 도움이 될까? 내 대답이다. "그렇기도 하고 아니기도 하다." 스트레스를 받으면 혈액이 뇌에서 다리로 이동해 도망칠 준비를 한다. 더 쉬운 방법을 찾으려면 의도적으로 사고를 멈추는 과정이 필요하지만 정해진 공식은 없다. 하지만 작업 기억 용량이 부족하면 문제의 핵심을 파악하고 해결할 힘이 부족해진다.

앞서 말했듯이 문제를 더 쉽게 만드는 것은 단순한 요령 암기가 아니라 함께 논의하며 배우는 과정이다. 문제를 더 쉽게 만드는 비법을 완벽하게 외울 수는 없지만, '협력 학습'을 위해서는 알고리즘과 풀이 과정을 잘 이해하고 있어야 한다. 솔직히 이런 지식은 협력 학습의 기본이라고 할 수 있다.

마지막으로 다른 사람의 방법을 맹목적으로 따라 하도록 하는 것은 용기와 직관을 억누르는 지름길이며, 문제를 더 쉽게 만들 수 있다는 사실조차 알지 못하게 한다는 것을 꼭 기억하자. '문제를 쉽게 만든다'는 것은 자신만의 문제 해결 방식을 개발한다는 뜻으로, 이는 긍정적 순환을 만든다. 자신만의 쉬운 방법을 찾으면 자신감이 생기고, 자신감이 생기면 문제를 더 쉽게 만들기 위해 더 많이 탐구하게 된다.

**8장**

# 다양한 방법에
# 도전하기

커피머신에 낀 석회질을 제거해야 한다고 해보자. 버튼을 눌러 정해진 절차를 따라 하는데도 그 방법이 통하지 않으면 어떻게 해야 할까? 기계에 대고 소리라도 질러야 할까? (실제로 그런 적이 있긴 하다.) 산업공학 관련 학위를 딸 걸 그랬다고 아쉬워해야 할까? 하지만 그건 다음에 커피를 내리기 전까지 끝낼 수 있는 방법이 아니다. 우린 어느 순간 이성을 되찾고 할 수 있는 합리적인 일을 해야 한다. 바로 다른 방법을 시도해 보는 것이다. 여러 버튼을 눌러보거나, 유튜브에서 사용법을 찾거나, 가족에게 도움을 요청할 수도 있다.

다른 방법을 시도하는 것은 임시방편이거나 심지어 절박한 접근처럼 보일 수 있다. 하지만 한발 물러서거나 상황을 바꿔보는 것이 문제 해결을 위한 한 가지 방법임을 알고 있다면 침착하고 체계적으로 대처할 수 있다.

집안일을 해결할 때는 이런 접근법을 생각해 볼 수 있지만, 안타깝게도 많은 사람이 수학에서도 '다른 방법을 시도하는 것'이 중요하다는 사실을 알지 못한다. 나는 서른 후반이 돼서야 이 전략을 완전히 내면화할 수 있었다. 이 전략을 아는 사람은 에너지와 감정을 절약하면서 문제 해결을 할 수 있다. 이 전략은 세 살배기 아이가 블록 쌓기나 숫자 세기를 할 때도, 내가 커피를 내릴 때도 적용할 수 있다. 이는 수학과 생활 모두에서 활용할 수 있는 방법으로, 아이들이 받아들일 준비가 되었을 때 가능한 한 빨리 가르쳐야 한다.

문제 해결이 잘 안 될 경우 우리는 좌절했다가 결국에는 마음을 추스르고 다시 문제로 돌아와 다른 방법을 시도하곤 한다. 하지만 우리는 스스로가 무엇을 하고 있는지에 대한 메타 인지, 즉 사고 과정에 대해 깊이 생각하거나 어떻게 생각하는지에 대해 숙고하는 능력이 부족하다. 다른 방법을 시도하는 것이 당연하다는 사실을 이해하지 못한다. 하지만 이런 과정이 자연스러운 것임을 알게 된다면 수학 문제를 포기하거나 수학 학습 자체를 포기하는 대신에 문제 해결 과정으로 돌아와 다시 문제 풀기에 도전할 것이다.

수학 학습은 대부분 이런 방식으로 진행되지 않는다. 일반적으로 수학 문제를 풀다가 막히거나 실수하면 부정적 평가를 받는다. 여러 번 '낙인찍기식' 시험을 보고, 그 의미조차 명확하지 않은 '두 학년 아래 수준'으로 분류될 수 있다. 이렇게 분류되면 대부분 원래 풀던 문제를 중단하고 보충 학습을 시작해야 한다. 새로운 방법으로 문제를 풀기 위한 시도는커녕 기회조차 박탈당하고 만다.

수학 교육의 본질은 문제 해결이다. 흔히 수학 수업이 초중고 학교 수업에서 실제로 문제 해결을 다루는 유일한 시간이라고 말하지만, 안타깝게도 다양한 접근 방식을 시도하는 것은 수학 교수-학습 과정에 충분히 반영되지 못하고 있다. 교실이라는 환경으로 옮겨 오면서 어찌 된 일인지 우리는 이런 시도가 삶에 주는 가치를 잊어버린 듯하다.

## { 더 나은 방법을 위한 '의도적 틀 깨기' }

가족 여행을 가면 카드나 보드게임, 요즘에는 〈뉴욕타임스〉 디지털판 '플레이PLAY' 섹션에 있는 모든 게임을 즐긴다. 〈뉴욕타임스〉 앱에서 가장 좋아하는 게임 가운데 하나는 '스펠링 비Spelling Bee'[67]다. 이 게임은 총 7개 알파벳을 주고, 가운데 알파벳을 중심으로 육각형의 변에 하나씩 알파벳이 배치되어 있다. 가운데 글자를 반드시 포함시켜 네 글자 이상의 단어를 최대한 많이 만들어야 한다. 모든 글자를 사용해 단어 만드는 것을 '팬그램pangram'이라고 하는데, 성공하면 가족 모두가 기뻐 환호성을 지른다.

어느 날 이 게임에서 R, M, F, U, A, L, O 알파벳 7개 글자가 주어졌는데, O가 가운데 글자였다. 우리는 loaf, loom, from, room, aloof 같은 단어를 척척 말하며 즐겁게 게임을 진행했지만, 이내 막혀버렸다. 더는 새로운 단어가 떠오르지 않았던 것이다.

그때 아들이 "엄마, 제가 도와드릴게요"라고 말하더니 화면 아래쪽에 있는 작은 버튼을 눌렀다. 그러자 O 주변에 있던 6개 글자의 위치가 바뀌었다. 같은 글자, 같은 게임, 같은 규칙이었다. 하지만 글자의 위치만 바뀌었을 뿐인데, 머릿속에서 새로운 단어가 번뜩 떠올랐다. 우리는 서로를 바라보며 동시에 "FORMULA!"를 외쳤다. 팬그램이었다.

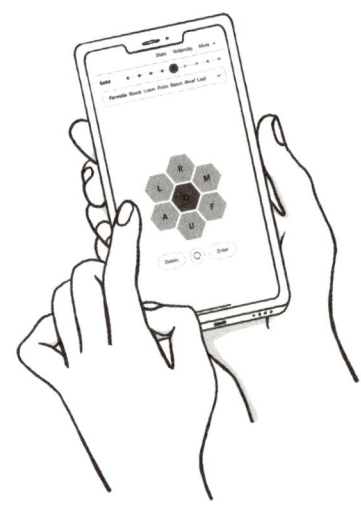

이 게임의 설계자들이 문제를 해결하는 원리와 즐거운 경험을 만드는 법을 제대로 이해하고 있다는 생각이 들었는데, 그들은 진행이 막혔을 때 새로운 시각에서 게임을 바라볼 필요성까지 예상하고 있었다. 이 설계는 다른 방법을 시도하면서 문제 해결의 이점을 활용한 것이다. 스펠링 비에서 다른 방법을 시도하는 과정이 얼마나 자연스럽고 안정적이며 기대감을 불러일으키는지 주목해야 한다.

안타까운 일이지만 우리가 수학 학습에 접근하는 일반적인 방식은 이와 정반대다. 이는 수학적 이해가 쌓이는 과정을 잘못된 은유로 설명하기 때문이다. 우리는 흔히 수학을 "누적되는 거다"라고 말하며, 새로운 개념을 배우기 위해선 이전 개념을 모두 완벽하게 이해해야 한다고 생각한다. 수학이 누적되는 것은 사실이지만, 우리는 이를 극단적으로 해석한다. 눈앞에 놓인 문제를 해결하려면 이전에 배운 모든 방법을 언겨하게 적용해야 한다고 믿거나, 매년 벽돌을 쌓아 올리듯 이해를 쌓는 과정에서 벽돌이 하나라도 빠지면 벽이 무너질 거라고 생각한다. 따라서 문제를 풀지 못하면 다른 방법을 시도해야 하는 것이 아니라 벽돌을 제대로 쌓지 못해서라고 여긴다.

사실 모든 벽돌을 완벽하게 쌓아야 한다고 믿는다면 다른 방법을 시도하는 자체가 어리석게 느껴질 것이다. 하지만 이는 수학적 사고를 키우는 방법을 지나치게 문자 그대로 해석한 것이다. 수학은 몇 가지 핵심 개념으로 이루어져 있으며, 다양한 접근 방식이 존재한다. 수학은 개별적인 기술 수백 개로 이루어진 것이 아니다.

3학년 학생이 분수를 어려워하거나 6학년 학생이 비례와 비율 개념을 어려워한다고 가정해 보자. 두 주제는 모두 수학에서 중요한 개념이므로 우리는 이 학생들이 학년 수준보다 많이 뒤처졌다고 여겨 기초 단계에서 빠진 벽돌을 채우기 위해 시간을 보낸다. 하지만 실제로는 채워야 할 벽돌이 없다. 수학은 때때로 새롭게 시작하거나 넓은 의미에서 새롭게 벽돌을 쌓아야 할 때가 있기 때문이다.

수학의 모든 것이 누적되는 것은 아니다. 구구단을 외우는 중이라도 분수를 배울 수 있다. 6학년 때 배우는 비율에 대한 이해가 부족하더라도 중학교 1학년에서 직육면체의 부피를 쉽게 구할 수 있다. 그러므로 어떤 개념에 어려움을 느낀다고 해서 항상 이전 단계로 돌아가 복습해야 하는 것은 아니다.

1학년이나 2학년 학생에게 분수를 가르치지 않기 때문에 3학년 학생이 분수를 어려워하는 건 어찌 보면 당연한 일이다. 수직선 위에서 0과 1 사이에도 수가 존재한다는 새로운 사실을 받아들이는 과정이기 때문이다. 마찬가지로 6학년이 되면 비율과 비례 관계를 배우기 시작하는데, 이해하기 어렵다고 해서 이전에 배운 더 쉬운 개념으로 돌아가 복습해야 하는 것도 아니다. 이해하기 어려운 개념을 보완하려면 단순히 이전 내용을 반복하기보다 같은 개념을 다른 방식으로 접근하여 설명해 줄 필요가 있다.

수학은 학년이 올라가면 새롭게 배워야 하는 개념이 많다. 학생들이 그걸 어려워한다면 다양한 방식으로 접근할 필요가 있다. 예를 들어 6학년 학생이 4:6과 6:18이 왜 같은 비율이 아닌지 질문한다면, 이전 학년에서 복습할 개념을 찾기가 어렵다. 그러므로 이때는 개념을 보완할 수 있는 새로운 방법을 시도해야 한다.

한 가지 방법은 비율을 바꾸어 두 비율에서 공통된 숫자를 만드는 것이다. 예를 들면 4:6의 양쪽을 2로 나누면 2:3이 되고, 6:18의 양쪽을 3으로 나누면 2:6이 된다. 이렇게 수치를 바꿔주면 두 비율이 같지 않다는 걸 확인할 수 있다. 하지만 처음에는 학생들이 이 과정의 원리를 직관적으로 이해하지 못할 수도 있다. 이때는 숫자를 시각적으로 표현하거나 구체적인 예를 활용하는 것이 효과적이다(6장 참조).

예를 들어 검은색 페인트 4통과 흰색 페인트 6통을 섞는다고 가정해 보자. 또 다른 경우, 검은색 페인트 6통과 흰색 페인트 18통을 섞는다고 상상해 보자. 이 두 혼합물이 같은 색을 띨까? 어느 쪽이 더 밝은 색을 띨까? 이런 방식으로 개념을 시각적으로 접근하면 학생들은 비율의 차이를 더욱 직관적으로 이해할 수 있다.

또 다른 방법은 문제를 실생활과 연결하거나 학생들이 이미 알고 있는 사실을 바탕으로 수학 개념을 설명하는 것이다. 예를 들면 이해하기 어려운 추상적인 비율 개념을 좋아하는 스포츠를 통해 직관적으로 이해할 수 있다.

가족이 함께 미식축구를 보다가 누군가 "경기 점수가 45대 0이고, 현재 하프타임(중간 휴식 시간)이에요"라고 말하면, 나는 다시 확인해 보라고 할 것이다. (우리 가족은 버팔로 빌스라는 미식축구팀을 정말 오랫동안 응원해 왔다.) 뭔가 점수가 이상하기 때문이다. 하프타임이라면 아직 경기의 절반이 남아 있다는 뜻인데, 단 2쿼터 동안 그렇게 높은 점수가 나온다는 건 대단히 이례적인 일이기 때문이다. NFL 경기에서는 보통 총점이 90점을 넘지 않는데, 만약 2쿼터에 45점이 났다면 4쿼터에 90점이 될 수도 있다는 계산이 나온다. 다시 말해 시간 대비 득점 비율이 일반적이지 않다고 직감적으로 느끼는 것이다.

이처럼 미식축구라는 친숙한 주제를 통해 비율을 공식으로 정확하게 표현하지 못하더라도 어떤 비율이 정상적인지 아닌지를 직관적으로 판단할 수 있다.

읽기 교육과 학습 분야에서 이루어진 연관성에 대한 연구는 특정 방식으로 수학에도 적용할 수 있다. 다음은 저명한 인지과학자 대니얼 윌링햄Daniel Willingham[68]이 〈뉴욕타임스〉에 기고한 내용을 요약한 것이다.

한 실험에서 읽기 평가 점수가 높은 3학년 학생들과 낮은 3학년 학생들에게 축구 관련 글을 읽게 했다. 읽기 평가 점수는 낮지만 축구에 대한 지식이 풍부한 학생들은 평가 점수는 높지만 축구에 대한 지식이 부족한 학생들보다 글에 대해 정확한 추론을 할 가능성이 3배나 높았다. 이는 읽기 평가에서 높은 점수를 받은 학생들이 일반적으로 폭넓은 지식을 갖추고 있으며, 평가 지문의 주제에 대해 최소한 어느 정도 알고 있음을 보여준다.

수학에서 학생들을 돕는 한 가지 방법은 무의미한 표현 대신에 학생들의 직관과 사전 지식을 활용하는 현실적인 문장제를 만드는 것이다. (나는 어떤 문장제를 읽다가 '왜 멜론을 30개나 사지?'라고 의아했던 적이 있다.)

물론 관련성을 전략으로 사용하는 데는 한계가 있다. CPA 접근법(구체적 사물 → 그림 → 추상적 개념)을 종합한 과학자들 중 한 명인 제롬 브루너는 이렇게 말했다.

"아이들에게 어른 사회의 공식을 앵무새처럼 따라 하도록 강요하는 것이 무의미한 형식주의라면 삶의 교육이 항상 아이들의 흥미에 맞춰질 수 있다고 가정하는 것은 감상주의다. 흥미는 만들어지고 자극될 수 있다."

다시 말해 중학교 1학년인 내 쌍둥이 아들들은 오직 용을 소재로 한 책만 읽거나 2차 세계대전의 포병과 관련된 수학 문제만 풀 수 없다는 뜻이다.

수학을 배우는 학생들이 자신에게 맞는 다른 접근법을 찾도록 돕는 것은 때로는 고도의 기술을 필요로 한다. 또한 수학 교습법에 대한 상당한 지식, 즉 교육학적 지식이 필요하다. 수학 수업에서 흔히 사용하는 방법은 예를 들어 4학년 수학의 특정 영역에서 어려움을 겪는 학생을 더 낮은 학년 수준으로 내려보내는 것이다. 이는 도움을 주고자 하는 의도겠지만, 때때로 불필요한 시간 낭비로 끝날 수도 있다.

다음 문제를 생각해 보자.

$$\begin{array}{r} 4072 \\ -2429 \end{array}$$

이 문제는 4학년 뺄셈 문제로 흔히 '빌려오기'라고 부르는 '받아내림' 또는 1,000을 100이 10개 있는 값으로 분해하는 과정을 묻고 있다. 4학년 학생들은 특히 백의 자리에 0이 있을 때 어려워할 수 있다. 하지만 학생이 이 문제를 틀린다면 0으로 인한 혼란을 해결하는 대신 여러 자릿수 뺄셈이 처음 나오는 2학년 문제를 다시 풀도록 하는 것이 일반적인 해결 방법이다. 이런 경우 학생은 다음과 같은 문제를 풀게 된다.

$$21 - 13 =$$

그런데 2학년 학생들은 이 문제를 풀 때 복잡한 뺄셈 알고리즘을 사용하기보다 더 간단한 전략을 사용할 수 있다. 물론 21의 십의 자리에서 1을 빌려올 수도 있지만, 이 문제는 사실 더 쉬운 계산법에 적합하다. 이를 말로 설명하면 이렇다.

"13이 20이 되려면 7이 필요하고, 거기에 1을 더하면 21이 되지. 그러니까 7에 1을 더하면 8이네!"

다시 말해 받아내림 같은 상위 전략을 어려워하는 4학년 학생에게 그런 전략이 필요 없는 문제를 풀게 하는 것은 시간 낭비일 뿐이다. 이는 4학년이 뺄셈 알고리즘에서 받아내림의 개념을 이해하는 데도, 또 애초에 그들이 어려워하던 0을 다루는 방법을 배우는 데도 전혀 도움이 되지 않는다.

다음은 앞선 예시에서 어려움을 겪는 학생에게 뺄셈 문제를 푸는 다른 방법으로 제시했을 때 학생이 이 문제에 접근하는 방법을 보여준다.

자릿값 표를 그려 천의 자리, 백의 자리, 십의 자리, 일의 자리의 숫자가 각각 얼마를 의미하는지 시각적으로 보여준다. 그다음으로 1,000이 어떻게 10개의 100으로 바뀔 수 있는지, 10이 어떻게 10개의 1로 바뀔 수 있는지, 그리고 실제 뺄셈이 어떤 과정으로 이루어지는지까지 그림으로 보여준다.

다음은 문제 4072−2429를 시각화한 수학적 표현이다.

이처럼 시각적 표현을 활용하면 같은 문제를 다른 방식으로 접근할 수 있는데, 4학년 학생들이 아직 익숙하지 않은 받아내림이라는 상위 개념에 자연스럽게 집중하도록 도와준다.

## { '진도 따라잡기'의 함정 }

전 수학 플랫폼이 막 생겼을 때는 데이터가 많지 않고 그것을 분석할 데이터 과학자도 없었기에 우리는 한발 물러서서 디지털 학습 접근법에 대한 기초적 분석을 진행했다. 우리가 답하고자 했던 핵심 질문은 간단했다.

"학생들이 처음에 틀린 문제와 비슷한 문제를 어떻게 하면 맞게 풀도록 도울 수 있을까?"

또한 학습에 있어 시간이 가장 귀한 자원이므로 최대한 신속하게 학생들을 지원하는 방법을 찾고자 했다.

그리고 그 과정에서 우리는 뜻밖의 흥미로운 사실을 발견했다. 학생들이 어떤 문제를 틀렸을 때 밝은 색상의 간단한 그림이 담긴 다른 풀이 방법을 보여주면, 나중에 비슷한 문제를 만났을 때 정답을 맞힐 확률이 훨씬 높았다. 처음에는 이런 발견이 무엇을 의미하는지 명확하게 이해하지 못했다. 아마도 시각적 그림이 추상적 개념을 좀 더 쉽게 이해하도록 도와주고, 밝은 색상이 학생들의 주의력을 자연스럽게 끌어올리는 게 아닐까 생각했다.

그후로 연구원들과 데이터 과학자들이 팀에 합류하고 140억 개가 넘는 문제 풀이 데이터가 쌓이면서 우리는 이 연구 주제로 다시 돌아갔다. 팬데믹이 한창이던 때 나는 《괴짜 경제학Freakonomics》을 쓴 유명한 스티븐 레빗Steven Levitt과 이야기를 나누었다. 그는 학생들이 어려움을 겪을 때 무엇을 다시 공부하게 하는지 물었다. 그래서 수학에서는 단순히 이전에 배운 내용을 다시 배우는 것만으로는 해결되지 않는 경우가 많다고 설명했다. 해답은 더 낮은 학년 수준으로 돌아가 다시 배우는 것이 아니라 학생들의 현재 수준에 맞는 다른 접근 방식을 보여주는 것이라고 덧붙였다.

그리고 나서 레빗에게 가장 일반적으로 사용되는 접근법이 종종 아이들의 시간을 낭비하게 만든다고 말했다. 통합 복잡성의 관점에서 다시 생각해 보면 학생들이 이전 과정으로 돌아가 복습해야 할 때도 있지만, 상황에 상관없이 학생들을 무작정 이전 단계로 보내는 단순한 대응은 효과적인 지도 방법이 아니다.

레빗은 우리의 주장이 맞다고 하면서 흥미로운 표정으로 그것을 증명할 수 있는지 물었다. 그는 우리가 보유한 방대한 데이터가 이를 검증하기에 충분하다고 인정하면서 전 수학의 데이터에서 자연 실험natural experiment(연구자가 인위적으로 개입하지 않고 자연적으로 발생한 사건에서 원인과 결과를 분석하는 연구 방법 – 옮긴이 주)을 찾아내는 창의적 방법도 함께 제안해 주었다.

전 수학의 연구진은 본격적으로 작업에 착수했다. 결과적으로 우리는 최첨단 데이터 과학 방법을 활용했다. 먼저 '고정 효과 모형fixed effect model'을 구축했다. 이 모형은 일반적인 연구에서 볼 수 있는 것처럼 두 비교 집단이 서로 다른 사람들로 구성된 것이 아니라 같은 사람들이 서로 다른 시간에 다른 자극을 경험했을 때 나타난 결과를 비교하는 데 사용된다.

보통 실험에서는 유사한 두 집단에 대한 개입 요인의 영향을 비교한다. 예를 들어 약 효과가 있는지 검증하려면 한 집단에는 실제 약을 주고 다른 집단에는 설탕으로 만든 가짜 약인 위약을 준다. 하지만 전의 연구진은 이런 전통적 방식과 달리, 서로 다른 학생 집단을 비교하는 대신 같은 학생이 다른 교육 환경에 놓였을 때 나타난 성과를 분석했다. 첫 번째는 학생이 자신의 학년 수준을 유지하면서 문제에 대한 대안적 접근법을 제시받았을 때이고, 두 번째는 같은 학생이 자기 학년 수준에서 벗어나 보충 학습 과정으로 이동했을 때였다.

==교육자, 부모, 보호자로서 아이들과 많은 시간을 보내는 사람들은 아이들이 어떤 환경과 자극에 노출되느냐에 따라 행동과 학습 성과가 크게 달라진다는 것을 경험적으로 알고 있다.== 우리의 연구 모형은 바로 이 점에 주목함으로써 동일한 아이들이 서로 다른 교육적 접근법을 경험할 때 나타나는 변화와 차이를 정확하게 측정하고자 했다.

레빗의 도전을 받아들여 이미 믿고 있던 사실을 증명하고자 했던 것이지만, 우리는 연구 결과가 보여준 강력함에 새삼 큰 충격을 받았다. 사람들은 흔히 '의자에서 떨어질 뻔했다'라는 표현으로 놀라움을 나타내는데, 나는 그 분석 결과를 보고 실제로 의자에서 떨어지고 나서야 그 표현의 의미를 실감하게 되었다. 당시 나는 바퀴 달린 의자에 앉아 책상에 팔꿈치를 기댄 채 손으로 머리를 받치고 있었다. 첫 번째 결과의 초안을 읽던 중 너무 놀라 무심코 몸을 크게 움직였는데, 그 순간 의자가 뒤로 밀려났고, "쿵!" 소리와 함께 바닥으로 몸이 굴러떨어지면서 책상 모서리에 머리를 부딪쳤다.

크게 놀라 넘어진 이유는 바로 이 결과 때문이었다. 같은 학생에게 이전 학년 내용으로 돌아가는 보충 수업 대신, 문제 설명 방식만 다르게 했을 때 학생들이 훨씬 더 쉽게 느끼고 덜 어려워했다는 것이다. 게다가 이 학생들은 계속해서 자기 학년 수준의 수업을 들었기 때문에 학년에 맞는 학습 내용도 더 많이 소화할 수 있었다. 하지만 더욱 충격적인 결과는 따로 있었다. 학생들이 수학을 덜 어렵게 느끼도록 학년 수준을 낮췄을 때 아이들이 오히려 더 힘들어하는 정반대의 현상이 나타난 것이다. 이는 우리의 직관과는 완전히 반대되는 결과였다.

이런 결과가 나온 이유는 지금까지 했던 몇몇 연구를 바탕으로 추측할 수 있다. 첫째, 학생들은 자신의 수준이 낮다고 낙담하거나 낙인이 찍혔다고 느꼈을 수 있다. 둘째, 원래 학년 문제도 버거운데 다른 문제까지 추가되어 혼란스러웠을 가능성이 있다. 셋째, 어려워하는 문제를 풀기엔 아직 실력이 부족하다는 말이 학생들에게 자기충족적 예언처럼 작용했을 수 있다.

예를 들어 음수를 처음 배우는 중학교 1학년 학생이 있다고 하자. 이 학생은 팬데믹 시기 학습 공백으로 소수점 연산 개념을 제대로 익히지 못한 상태다.

산(양수)에서 내려가다가 해수면(0)을 지나 바다(음수)로 잠수하는 음수를 배우는 흥미로운 수업 도중, 학생은 $1.4 \div 2$ 계산하기 문제에서 막혀버린다. 어떻게 풀어야 할지 생각이 떠오르지 않는다. 기존의 보충 수업 방식이라면 이 학생을 몇 주 동안 4, 5학년 과정으로 돌려보내 소수점에 대한 지식을 쌓게 할 것이다. 소수점 아래 첫째 자리, 둘째 자리, 셋째 자리를 익히거나 몇 주간 소수의 나눗셈을 연습하는 문제지를 풀 수 있다. 하지만 그동안 자기 학년 수준의 음수 학습은 완전히 멈추게 된다.

이제 다른 방법을 고려해 보자. 학생이 $1.4 \div 2$를 어려워한다면 질문을 바꿔 "$14 \div 2$는 얼마일까요?"라고 물어볼 수 있다. 그러면 문제 자체가 한결 쉬워진다. 그다음 "소수점이 있어도 계산 원리는 정수와 똑같다"고 설명하며 문제 푸는 방법을 이해할 수 있게 돕는다. 그러면 많은 학생이 금방 0.7이라고 답을 찾아낼 것이다.

물론 몇몇 학생에게는 소수점 계산 방법, 소수의 의미, 정수든 소수든 십진법의 기본 원리가 동일하게 적용된다는 것에 대한 추가적인 지도가 필요할 수도 있다. 하지만 이렇게 복잡한 과정 없이 문제를 다른 방식으로 보게끔 간단히 안내만 해줘도 아이들은 놀라운 학습 진전을 보인다.

## { 문제가 막혔을 땐 잠시 멈춤 }

얼핏 보면 잠자는 것은 문제 해결을 위한 적극적인 방법이 아닌 것처럼 보일 수 있다. 하지만 잠을 자고 나면 상쾌한 기분으로 문제를 새로운 관점에서 바라볼 의욕이 생긴다. 아니면 문제를 잠시 내려놓고 다른 일을 하는 것도 좋은 방법이다. 그동안에도 잠재의식은 계속해서 그 문제를 붙들고 파고들 테니까 말이다.

대학 시절, 철학 과제로 완전히 패닉 상태에 빠진 적이 있다. 소크라테스 이전 그리스 철학자들이 우주가 원소로 이루어져 있는지, 아니면 원자와 공허로 이루어져 있는지에 대해 벌인 논쟁을 다루는 과제였다. 내 과제는 한 철학자를 선택해 그의 주장을 분석하고 그것이 틀렸음을 증명하는 것이었다. 나는 눈물을 흘리며 잠자리에 들었다. 새내기였고, 자신의 성공을 노력이 아닌 운의 탓으로 돌린 채 자신의 실력이 드러나는 것을 꺼리는 가면증후군imposter syndrome에 사로잡혀 있을 때였다. 분명 낙제할 거라는 두려움에 부모님에게 전화해 자퇴해야 할 것 같다고 말해야 하지 않을까 심각하게 고민했다.

그런데 놀랍게도 다음 날 수업 시간보다 훨씬 일찍 눈이 떠졌고, 더 놀라운 건 문제의 해답을 머릿속에 담은 채 깨어났다는 점이다. 모든 조각이 제자리를 찾은 느낌이었다. 내가 읽었던 소크라테스 이전 철학자의 주장을 반박할 방법은 무한과 영원이 같은 개념이 아니라는 점을 짚어내는 것이었다. 그 철학자가 이 두 개념을 혼동했기에 나 역시 그것이 같다고 믿었던 것이다. 그 혼동이야말로 그의 주장을 무너뜨릴 수 있는 결정적 한방이었다.

곧바로 컴퓨터로 달려가 단숨에 과제를 작성했다. 무한은 공간과 시간 모두에 적용되지만, 영원은 시간에만 적용된다는 단순하지만 강력한 깨달음이었다. 밤새 내 뇌가 이 복잡했던 매듭을 풀어냈던 것이다. 수많은 저명인사가 한밤중에 떠오른 아이디어를 적기 위해 침대 옆에 펜과 메모지를 둔다고 알려져 있는 이유다. (나도 시도해 봤지만, 결과는 별로 신통치 않았다. 물론 사람마다 다를 수 있으니 시도는 해보자!)

사람들에게 복습 과정으로 돌아가는 대신 다른 방식을 통해 앞으로 나아가는 방법에 대해 말하면 보통 3단계 반응을 보인다. 첫 단계는 "음? 무슨 말인지 잘 모르겠어요"라는 의아한 표정을 짓는다.

하지만 차근차근 설명하면 이내 표정이 변한다. 2단계는 긴장이 풀리고 편안해진다. 이는 문제를 성공적으로 해결하려면 직관을 억누르지 말아야 한다는 것, 우리 모두가 문제해결력을 자연스럽게 갖췄다는 사실을 마음 깊이 인지하고 있기 때문일 것이다. 마지막 단계는 이해와 공감의 미소다.

앞서 말한 대학 시절에 철학 과제를 해낸 경험처럼, 때로는 문제에서 벗어나 다른 활동을 하면서 잠재의식이 해결책을 찾을 시간과 여백을 만들어주는 것이 중요하다. 학생들에게도 마찬가지다. 한 가지 접근법이 막혔을 때 그냥 포기해 버리거나 무작정 기초로 돌아가기보다 다른 각도에서 문제를 바라보게 이끌어주면 놀라운 학습 효과와 결과를 얻을 수 있다.

결국 문제 해결 과정 그 자체가 즐거움이다. 처음 시도가 통하지 않을 때 다른 길을 모색하는 여정이야말로 우리를 성장시키고 새로운 것을 배우게 한다. 이것이 바로 수학, 나아가 모든 배움이 선사하는 진정한 기쁨이다.

# 9장 목적이 있는 연습

10년 전쯤인가, 한 소년한테서 지금도 잊을 수 없는 말을 들었다.

"똑똑한 머리 같은 건 없어요. 그저 열심히 노력했을 뿐이에요."

이 현명한 아이의 어머니가 전 수학에 합류해 우리의 교육과 학습 방법을 이끌게 되었을 때였다. 내가 계속해서 '천재'라는 단어를 사용하자 그녀는 이 표현이 적절하지 않다고 지적했다. 그녀의 말이 맞았다.

다른 분야에서는 열심히 노력한 사람을 칭찬하지만, 여전히 STEM 분야에서는 최선을 다해 노력한 팀이나 개인이 아니라 고독한 천재의 이야기가 주를 이룬다. 사실 STEM 분야에서는 천재로 치켜세우기가 지나쳐 열심히 노력하는 것을 오히려 부끄러운 일이라 여기는 경우가 많으며, 쉽고 당연하게 답을 찾지 못하면 그 분야에 맞지 않는다는 신호로 받아들이기도 한다.

이런 이야기는 단순히 우연이나 오해에서 비롯된 것이 아니다. 이를 의도적으로 조장하는 사람들이 있기 때문이다. 집으로 책을 가져가서 공부하는 대신, 일부러 학교의 눈에 띄는 장소에 두고 가서 다른 학생들에게 자신이 큰 노력 없이 성공했다고 믿게 만드는 것이다. 사실 이들은 집에 같은 책을 한 권 더 가지고 있다.

미켈란젤로에 대한 이야기는 내가 가졌던 '고독한 천재'가 가진 신비함에 대한 인식을 완전히 바꿔놓았다. 르네상스 시대의 위대한 예술가 중 한 명인 미켈란젤로는 시스티나대성당의 천장화를 그리고 다비드상을 조각했다. 하지만 그는 자신의 스케치 과정을 철저히 비밀에 부쳤고, 절대로 판매하거나 외부에 공개하지 않았다. 심지어 죽음이 가까워지자 로마의 화실에 있던 스케치를 모두 불태워버렸다.[69] 그 결과 오늘날까지 남아 있는 미켈란젤로의 스케치 작품은 극히 드물다. 르네상스 예술가들의 전기를 쓴 미술사학자 조르조 바사리Giorgi Vasari는 미켈란젤로가 자신의 완벽한 이미지를 지키기 위해 이런 행동을 했다고 추측한다.

이런 이야기는 우리가 과학이나 수학을 잘하지 못할 때 "타고난 재능이 부족해서 그래"라고 스스로 변명하는 데 훌륭한 핑계가 된다. 어쩌면 우리 주변에 만연한 이런 고독한 천재의 신화를 비판 없이 받아들이는 것 자체가 문제일 수도 있다. 하지만 이런 무비판적 수용에는 값비싼 대가가 따른다. 학생들은 과학·기술·공학·수학 분야로 진로를 정하는 데 망설이게 되고, 이는 결국 STEM 분야의 인재 유출[70]로 이어진다.

대학에 입학할 때 STEM 전공을 선택한 학생들 가운데 30~50%가 3년 이내에 다른 분야로 전공을 바꾼다. 여성과 흑인, 라틴계 학생의 경우에는 이 비율이 더 높다.[71] 많은 학생이 노력이 아닌 타고난 재능만이 성공한 과학자가 되는 길이라고 믿으며 의욕을 상실하고 만다.

다른 분야에서의 성공이 노력에 달려 있듯, 수학에서의 성취 역시 노력에 달려 있다는 것은 분명한 사실이다. 하지만 단순한 노력만으로는 부족하다. 수학에서는 목적이 있는 연습이 필요하다. 올바른 방식으로 연습한다면 수학 실력이 향상되고 수학을 즐기는 데도 도움이 된다.

## { '의도적 연습'이 가진 힘 }

'목적이 있는 연습'이 필요하다는 공감대를 형성하기 위해 (이것에 대해선 조만간 정의하겠다!) 연습의 가치를 보여주는 이야기들을 전할 필요가 있겠다는 생각이 들었다. 이들 이야기는 하나같이 "연습은 필수다"라는 메시지를 담고 있다.

이런 맥락에서 최근 펜실베이니아주립대학교의 연구진이 진행한 연구 결과는 주목할 만하다.[72] 연구 결과에 따르면, 젊은 사람들은 STEM 분야의 성공 스토리를 접할 때 그것이 천재성 같은 타고난 재능 덕분이라는 내용보다 노력과 부단한 연습을 통해 이루어졌다는 내용일 때 훨씬 더 큰 동기부여를 받는 것으로 나타났다. 연구진들 가운데 한 명은 이 연구 결과를 다음과 같이 설명했다.

"결과를 종합해 보면 누군가의 성공이 노력과 결부되어 있다고 생각할 때, 이는 타고난 천재의 예정된 성공 신화[73]를 듣는 것보다 더 큰 동기부여가 된다."

연구진은 실례로 토머스 에디슨이 수차례 실패했던 이야기와 천재 알베르트 아인슈타인과 대조되는 허구의 인물인 이름 없는 과학자가 난관을 극복한 이야기를 들려주었다. 그런데 STEM 분야에서 일하려는 젊은 사람들은 집중적인 노력을 다룬 이야기에 더 동기부여를 받았다. 노력이나 연습이 때로는 지루하고 시간 낭비처럼 느껴질지 모르지만 이는 충분히 생산적이고 만족스러운 과정이 될 수 있다. 심지어 재미를 느끼게 될 때도 있다.

성취에 대한 스트레스나 불안이 없는 분야에서는 연습이 그리 큰 부담으로 다가오지 않는다. 하지만 수학 연습에는 기본적으로 넘어야 할 부정적인 고정관념과 부담감이 많다. 게다가 외국어나 작문처럼 수학에서도 성공하려면 결국 '연습은 필수'다. 이는 모든 종류의 기술 습득에 공통으로 적용되는 원리다.

며칠이나 몇 주간의 집중적인 노력으로 디스코 댄스나 줄넘기 등 간단한 기술을 습득할 수 있다. 반면 외국어 구사력이나 작문 능력, 수학적 사고력 등 복잡한 기술은 몇 달이나 몇 년의 시간이 필요하다. 새로운 기술이 단순하든 복잡하든 모든 학습에는 연습이 필요하며, 올바른 방식의 연습은 학습 과정에 필수일 뿐 아니라 습득하는 속도를 크게 높여준다.

심리학자 안데르스 에릭슨Anders Ericsson은 이런 효과적 학습법을 '의도적 연습deliberate practice'[74]이라고 명명했다. 에릭슨은 《1만 시간의 재발견PEAK》[75]에서 의도적 연습은 성과를 높이기 위해 의식적으로 설계된 노력이 필요한 활동이라고 정의한다. 이 개념은 구체적이고 도전적인 목표 설정, 집중력 유지, 즉각적인 피드백, 반복, 점진적 개선이라는 다섯 가지 핵심 요소로 구성된다. 에릭슨은 초인적인 기억력을 지닌 사람이나 세계적 수준의 음악가처럼 불가능해 보이는 경지에 도달한 인물들을 연구했다. "전문성을 갖추려면 약 1만 시간의 연습이 필요하다"[76]라는 말은 말콤 글래드웰Malcolm Gladwell의 《아웃라이어Outliers》를 통해 유명해졌는데, 이 주장은 에릭슨의 이런 연구에 기반을 두고 있다.

이 연구는 세계적 수준의 성과에서부터 일상적인 교수-학습 과정까지 '연습'이라는 개념으로 모두 연결시킨다. 최신 뇌과학을 교사와 학생들이 일상에서 활용할 수 있는 방법으로 전환한 인지과학자

대니얼 윌링햄[77]은 이와 관련된 중요한 통찰을 제시한다. 그는 "기억은 생각의 잔여물이다"라고 말한다. (이는 우리가 새로운 수학 수업을 개발할 때 사무실에서 자주 언급하는 말이다!)

윌링햄은 종종 주방에 무엇을 가지러 왔는지는 쉽게 잊어버리면서 수년 전의 광고 음악은 선명하게 기억하는 이유를 생각해 보라고 말한다.

"효과적인 교육을 위해서는 교사가 학생들이 생각하길 바라는 내용이 아니라 과제가 학생들에게 실제로 어떤 생각을 하게 만들지를 세심하게 고려해야 한다. 학생들은 스스로 생각한 것을 기억하기 때문이다."

이 구절을 처음 읽었을 때 갑자기 2학년 때 있었던 일이 떠올랐다. 문제의 그날은 지금까지도 내게 물음표로 남아 있다. 선생님은 우리 모두에게 작고 깨끗한 아기 이유식 용기를 나눠주고 그 안에 진한 크림을 담아주었다. 우리는 직접 뚜껑을 돌려 닫았고, 선생님은 그것을 더 단단히 조여주었다. 그런 다음 있는 힘을 다해 용기를 흔들라고 말했다. 아이들이 신나서 흔들 수 있도록 음악까지 틀어주었다.

반 친구들이 위아래로 뛰고 교실을 누비며 이유식 용기를 격렬하게 흔들던 모습이 생생하다. 우리가 지쳐 멈추려고 할 때마다 선생님은 계속하라고 격려했다. 흔드는 일이 영원히 끝나지 않을 것만 같았고, 너무 오래 흔들어 팔이 아파왔다. 마침내 뚜껑을 열었을 때 용기 안에는 마구 휘저은 버터처럼 보이는 무언가가 들어 있었다.

그때 한 가지는 확신할 수 있었다. 그 안에 있는 것을 절대 먹지 않을 거라는 확신 말이다.

아직도 그 활동의 목적이 무엇이었는지 알지 못한다. 수업의 의도를 파악하기 위해 여러 번 그 상황을 재구성해 보았다. 때로는 '아마도 청교도와 북미 원주민들이 추수감사절에 먹을 버터를 만든 방법을 알려주려고 했던 것이 아닐까?'라고 추측하기도 하고, 또 어느 때는 물질의 상태 변화를 배우는 과학 수업이었을 거라고 추측하기도 한다. 그러다가 결국 '그냥 버터 만들기를 체험하도록 해주고 싶었던 것이 아닐까?'라는 생각에 이른다. 분명 평생 잊지 못할 수업이었다. 하지만 용기를 흔들어 버터 만드는 일은 특히 일곱 살 아이에겐 터무니없이 힘든 작업이었다. 그리고 선생님이 무엇을 가르치려고 했든지 간에 정작 나는 아무것도 배우지 못했다.

## { '정확한 목적'을 가진 수학 연습 설계하기 }

수학 교육 현장에도 '버터 만들기' 같은 무의미한 활동이 만연해 있다. 수학 학습은 대체로 즉각적인 피드백 없이 서로 관련 없는 문제가 줄지어 나오는 긴 연습문제지로 구성된다. 즉각적 피드백이 가능한 디지털 환경에서조차 수많은 수학 학습 게임은 실제 수학적 사고력보다는 점수를 얻는 방법(오리를 정확히 맞히는 기술이나 물고기에게 먹이를 주는 손재주)에 학습자의 주의력을 빼앗는 복잡한 게임 요소로 가득하다.

학습 과정에 의미 없이 길고 혼란스러운 순간이 삽입된 활동도 있는데, 나조차도 그런 당혹스러운 순간만 기억할 뿐 정작 수학 학습의 내용이 무엇인지 머릿속에서 남아 있지 않다. 더 놀라운 것은 애니메이션 캐릭터가 엉덩이를 긁거나 타악기 마라카스 소리처럼 상관없는 효과음을 배경으로 설거지하는 장면이 포함된 학습 웹사이트가 있다는 점이다. 이런 요소들이 왜 필요한지는 여전히 수수께끼로 남아 있다.

내 말에 '뭐, 어때! 게임인데'라고 생각할 수도 있다. 하지만 연습 과정에 도입된 '재미' 요소가 주된 초점이 된다면 학습자는 실제 학습해야 할 내용에서 벗어나 산만해진다. 더 심각한 문제는 잘못된 내용을 연습하는 것이 인지적 부담을 주고 실질적 학습을 방해한다는 점이다. 이런 게임의 가장 큰 결함은 무작위 추측으로도 점수를 얻을 수 있는 구조인데, 이는 결국 수학에 대한 잘못된 이해로 이어진다. 부정확한 수학 개념을 재학습하는 과정은 처음 새롭게 배우는 것에 비해 훨씬 더 어렵다.

한번 배운 것을 '취소하는 것'이 얼마나 어려운지 생각해 보자. 그 이유는 모르겠지만 나는 'lose'와 'loose'의 차이를 제대로 구분하지 못해 항상 헷갈린다. 내 아들은 동쪽과 서쪽을 계속 혼동했다. 뉴욕시에 살고 있지만 아이는 뉴욕이 서쪽 해안에 있다고 생각했다. 서쪽 해안에 대해 이야기하거나, 해가 지는 방향을 보여주기 위해 서쪽을 가리키거나 대서양을 보여주려고 동쪽을 가리킬 때마다 혼란스러워했다. 다행히도 아이는 이런 사고의 오류를 극복하고 태평양이 미국의 서쪽에 있다는 걸 알게 되었다. 하지만 기억은 생각의 잔여물이기에 대서양이 뉴욕의 서쪽에 있다는 잘못된 정보를 잊고 실제로 동쪽에 있다는 것을 새롭게 배워야 했다. 이는 분명 정신적으로 큰 노력을 필요로 한다.

교실과 디지털 학습 환경을 면밀하게 관찰하면서 '시간을 낭비하는 학습'의 주된 원인 두 가지를 발견했다. 첫째는 '버터 만들기'처럼 실제 학습 목표와 동떨어진 부수적 활동에 많은 시간과 노력을 쏟아붓게 만드는 학습법이다. 둘째는 단순히 연습량만을 늘리는 맹목적 접근법이다. 일류 운동선수든 어린이 선수든 경기를 무의미하게 무한 반복한다고 실력이 좋아지지 않는다.

진정한 성장을 위해서는 의도적으로 향상이 필요한 특정 구간에 집중해야 한다. 세계적인 선수들이 결정적이지 않은 중반부에 시간을 낭비하는 대신 경기의 시작과 마무리를 철저히 연마하는 이유가 바로 여기에 있다. 결국 효과적인 연습의 비결은 발전을 위해 집중해야 할 정확한 지점을 찾아내는 안목을 가지는 데 있다.

음악을 배울 때 초보자나 진도가 느린 학생들은 쉬운 부분은 빠르게 넘어가고 어려운 부분에서 시간을 끄는 경향이 있다. 반면 새로운 곡을 더 빨리 배우고 전반적으로 음악 실력이 빠르게 향상되는 음악가들은 다른 방식으로 접근한다. 처음 곡을 접했을 때 이들은 어려운 부분을 정확하게 파악하고, 그 구간을 집중적으로 연습해 빨리 익힌다. 이렇게 하면 곡 전체를 연습할 때 매끄럽게 연주할 수 있다.

연습 시간을 효과적으로 사용하는 음악가들은 단순히 어려운 부분만 작게 나눠 연습하지 않는다. 곡 전체를 여러 구간으로 나눠 섹션별로 연습한다. 만약 처음부터 끝까지 그냥 연주만 한다면 뇌에 과부하가 걸려 훌륭한 연주가 불가능해진다. 어려운 부분을 익히지 못한 상태에서 곡 전체를 반복적으로 연주한다면 실수하는 부분까지 그대로 연습 패턴에 포함된다. 이는 대서양이 뉴욕의 서쪽에 있다는 잘못된 정보를 '잊어야 하는' 상황과 비슷하다. 결국 이런 오류를 교정하는 과정이 필요해지면서 곡 전체를 익히는 데 훨씬 더 많은 시간이 소요된다.

수학도 이처럼 여러 구간으로 나눠 특정 부분을 연습할 필요가 있다. 악기를 연주할 때처럼 몇 마디를 계속 반복하는 건 지루하게 느껴질 수 있다. 하지만 여러 구간으로 나눠 특정 부분을 연습한다고 해서 그 과정이 단순 암기처럼 되거나 지루해지는 것은 아니다.

다음 연습문제지를 보자.

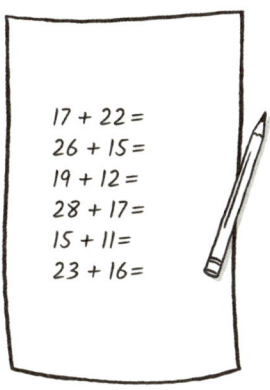

이번에는 답을 쓴 연습문제지다.

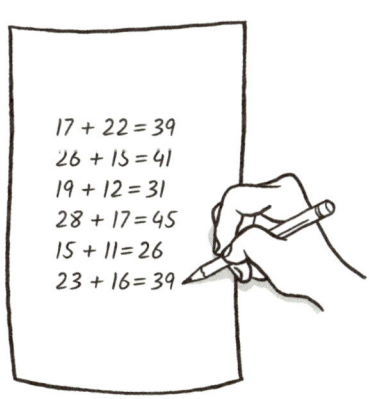

연습문제지에서 어떤 목적이나 구조가 보이는가? 이 문제를 모두 풀고 나면 학생들은 무엇을 배웠다고 생각할까? 사실 이것은 일의 자리에서 받아올림이 필요한 두 자릿수 덧셈 문제의 모음이다. 이 연습문제지의 목적은 단순히 덧셈 연습이다.

이제 다음과 같은 순서로 구성된 또 다른 연습문제지를 보자. (1세트)

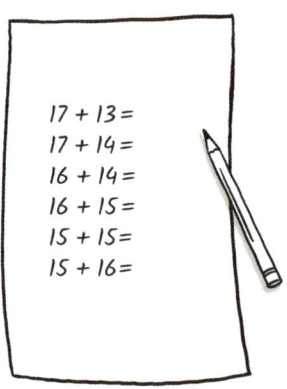

다음 그림은 답을 쓴 연습문제지다.

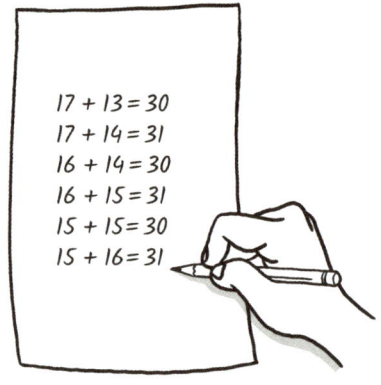

자, 확인했는가?

그럼, 이런 문제는 어떨까? (2세트)

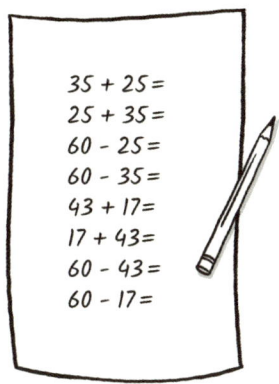

다시 답을 쓴 연습문제지다.

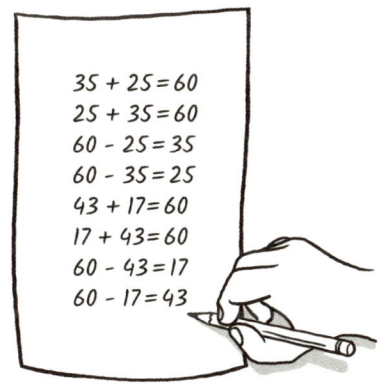

이제 마지막 연습문제지다! (3세트)

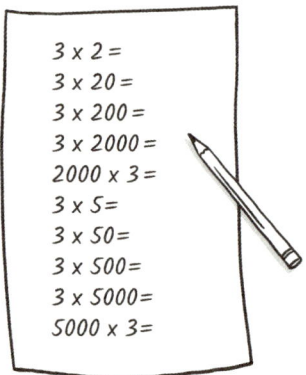

자, 답은 다음과 같다.

이들 연습문제지의 목적이 첫 번째 연습문제지와 비교해 어떻게 다른지 설명할 수 있는가?

첫 번째 세트는 뒤에 이어질 더 복잡한 덧셈 문제를 풀기 위해 3과 7, 4와 6, 5와 5처럼 10의 보수를 익히기 위한 것이다. 이런 접근법은 특정한 계산 전략을 자연스럽게 익히게 한다. 예를 들면 17+14와 같은 문제를 접했을 때, 머릿속으로 17+13+1로 바꿔 생각할 수 있다. 학생들은 30이나 31을 만드는 다양한 방법을 생각하게 되고, 답이 항상 30 또는 31이 된다는 규칙을 발견하며 재미를 느낄 수 있다. 이 모든 사고 과정을 거치는 동안 자연스럽게 덧셈 연습이 함께 이루어진다.

두 번째 세트 연습문제지의 목적은 수학이 자기주도적autodidactic 학문임을 학습자에게 상기시키고자 한다. 자신의 풀이를 직접 확인해 검증할 수 있으며, 답이 맞는지 틀렸는지 판단하는 데 있어 다른 사람의 판단이나 권위에 의존할 필요가 없다는 것을 깨닫게 한다. 수학을 좋아하는 이유를 설명할 때 많은 어른이나 아이가 이런 자율성이 주는 재미에 대해 언급한다. 확인해 올바르게 풀었는지 알 수 있고, 답이 맞았는지 틀렸는지 여부가 다른 사람의 판단에 달려 있지 않다는 것을 알게 해준다는 뜻이다. 어른과 아이가 수학을 좋아한다고 말할 때 이런 자기주도적 특성이 자신감과 성취감을 가져다 준다고 많이 언급한다.

아이들이 이 문제를 풀면서 35+25를 틀리게 답했다가, 60-25 문제를 보는 순간 앞으로 돌아가 처음 두 문제를 스스로 고치는 모습을 본 적이 있다. 이처럼 아이들은 덧셈과 뺄셈을 연습하면서 동시에 두 연산 간의 관계도 배우게 된다. 문제와 답 사이의 연관성을 발견하면서 수학이 본질적으로 제공하는 '스스로 검산하기' 전략을 자연스럽게 익히게 된다.

마지막 연습문제지에서는 아이들이 곱셈을 연습할 때 0, 즉 수학에서 자릿값이라고 부르는 개념을 다루고 있다. 결과를 보면 3에 점점 더 큰 수를 곱할수록 0의 개수가 늘어난다. 아이들은(그리고 어른들도) 이들 숫자 사이의 크기 차이를 제대로 이해하기 위해 0과 충분히 시간을 보내야 한다. 3×2와 3×5 연산 순서의 마지막 문제는 학습자에게 숫자 순서를 뒤집으면 어떻게 되는지 생각해 보게 한다. 자, 아무 일도 일어나지 않는다. 3×2000 = 2000×3이다. 이것이 바로 '교환법칙'인데, 이것을 말로 설명하거나 명칭을 외우게 하는 것보다는 실제 연습을 통해 이 원리를 발견하고 활용할 때 가장 즐겁게 배울 수 있다.

세상은 규칙과 구조로 이루어져 있다. 그리고 인간은 미술, 건축, 음악 등에서 이런 규칙과 구조를 찾는 것을 좋아한다. 달콤함에 끌리는 것처럼 패턴을 찾아내는 즐거움은 우리 DNA에 새겨진 본능적 욕구다. 이런 규칙을 보여주는 연습문제는 단순한 학습을 넘어 더 큰 성취감을 느끼게 만들어주고, 학습자에게 더 큰 몰입감을 선사한다. 수수께끼의 실마리를 하나씩 풀어갈 때처럼 희열을 느끼게 해준다.

이 책의 서두에서 언급했듯, 이런 경험은 우리에게 큰 만족감을 안겨주고 내면의 혼란을 차분하게 가라앉혀 준다. 규칙은 그 자체로 아름다움을 품고 있다. 이는 수학 공부에 단순한 훈련 이상의 고차원적 의미를 부여하고, 아이들에게 '수학 세계'를 향해 스스로 발걸음을 내딛게 한다. 궁극적으로 충분한 연습이 없으면 두뇌의 신경 회로를 새롭게 구성하고 진정한 수학적 사고를 키워낼 수 없다.

수학 공부든 어떤 활동이든 간에 시간을 투자한다면 그 시간을 효율적으로 사용해야 한다. 앞서 살펴본 연습문제를 생각해 보자. 이들 문제를 풀면서 규칙의 아름다움에 빠지거나 특별한 위안을 느끼지 못한다고 해도, 1~3번째 세트는 한 문제당 더 많은 학습 효과를 가져다준다.

시간이 무엇보다 소중한 요즘 세상에서 연습문제를 풀 때 여러 개의 학습 목표를 동시에 달성할 수 있는 것만큼 효율적인 건 없다. 다른 모든 기술과 마찬가지로 수학 역시 연습이 필수다. 수학 공부를 어떻게 접근하느냐에 따라 그 결과가 달라진다. 목적을 가지고 의도적 연습을 한다면 더 풍부한 배움을 얻을 수 있지만, 그저 기계적으로 접근한다면 지루한 시간이 되고 만다.

## { 수학도 '언어'처럼 연습해야 }

유치원부터 대수학을 배울 때까지 수학적 문제해결력을 기르는 과정이 언어 습득과 얼마나 비슷한지 살펴보았다. 이런 유사성은 공부 방법에도 그대로 적용된다. 충분한 연습을 통해 언어를 익히면 의식적 노력 없이도 자연스럽게 구사할 수 있다.

새로운 단어 '담력gumption'을 배우는 상황을 생각해 보자. 담력은 용기와 주도성이 혼합된 개념이다. 이 단어를 자주 접하고 머릿속으로 어느 때 사용해야 하는지 연습했다면, 어느 순간 의식적인 노력 없이도 대화 가운데 자연스럽게 녹여낼 수 있다. 말하는 도중 저절로 입에서 흘러나오고, 말하기를 마치고 나서 그 단어를 사용했다는 사실을 깨닫게 될 것이다.

수학에서도 같은 현상이 나타난다. 여러 연구와 전의 방대한 데이터에 따르면 어린아이들은 뺄셈보다 덧셈을 더 쉽게 생각한다. 이에 대한 증거는 아이들의 문제 해결 시간에서도 확인할 수 있다. 아이에게 "6 더하기 2가 얼마지?"라고 물으면 곧장 "8이요!"라고 자신 있게 답한다. 반면 "7에서 3을 빼면 얼마지?"라고 물으면 잠시 뜸을 들이다가 "음… 4요?"라고 답한다. 대답하는 데 더 긴 시간이 걸린다. 더군다나 뺄셈 질문에 대한 대답은 확신이 부족한 경우가 많다. 왜 그럴까? 왜 뺄셈이 덧셈보다 더 어려운 것일까?

이 의문에 대한 답은 아이들이 수 세는 연습을 할 때 앞으로 세는 연습을 뒤로 세는 연습보다 훨씬 더 많이 한다는 점에 있다. 수술을 받은 적이 있다면 마취과 의사로부터 100부터 거꾸로 세어보라는 요청을 받았을 것이다.

거꾸로 세는 행위는 집중력이 필요한데, 이를 통해 두 가지 이점을 얻을 수 있다. 첫째, 수술에 대한 불안감을 분산시킨다. 둘째, 마취과 의사가 약물의 작용 속도를 확인할 수 있다. 100부터 거꾸로 세는 일은 상당한 인지적 노력이 필요하지만 앞으로 수 세는 일은 훨씬 수월하다. 이런 차이가 나는 것은 평소 수를 앞으로 세는 연습은 자주 하지만, 거꾸로 세는 연습은 상대적으로 부족하기 때문이다.

아이들이 처음 덧셈과 뺄셈을 배울 때 사용하는 초기 전략 가운데 하나는 '이어 세기'다. 예를 들면 6에 2를 더할 때 아이들은 6에서 시작해 머릿속으로 세거나 손가락을 차례대로 접으며 6, 7(더하기 1), 8(더하기 2)이라고 말하며 2를 더한다. 아이들은 6 다음에 7과 8이 온다는 걸 바로 안다. 하지만 뺄셈을 하거나 반대 방향으로 셀 때는 즉각적인 기억이 어렵다. 7, 6(빼기 1), 5(빼기 2), 4(빼기 3)처럼 역순은 바로 떠올리지 못한다.

어린아이의 덧셈과 뺄셈 기술, 역량, 관심을 키우는 가장 효과적인 방법은 어떤 숫자에서 시작하든 앞뒤로 세는 연습을 충분히 하는 것이다. 예를 들어 단순히 1, 2, 3, 4, 5처럼 처음부터 세는 것뿐 아니라 17, 16, 15, 14… 처럼 다양한 방식으로 세는 연습을 해야 한다.

영어 대문자와 소문자의 사용에 대해서도 생각해 보자. 유치원 교실 벽이나 어린아이를 키우는 가정의 벽에 보면 대문자가 적힌 포스터가 많이 붙어 있다. 하지만 이 책을 포함한 대부분의 영어 텍스트는 거의 모든 글자가 소문자다.

나는 1학년 때 선생님이 b, d, p, q를 구분하기 쉽게 만들어준 메모를 수년 동안 책상에 붙여두었다. 아이들에게 수를 거꾸로 세는 연습을 전혀 시키지 않거나 소문자를 자주 접하고 연습할 기회를 거의 주지 않는 이런 교육적 결정은 결국 대가를 치를 수밖에 없다.

이 일을 하면서 해를 거듭할수록 모든 아이가 수학을 잘할 수 있다는 증거를 더 많이 발견한다. 매년 수백만 명의 학생이 전 수학 웹이나 앱에서 수십억 개 문제를 풀고 있는데, 현재까지 그 수는 총 140억 문제에 달한다. 학생들의 데이터를 분석하다 보면 수학 학습과 연습이 가져오는 엄청난 효과를 확인할 수 있다. 학생들이 매주 3~4개, 90~120분의 학습을 완료하면 출발점이나 인종, 성별에 상관없이 수학에 대한 이해력이 향상되는 것으로 나타났다. 실제로 수학을 가장 어려워하던 학생들이 가장 큰 진전을 보인다.[78]

수학은 하나의 언어이며, 목적을 가지고 연습하면 누구나 배울 수 있다. 이렇게 하면 수학이 보다 직관적으로 다가오고, 수리적 사고도 기를 수 있다.

# 3부

## 숫자가 지배하는 세상,
### 아이의 수학 자존감은 안녕한가요?

"수학 문해력은 빈곤에서 벗어나기 위해 노력하는 사람들에게
해방을 약속하는 도구가 되고,
낙오되지 않으려고 애쓰는 사람들에게
가장 큰 희망이 될 것이다."
— 로버트 D. 밥 모지스 Robert D. 'BOB' Moses

# 10장. 우리의 운명을 좌우하는 방정식

 지난 30년간 젊은이들의 꿈과 직업의 현실이 극적으로 변화하면서 수학 능력은 선택이 아닌 필수가 되었다. 하지만 아이들을 교육하는 방식은 예전 그대로다. 우리는 종종 아이들의 꿈이 완전히 자라기도 전에 그 싹을 꺾어버리곤 하는데, 이젠 그런 행동을 멈춰야 할 때다.

 아이들과 청소년들은 여전히 의사, 변호사 같은 전통적 직업을 꿈꾼다. 하지만 IT 전문가나 소셜 미디어 인플루언서 같은 새로운 직업도 이제 그들의 꿈 리스트에 올라가 있다. 2018년 미국을 포함한 41개국 학생을 대상으로 한 조사에서 전 세계적으로 주목할 만한 변화는 젊은 세대가 열망하는 직업 중 대부분[79]이 대학 이상의 고등

교육을 필요로 하고, 또 그중 상당수가 더 높은 학위를 요구한다는 점이다. 초중고 과정에서 대수학의 성취도가 대학 입학과 졸업 여부를 가장 잘 예측할 수 있는 지표라는 것은 널리 알려진 사실이다. 다시 말해 오늘날 전 세계 아이들의 꿈은 알게 모르게 수학 실력을 전제로 하고 있다.

## { 상위 핵심 역량의 절반이 수학적 사고?! }

오늘날 노동시장과 미래 일자리 동향을 살펴봤을 때 한 가지 주목할 만한 변화가 있다. 대학 학위나 전문 기술 지식을 필요로 하는 직업이 그렇지 않은 직업보다 훨씬 빠르게 늘어나고 있다는 점이다. 데이터 과학자나 전기 기술자가 대표적인 예다.

1980년만 해도 취업자의 절반 정도[80]는 대학 교육이나 전문 자격증 같은 고급 준비 과정이 필요한 직종에 종사했고, 나머지 절반은 그런 준비가 필요 없는 직종에서 일했다. 하지만 지금은 상황이 크게 달라졌다. 고등 교육이나 훈련을 필요로 하는 일자리가 그렇지 않은 일자리보다 더 빠르게 증가하는 추세이며, 이제는 직업 대부분이 이런 고급 준비 과정을 요구한다. 더욱이 기업들이 대학 졸업자에게 기대하는 상위 여섯 가지 핵심 역량[81] 가운데서 절반이 수학적 사고와 관련되어 있다. 여기에는 '비판적 사고력'을 비롯해 '데이터를 분석하고 해석하는 능력' '복잡한 문제를 해결하는 능력'이 포함된다.

그러나 내가 만나본 성공한 사람들 가운데 상당수는 여전히 수학을 필수가 아닌 사치로 여긴다. 몇 년 전 아이비리그 대학의 한 교수와 대화할 때였다. 모든 아이가 수학을 잘할 수 있으며 이를 위해 어른들의 접근법이 바뀌어야 한다는 연구 결과를 설명하고 있었는데, 그 교수가 내 말을 끊었다.

"하지만 아이들은 발레나 축구 분야에도 열정을 가질 수 있지 않나요? 우리는 그런 학생들도 포용해야 합니다."

순간 당황했다. 수학이 모두를 위한 과목이 될 방법을 설명하려고 했는데, 오히려 내가 일부 아이를 배제하고 있다는 비난을 받은 느낌이었다. 당황한 나머지 무슨 말을 하려다가 결국 아무 말도 하지 못한 채 입을 다물고 말았다.

그 뒤로 기자 친구와 이 이야기를 하며 무엇이 잘못되었는지에 대해 고민했다. 친구는 나와 그 교수가 수학에 대해 전혀 다른 전제를 가졌다는 사실을 지적했다. 나는 수학을 필수로 여겼고 그 교수도 그럴 거라고 생각했지만, 교수는 수학을 취미나 특별한 관심사처럼 여러 선택지 가운데 하나로 보고 있었던 것이다. 물론 과거에는 수학이 그런 위치에 있었을지도 모른다. 물론 지금도 수학은 취미가 될 수 있다. 실제로 긴장을 풀기 위해 머릿속으로 복잡한 나눗셈을 하는 사람들을 알고 있다.

개인적으로 내가 STEM 분야에서 일하게 될 줄은 상상도 하지 못했다. 과학·기술·공학·수학에 대해 나름의 복잡한 감정을 품고 있었으며, 많은 여성처럼 나 또한 이 분야를 지루하고 창의력 없는 단조로운 일이라고 여겼다. 소수만을 위한 전문적 영역이라고 여겼던 것이다. 하지만 지금 나는 매일 창의적인 일을 한다. 소프트웨어 기반 디지털 수학 수업을 만들고, 성인을 위한 대화형 전문 교육을 개발하며, 아이들이 수학을 어떻게 배우는지 데이터를 통해 탐구한다. 내 일은 전혀 난해하지 않다. 오히려 아이들 교육이라는 가장 소중한 일의 한 부분을 담당하고 있다.

STEM 분야에서 일하는 지금 새로운 기술에 따라 변화하는 다양한 분야에 큰 관심을 갖게 되었다. 고고학이 좋은 예다. 전통적으로 고고학은 우연한 발견과 수년의 인내심을 요구하는 수작업에 의존했다. 라스코동굴 벽화[82]도 한 소년과 개가 우연히 발견한 것이었다. 하지만 이제 고고학 분야는 STEM 기술로 완전히 변모했다. 2022년에 라이다 LIDAR, light detection and ranging 기술[83]을 이용해 과테말라와 멕시코의 밀림을 조사한 고고학자들은 기원전 1000년경 만들어진 광대한 도시 네트워크와 161km의 도로를 발견했다. 이 '최초의 고속도로 시스템'은 고대 마야 문명에 대한 우리의 지식을 완전히 바꿔놓았다.

그 어느 때보다 많은 사람이 STEM 직종에서 일하고자 한다. 내가 그랬던 것처럼 뜻하지 않게 이 분야에 종사하게 된 사람도 있다. 이미 미국 노동인구의 23%,[84] 대략 3,600만 명이 STEM 분야에서 일하고 있다. 이는 학위가 아니라 실제 직업 활동을 기준으로 산출한 수치다. 실제로 미국 내 컴퓨터 과학 학위를 가진 사람은 200만 명에 불과하다.[85] STEM 직종은 보수가 높고 안정적이다. 국립과학재단 National Science Foundation에 따르면 STEM 직종 종사자는 비 STEM 종사자보다 급여가 높고 실업률이 낮다.[86] STEM 분야에 종사하는 25세 이상 정규직 근로자의 평균 연봉은 8만 달러에 가까운데, 비 STEM 직종 종사자의 평균 연봉이 4만 달러를 조금 넘는 것과 비교하면 거의 두 배에 달한다.[87]

앞서 언급했듯, 수학 과정의 이수는 학업과 직업적 성공을 예측할 수 있는 하나의 지표가 되었다. 미국에서는 대수학 수업을 통과하지 못한 학생은 고등학교를 졸업할 확률이 단 20%에 불과하다. 그렇다. 대수학 수업 통과에 실패한 5명 중 4명은 중퇴하거나[88] 고등학교를 졸업하지 못한다. 하지만 대학이나 선별된 직업 훈련을 마친 젊은 사람들은 소득잠재력이 극적으로 향상된다. (안타까운 일이지만 이것이 현실이다.) 최근 연구에 따르면[89] 고등학교 졸업생의 평균 연봉은 3만 달러인 데 비해 대학 졸업생의 연봉은 5만 2,000달러로 40% 이상 더 높다.

특정 수학 과정의 이수가 향후 미래 수입에 미치는 영향도 확인할 수 있다. 2001년 헤더 로즈Heather Rose와 줄리언 R. 베츠Julian R. Betts 교수가 발표한 연구 〈수학이 중요하다Math Matters〉[90]에서 이미 수학 과정의 이수와 수입 사이에 연관성이 존재한다는 사실을 밝혀졌다. 예를 들면 고등학교를 졸업하고 10년이 지난 시점에서 미적분학을 이수한 사람은 직업 관련 수학 수업만 들은 사람보다 65% 더 높은 소득을 올렸다. 이런 결과는 인종, 성별, 기타 인구통계학적 차이와 관계없이 일관되게 나타났다.

코로나19 팬데믹은 초중고 수학의 준비도와 성취도에 큰 타격을 입혔다. 학교 수업의 중단으로 전국교육성취도평가NAEP[91]에서 수학 점수는 역대 최대 폭으로 하락했다. 이전 수십 년간 수학 점수는 조금씩 향상되어 왔지만, 팬데믹 이전에도 4학년 학생의 40%와 중학교 2학년 학생의 34%만이 능숙한 수준에 도달했다. 그런데 팬데믹 이후 중학교 2학년 수학 점수는 8점 하락해 2000년 이후 최저 수준이 되었고, 능숙한 학생 비율은 34%에서 26%로 감소했다(이는 이전에 중학교 2학년 가운데 $\frac{1}{3}$이 능숙했지만, 이제는 $\frac{1}{4}$ 정도만 능숙하다는 뜻이다). 4학년의 수학 점수도 5점 하락해 2003년으로 돌아갔다. 결국 팬데믹은 20년간 이룬 수학 학습의 진전을 모두 무효화시키고 말았다.

기초 교육에서 발생한 이 문제는 고등 교육으로 이어진다. 페그 타이어Peg Tyre가 〈디애틀랜틱〉에 기고한 글에 따르면, 2003~2009년 STEM 학위를 목표로 했던 학생 가운데 약 50%[92]가 수학적 기초 부족으로 중도 포기하고 말았다. 그 결과 미국의 STEM 분야 고등 교육은 외국 학생에게 많이 의존하게 되었다. 컴퓨터 과학 박사 과정 학생의 절반 이상이 외국 출신이며, 2019년에는 임시 비자 소지자[93]가 과학과 공학 분야 박사 학위 취득자의 약 40%를 차지했다.

이처럼 교육 성과와 현실 사이에는 심각한 괴리가 존재한다. 특히 수학 교육은 젊은 세대가 자신의 야망을 펼칠 직업 시장의 요구 수준을 따라가지 못하고 있다. 하지만 이런 현실을 바꾸는 것은 가능하다. 비록 사회적·정서적 기술 향상 등 미래 인재 양성을 위한 다양한 접근법이 있지만, 가장 근본적 해결책은 모든 학생이 초중고 과정에서 수학을 제대로 배우도록 보장하는 것이다.

그러나 안타깝게도 이 문제는 여전히 논란이 많다. 수학은 아직도 모든 학생을 위한 과목이 아니라 '잘하는 학생'만을 위한 과목으로 인식되고 있다.

{ **이제는 '생존 수학'의 시대** }

수학은 오늘날 우리가 세상을 이해하는 데 꼭 필요한 언어다. 이 언어를 능숙하게 사용하는 사람이 있는가 하면, 그렇지 못한 사람도 있다. 수학 감각이 부족하면 삶과 사회를 제대로 파악할 수 있는 토대가 제대로 만들어지지 못한다. 나아가 미래 사회의 핵심이 될 수 있는 기회에서도 멀어진다. 수학 실력을 갖췄을 때 얻는 긍정적 결과는 너무나 분명하다. 우리는 이 사실을 더는 외면해서는 안 된다. 하지만 현재 수학 교육은 집단적으로 그 중요성을 은폐하고 있으며, 이는 일종의 잘못된 환상을 만들어내고 있다.

우리가 간과하고 있는 중요한 사실 두 가지가 있다. 하나는 수학 실력이 좋은 일자리를 얻는 데 필수라는 점이고, 다른 하나는 수학이 일상생활과 밀접하게 연결되어 삶을 성공적으로 이끌어나가는 데 도움을 준다는 점이다.

주변을 둘러보면 계좌 관리나 식당에서 이자 계산을 제대로 못하는 어른을 쉽게 발견할 수 있다. 세금 신고를 어려워하거나 저축 계획을 세우는 일을 힘들어하는 사람도 많다. 보험 청구서를 이해하지 못하거나 새로운 금융 관련 법과 규제의 의미를 파악하지 못하는 경우도 흔하다.

현재 우리는 과거보다 훨씬 더 높은 금융 이해력을 필요로 하는 세상에 살고 있다. 대부분의 사람이 연금으로 은퇴 이후의 삶을 꾸려가던 시절은 지나갔고, 은퇴를 위해 저축하는 방법을 배우려면 상당한 수준의 수학 예측 능력이 필요하다. 직장 근속 기간이 훨씬 짧아졌고 자발적으로 임시 직장에서 일하며 정기적인 월급을 받지 않는 사람들의 비율이 높아진 상황에서 예산에 맞춰 생활하는 것이 이전보다 훨씬 어려워졌다. 요즘에 사람들은 저축 예금에 돈을 넣어두거나 투자 중개인을 통하는 대신 온라인으로 직접 투자한다. 그래서 좋은 투자 기회를 사기와 구분하려면 더 많은 수학 지식이 필요하다.

2007~2008년 미국을 강타한 금융위기,[94] 즉 글로벌 금융위기를 생각해 보자. 이 사건에 이런 극적 이름이 붙은 데는 이유가 있다. 2007~2010년 중산층 가정의 순자산은 12만 6,400달러에서 7만 7,300달러로 급격하게 하락했다. 이는 미국 가정의 경제적 상황을 1992년 수준으로 되돌려놓았다. 이 위기를 악화시킨 주된 원인 가운데 하나는 고정 이자율 대신 변동 이자율을 적용한 주택담보대출의 광범위한 채무불이행이다.

미국에서 주택을 사려는 사람은 고정 이자로 30년 만기의 주택담보대출을 이용할 수 있다. 일반적으로 주택 구매자는 대금의 20%만 내고 나머지 80%는 은행에서 대출받은 뒤 매달 원금과 이자를 은행에 상환한다. 예를 들면 20만 달러의 주택을 구매할 경우, 4만 달러를 초기에 지급하고 16만 달러는 대출받는다. 만기가 30년이고 고정 이자율 5%가 적용되었다고 가정하면, 20만 달러의 현금이 없어도 매달 859달러를 상환하면서 집을 소유할 수 있다.

글로벌 금융위기로 치달았던 시기에 대출기관은 대중과 규제 기관, 아마도 대출기관 자신들조차도 제대로 평가할 수 없는 수학적 직관력이 부족한 상태에서 새로운 대출 구조를 실험했다. (중학교 2학년 학생 가운데 단 26%만이 전국교육성취도평가에서 능숙한 수준에 도달했다는 점을 기억해야 한다.)

은행들은 매우 낮은 유인誘引 초기 금리를 적용한 변동 금리 주택담보대출ARM을 제공했다. 예를 들면 첫해에 1%의 금리, 2~3년 차에 2%의 금리를 적용하다가 이후 연 10%로 금리가 급등할 수 있는 대출이었다. 이 말은 20만 달러의 주택을 구매하기 위해 16만 달러를 대출받을 경우 첫해에는 매월 515달러, 다음 해에는 매월 591달러를 상환하다가 어느 날 하루아침에 상환액이 월 1,404달러로 폭증하는 구조였다. 바로 그 순간이 채무불이행이 시작되는 지점이었다.

글로벌 금융위기 기간에 미국에서는 600만 가구가 주택 압류로 집을 잃었다. 많은 가구가 자신이 감당할 수 없는 주택에 살고 있다는 사실조차 제대로 계산하지 못했던 것이다. 더욱이 600만 주택 소유자의 채무불이행은 금융 시스템 전체를 붕괴시킬 만큼 처참한 수학 문해력 부족을 여실히 보여주었다.

아이들의 수학 교육이 얼마나 부실한지를 보여주는 통계자료를 한 기업 임원과 공유했을 때 그는 이렇게 단언했.

"그래서 사람들이 사기를 당하고 돈을 잃는 거예요."

그의 말대로다. 실제로 투자 사기나 각종 사기꾼에게 피해를 입는 사람들은 수학적·재정적 지식이 부족한 경우가 많다. 폭넓은 수학 문해력을 갖춘 사회는 구성원들이 서로를 더 잘 보호할 수 있다. 금융 이해력에 대한 교육은 기본적인 수학 능력을 대체하는 것이 아니다. 오히려 기본적인 수학 능력을 바탕으로 금융 같은 실생활 문제에 필요한 계산과 판단을 내리는 방법을 배우는 과정이다. 특히 보험이나 주택담보대출 같은 금융상품의 작동 원리를 제대로 이해하려면 중학교 1~2학년부터 이자율과 백분율에 대한 기초 지식이 꼭 필요하다.

겉보기에는 연결점 없어 보이는 이런 여러 가지 문제는 사실 우리 아이들에게 수학을 제대로 교육하지 못한 결과로 발생했다. 반대로 말하면, 수학적 사고를 갖춘 세대를 길러낸다면 수많은 문제를 해결할 수 있다는 뜻이기도 하다. 수학적 능력이 높아질수록 환경과 기술, 건강 등 우리 사회의 다양한 문제를 해결할 인재를 더 많이 배출할 가능성이 커진다. (가장 시급한 문제에 대한 답을 제시할 수 있는 공학자의 비율이 증가하고, STEM과 다른 전문 분야 사이의 벽을 허물 수도 있다!)

기술 혁신의 상당수가 피상적이며 '혁신'이라는 단어를 부석설하게 붙여 쓰고 있다는 점은 분명하다. 하지만 우리가 직면한 가장 어려운 문제를 해결하려면 기술적이고 과학적인 혁신이 꼭 필요하다. 예를 들면 풍력과 태양광 같은 재생 에너지 확대의 주요 장애물 가운데 하나는 '그린 프리미엄Green Premium'이다. 그런데 기본적으로 친환경 에너지원은 화석 연료보다 비용이 더 많이 든다.

빌 게이츠는 《기후 재앙을 피하는 법How to Avoid a Climate Disaster》[95]에서 이렇게 지적했다.

"우리의 에너지 신뢰성에 대한 요구와 간헐성의 한계가 가장 큰 문제다."

 태양은 온종일 빛나지 않고 바람 역시 계속 불지 않지만, 우리는 하루 24시간 내내 전기를 소비한다. 따라서 재생 에너지를 효율적이고 효과적으로 발전시키는 데 가장 어려운 과제는 태양이나 바람이 우리의 전력망에 동력을 공급하지 못할 때 어떻게 대처하느냐 하는 것이다. 한 가지 해결책은 저렴하면서 대용량인 배터리를 개발하는 것이다. 기술적 도전을 극복하여 크고 저렴한 배터리를 생산하거나 태양과 풍력 에너지의 잉여분을 저장할 다른 방법을 찾아낸다면 재생 에너지가 화석 연료보다 더 저렴해지는 전환점을 마련할 수 있다.

 재생 에너지 문제를 탐구하고 해결할 수 있는 수학적·기술적 역량을 갖춘 젊은 세대가 많아진다면 더 빨리 해결책을 찾을 수 있다. 많은 기후와 에너지 문제는 혁신의 문제다. 새로운 해결 방안을 찾기 위해 수학 능력을 갖춘 더 많은 인재가 필요하다. 배터리 개발, 암 치료, 소득 불균형 감소와 모두에게 깨끗한 식수를 제공하는 목표에는 혁신이 필요하고, 해결해야 할 기술적인 어려움도 있기 때문이다.

 수학의 메신저로서 나는 상상하는 것보다 훨씬 더 많은 시간을 초·중등 수학 문제에 몰두하고 있다. 동시에 수학이 모든 문제를 해결해 주는 만능열쇠가 아니라는 사실을 누구보다 잘 알고 있다. 하지만 수학이 만능은 아닐지라도, '혁신'으로 수많은 일자리가 생겨나는 지금 시대에는 수학적 능력이 성공의 필수 조건으로 급부상

하고 있다. 특히 비판적 사고와 문제해결력이 그 어느 때보다 중요해진 오늘날, 수학은 우리에게 꼭 필요한 지식과 기술을 제공한다.

교육 정책을 결정하는 사람들이 수학 교육에 대해 열정적으로 논의하는 것을 꿈꾸곤 했다. 하지만 현실은 늘 그 열망과는 거리가 멀다. 그렇게 10년 넘도록 수학 교육 현장에서 일하면서 2022년 겨울, 드디어 변화의 조짐을 발견했다. 주요 정책 결정자들의 발언 내용이 다음과 같이 바뀐 것이다!

"학생의 진로에 영향을 미치는 요인은 다양하지만, 수학에서의 성공이 얼마나 결정적인지 그 증거는 분명하다."

우리는 변화의 시작점에 서 있다. 모두의 삶을 풍요롭게 가꾸고, 더 건강하고 성공적인 사회를 만들기 위해서는 교육에 대한 진심 어린 투자와 노력이 뒤따라야 한다. 바로 지금이 수학적 능력이라는 필수 능력을 키우고 그 가치를 제대로 인정해야 할 결정적 순간이다. 그렇기에 우리와 우리의 아이들 모두가 타고난 수학의 잠재력을 마음껏 펼치도록 수학 자존감을 높이고 수학 감각을 키우는 근본적인 변화가 그 어느 때보다 절실하다.

## 11장 진짜 배움을 위한 첫걸음

수학적 소양이 갖춰진 사회를 만드는 데 있어 우리 모두에게는 각자의 역할이 있다. 학부모와 교사, 학교 행정 직원, 운동 코치, 기자, 영화 제작자, 기업가, 정치인 할 것 없이 모두가 이에 기여할 수 있다. 이런 목표를 이루기 위해서는 전 세계 문해력 운동처럼 열정과 목적의식을 가진 수학 교육 혁신 운동 numeracy revolution이 필요하다. 미국에서는 '미시시피의 기적'[96]이라고 불리는 성공 사례와 읽기 교육의 오해와 진실을 다룬 팟캐스트 '솔드 어 스토리 Sold a Story'[97]를 통해 이런 움직임이 새롭게 활기를 띠고 있다.

이 운동이 강력한 힘을 얻게 된 비결은 간단하다. 모든 아이가 읽기를 배우고 즐길 수 있다는 희망적이면서도 현실적인 믿음이 사람의 마음을 사로잡았기 때문이다. 수학 분야에서도 우리는 희망의 메시지를 전하는 더 많은 대중문화적 본보기가 필요하다. 처음에는 어려움을 겪다가 마침내 성공한 아이들, '수학 영재'가 아니었음에도 수학 능력을 활용하는 직업에서 성공적으로 활약하는 어른들의 이야기 같은 것 말이다.

기업가와 정치인은 수학 교육이 우리 아이들 모두에게 얼마나 중요하고 성취 가능한 목표인지 목소리를 높여야 한다. 교육자와 학부모는 아이들이 수학에 무관심하다거나 거부감을 가지지 않고 오히려 열정과 호기심을 가지도록 적절한 지원을 제공해야 한다.

아마도 지금쯤이면 이 책의 주제에 고개를 끄덕일 테지만, 마음 한편에는 여전히 "그래서 어떻게 하라는 거지?"라는 실질적 질문이 남아 있을 것이다. 모든 학습의 여정이 시작되는 원점, 바로 우리가 가장 처음 학습을 시작하는 장소 '가정'에서부터 이야기를 풀어가 보자.

## { 수학을 좋아하고 잘 배우는 아이로 키우는 법 }

가족은 영양 섭취부터 돈에 대한 사고까지 아이들에게 큰 영향을 미치는 행동의 본보기가 된다. 부모와 형제는 물론이고 이모와 삼촌, 조부모에 이르기까지 가족이 수학에 대해 이야기하고 행동하는 방식은 아이들이 수학 수업에 임하는 태도와 성과에 큰 영향을 끼친다. 나는 사촌 두 명과 함께 대학에 다녔는데, 그들은 내가 열정에 따라 강의를 선택하고 복수 전공을 어떻게 조율할지 조언해 주며 학부 과정을 성공적으로 마치는 데 든든한 버팀목이 되어주었다.

혈연관계가 아닌 제2의 가족 역시 중요한 역할을 한다. 성장기에 부모님은 1960년대와 1970년대에 인도에서 이민 온 친한 친구들과 가족처럼 지냈다. 이런 '선택된 가족'의 이모와 삼촌들은 내가 학습자로서의 정체성을 가지는 데 큰 영향을 주었다. 반에서 소수에 속했던 여학생이 고급 수학 과정을 이수하도록 격려하고 자신감을 불어넣어 주는 등 혈연 이상의 의미 있는 존재가 되어주었다. 이들의 변함없는 지지는 내게 큰 용기를 불어넣어 주었다.

부모들은 종종 자신의 말과 행동이 자녀에게 어떤 영향을 미치는지 의식하지 못한다. 무심코 내뱉은 말 한마디로 자녀가 스스로 능력이 부족하다고 느끼거나 수학을 지루하고 재미없는 과목으로 여기게 만들 수 있다.

애니메이션 〈심슨 가족〉에서 좋아하는 장면 가운데 하나는 바트 심슨의 엄마 마지와 스프링필드 지역 교육감이 나눈 대화다.

"아드님이 마약 거래를 한다는 믿을 만한 증거가 있습니다."

"마약 거래요? 그건 불가능한 일이에요. 제 아들은 수학 능력이 부족하거든요."[98]

우리는 자녀가 자신의 잠재력을 최대한 발휘하도록 격려하는 구체적 행동을 취할 수도 있다. 우리의 목표는 자녀를 리만의 가설 같은 아무도 풀지 못한 난해한 증명을 해결하는 수학 천재로 키우는 것이 아니다. (이 가설이 풀리면 소수의 패턴이 밝혀질 수 있고, 100만 달러의 상금[99]도 걸려 있다!) 그보다는 수학에 대한 이해와 올바른 인식을 키워줄 수 있는 환경을 만들어주고 아낌없는 지원을 하는 것이다.

### 부모가 마음에 새겨야 할 세 가지

부모로서 이런 목표를 이루기 위한 여러 방법이 있지만, 그 첫걸음은 바로 수학에 대한 긍정적 의식을 심어주는 것이다. 이는 앞서 언급한 여러 오해와 편견에서 벗어나 수학을 바라보는 열린 시각을 가지게 하는 것을 뜻한다. 더 구체적으로 말하면 수학에 대한 세 가지 핵심 원리를 이해하고, 자녀가 시험에서 좌절하거나 숙제하다가 도움을 청할 때마다 이를 마음에 세기는 지혜가 필요하다.

첫째, 수학 학습 과정에서 어려움을 겪는 것은 지극히 자연스러운 일이므로 자녀가 숙제하는 도중 좌절할 때 당황하지 말자. 실수는 성장으로 가기 위한 과정이다. 수학이라는 학문은 본질적으로 도전적이며, 아무리 열의를 갖고 임해도 계산 오류는 발생할 수 있다. 아이가 소프트볼을 연습하다가 삼진아웃이 되거나 땅볼을 놓쳤다고 해서 "너는 재능이 없어"라거나 "소질이 없으니 그만두는 게 좋겠다"라고 말하지 않을 것이다. 실수는 아이의 학습 가능성을 판단하는 기준이 아니라 학습 과정에서 필연적이고 값진 부분임을 받아들여야 한다. 아이가 운동 연습에서 어려움을 겪을 때 방과 후 활동을 계속하도록 어떻게 격려하는가? 쉽게 포기하도록 내버려두는가? 아니면 새로운 관점을 제시하는가? 그것도 아니라면 안타까워하면서 응석을 받아주는가? 그도 아니라면 이 순간이 인생의 소중한 교훈을 배울 수 있는 기회라고 감사하게 생각하는가? 이런 사고방식과 전략을 자녀의 수학 학습에도 그대로 적용해 보자.

둘째, 모든 아이가 수학을 잘할 수 있다는 사실에 대한 흔들림 없는 믿음을 보여준다. 수학 교육 플랫폼을 설립하고 수백만 명의 학생이 수십억 개의 문제를 해결하도록 도운 10년간의 경험을 통해 한 가지 분명한 사실을 깨달았다. 반 친구들보다 뒤처지고 더 낮은 학년 수준으로 평가받던 학생들도 충분히 성공할 수 있다는 것이다. 자기 학년 수준의 학습을 계속 진행하면서 적시에 기초 학습 지원을 병행한다면 뒤처졌던 학생들도 또래를 따라잡을 수 있다. 모든 아이가 읽기를 배울 수 있는 것처럼 모든 아이는 수학을 배울 수 있다. 이런 태도는 자녀의 가능성에 대한 긍정적 시각을 형성하는 데 결정적 역할을 하며, 아이들은 부모의 이런 태도를 놀라울 정도로 예민하게 감지한다.

셋째, 수학적 능력은 오늘날 성공을 위한 필수 요소다. 수학은 기술에 의존하는 디지털 세계의 언어다. 사실 과거에는 수학이 실생활과 동떨어진 학문으로 여겨지기도 했는데, 고전 영화에서 주인공이 수학을 쓸모없는 것으로 일축하는 장면이 나오기도 했다. (1986년에 제작된 캐슬린 터너 주연의 영화 〈페기 수 결혼하다 Peggy Sue Got Married〉[100]에서 주인공이 대수학을 쓸모없는 것으로 일축하는 장면을 지금도 뚜렷하게 기억한다!) 하지만 디지털 기술이 발전하고 데이터가 중심이 된 현대 사회에서 수리 감각은 모든 사람에게 필수 역량이 되었다.

이 세 가지 핵심 원리를 항상 기억하고 있다면 다음에 나오는 제안을 더 쉽게 실천할 수 있다.

- **단순하게 시작하라.** 수학은 일상생활 어디서나 존재하며 다양한 방법으로 자녀에게 보여줄 수 있다. 카드놀이나 보드게임을 함께 즐기는 것도 좋다. 모노폴리, 카드 게임, (우리 집에서 가장 인기 있는) 루미큐브 등 어떤 게임이든 좋다. 많은 보드게임과 카드 게임은 자연스럽게 수학적 사고를 이끌어내기 때문에 가족 모두가 즐길 수 있는 게임을 찾아 일상생활의 한 부분으로 만들어보자. 이때 너무 교육적으로 접근하거나 지나치게 설명하려고 해선 안 된다. 즐거운 시간을 수업처럼 만드는 것은 아이들의 흥미를 순식간에 잃게 만드는 지름길이다. 그저 게임 자체를 즐기고, 아이들이 모노폴리를 하며 정원에 집 한 채를 더 지을 돈이 있는지 스스로 계산하도록 자연스러운 학습 환경을 만들어주는 것이 중요하다.

- 아이들이 자연스럽고 진정성 있는 '수학 경험'에 참여하도록

유도하라. 수학의 중요성을 장황하게 설명하거나 구구단을 지루하게 반복시키거나 달콤한 간식으로 수학 공부를 하도록 꾀는 행동을 그만하라. 수학은 식당에서 계산할 때, 방에 깔 카펫의 크기를 측정할 때, 새 장난감을 사기 위해 저금할 때 등 우리 일상 곳곳에 존재한다. 개인적으로 쌍둥이가 어렸을 때 주말마다 농산물시장에 데려가 각자에게 10달러씩 주고 과일과 채소를 사게 한 뒤, 돈을 내기 전에 받을 잔돈까지 미리 계산해 보게 했다. 아이들은 돈을 직접 관리하는 경험에 푹 빠져 매주 시장 나들이를 손꼽아 기다릴 정도였다. 식료품 구매는 실생활에서 필요한 일로 아이들이 금세 가짜라고 알아채고 불평을 늘어놓는 억지 학습이 아니다. 이것이 바로 내가 말하는 자연스럽고 진정성 있는 '수학 경험'이다.

- **고품질의 무료 자료를 활용하라.** 인터넷은 재미있고 효과적인 수학 학습을 위한 훌륭한 자원이지만 신중하게 선택해야 한다. (내 아이들은 내가 직접 만든 프로그램인 전 수학을 활용한다.) 특히 특정 학년, 예를 들면 4학년 문제를 풀다가 몇 번만 틀려도 2학년 문제로 돌아가게 하는 좌절감을 안겨주는, 과거 수학 교육의 실패를 그대로 답습하는 단순한 프로그램은 피해야 한다. 학생이 실수했을 때 이를 제대로 설명해 주고 다시 도전할 때도 같은 수준의 문제를 풀 기회를 주는 학습 도구를 찾아야

한다. 도전 기회와 함께 배움의 즐거움과 호기심을 꺾어버리는 도구는 절대 선택해선 안 된다.

- **자녀가 어려움을 겪거나 뒤처질 때는 학교와 협력하라.** 어려움이나 실수는 자연스러운 학습 과정의 일부라는 사실을 기억하자. 선생님에게 아이가 학년 수준을 따라잡을 계획을 세울 수 있는지 물어보는 것이 좋다. 이는 부족한 부분을 보완하면서도 학년에 맞는 학습을 계속할 수 있도록 지원하여 아이가 더 뒤처지지 않게 도와주는 방식이다. 이를 위해 때로는 수학 공부에 추가 시간을 투자해야 할 수도 있다.

### 부모가 피해야 할 말과 행동

지금까지 '해야 할 일'을 살펴봤는데, '하지 말아야 할 일'도 분명히 있다. 많은 부모가 자녀의 수학 학습을 돕고자 하면서도 자신의 말과 행동이 오히려 역효과를 낳는다는 사실을 모르는 경우가 많다. 다음은 피해야 할 세 가지 핵심 사항이다.

- **자녀에게 수학을 싫어하는 사람이 많다고 얘기하지 말라.** 아이들이 수학 문제로 고민하거나 시험을 망쳤을 때 위로하려고 애쓰는 마음은 이해한다. 하지만 수학 지옥으로 가는 길은 종종 좋은 의도로 포장되어 있다. 예를 들어 아이가 과일과 채

소를 먹지 않으려고 한다면, 다른 아이들도 과일과 채소를 싫어한다고 말하며 위로하겠는가? 이럴 땐 오히려 반대로 접근해 보자. 아이들이 어렸을 때 나는 모두가 채소를 좋아해서 서로 먹으려고 다투는 연기를 했다. 아이들에게 친구들이 내 채소를 항상 뺏어 먹곤 했다고 말해 주었다. 수학에서도 같은 전략을 써보자. 모두 수학을 좋아한다고 말해 보자. 원치 않아도 아이들은 앞으로 수학에 대한 부정적 시각을 끊임없이 접하게 될 텐데, 적어도 가정에서는 이에 대한 균형을 맞춰주는 것이 중요하다.

- **수학에 대한 부모의 불안감이나 고정관념으로 아이의 학습을 방해하지 말라.** 자신이 수학을 싫어했고 잘하지 못했더라도 그 부정적 감정과 자신감 부족을 자녀에게 대물림해선 안 된다. 다음 이야기할 내용은 내 마음에 들진 않지만, 연구 결과로 확인된 사실이다. 엄마들은 자신의 수학 불안감을 자녀에게 전달할 가능성이 아빠들보다 높아서 특별한 주의가 필요하다. 이는 대부분의 엄마가 스스로를 '수학을 못하는 사람'으로 여기는 경향이 더 강하기 때문이다. 다행스러운 점은 엄마들이 전반적으로 학습에 대한 긍정적 태도를 전할 가능성 역시 아빠들보다 높다는 것이다.

- 수학을 특별한 관심사라고 말하지 말라. 예를 들어 "모든 걸 잘할 필요는 없어. 넌 훌륭한 예술가잖니. 수학은 그저 몇몇 아이가 잘하는 그런 과목일 뿐이야"라는 식의 말은 피해야 한다. 스스로 수학에 대해 어떻게 말하고 있는지 돌아보고, 수학을 특별한 재능을 가진 사람만의 언어처럼 생각하고 있다면, '읽기'를 모든 사람이 익히고 사랑해야 하는 필수 과목으로 여기는 것처럼 수학 역시 모든 아이에게 필요하고 접근 가능한 과목으로 말해야 한다는 점을 명심하자.

{ **수학 공부에는 특별한 장애물이 있다** }

수학을 가르칠 때 다른 과목에서는 찾아볼 수 없는 특별한 장애물에 부딪히곤 한다. 학부모와 손위 형제자매가 의식적이든 무의식적이든 전달하는 태도뿐 아니라 방송과 영화에서 보여주는 편견과도 싸워야 한다.

앞서 언급했던 〈페기 수 결혼하다〉에서 성인이 된 페기 수는 마법처럼 고등학교 시절로 돌아가게 된다. 내 머릿속에 각인된 그 장면을 잠깐 살펴보자.

친  구: "페기 수, 너 시험공부는 했니?"

페기 수: "시험! 시험이 있었지!"

    (페기 수는 시험 시간 내내 시험지에 낙서만 하다가 종이 치자 그대로 선생님에게 제출한다.)

선생님: "페기 수, 이게 무슨 뜻인가요?"

페기 수: "음… 스넬그로브 선생님, 저는 앞으로 대수학을 쓸 일이 없다는 사실을 알게 되었어요. 제 경험을 통해 말씀드리는 거예요."

    (종이 울린다. 학생들은 웃으며 박수를 보낸다.)

이것은 '수학 공포증'이라는 동일한 주제를 보여주는 수많은 방송과 영화의 한 장면에 불과하다. 수학 시험은 무서운 경험이고 페기 수는 겁을 먹고 있다. 그녀는 고등학교 이후로 한때 외웠던 수학을 모두 잊어버렸고, 수학은 단지 무작위적이고 무의미한 풀이 절차의 집합일 뿐이라는 잘못된 전제가 깔려 있다.

현실에서 페기 수는 지적이고 부유한 성인으로 분명 자신의 계좌 잔고를 관리하고, 집안의 방 크기를 파악하며, 가정 예산을 꾸려 가는 등 삶에 필요한 각종 수학적 업무를 처리하는 방법을 익혔을 것이다. 그럼에도 그녀는 "나는 10진법의 기본 규칙을 알고 방정식을 정리하는 법도 알고 있으니 이 시험에 도전해 보겠다"라고 말하지 않는다. 대신 수학이 무의미하다고 선언한다. 그러자 다른 학생들은 열광적으로 박수갈채를 보내고, 관객들은 고개를 끄덕이며 공감의 제스처를 취한다.

다행스럽게도 현실에서는 수학 공포증과 싸우기 위한 다양한 노력이 이루어지고 있다. 명문 대학교 교수부터 초등학교 교사까지 교육자들은 수학 공포증이 존재한다는 사실을 인식하고 있다. 또한 수학 교실에서 의자를 없애고 학생들을 서 있게 하면서 수학 수업을 성적이 안 좋은 학생들을 가려내는 과정으로 만드는 특정 교수법이 상황을 더 악화시킨다는 것도 알고 있다. 교육자들은 이런 희소성과 배제의 메시지가 수학 공포증에 취약한 학생들, 특히 여학생이나 흑인과 라틴계 학생처럼 STEM 분야의 롤 모델이 부족한 학생에게 특히 해롭다는 사실을 깨닫고 있다.

수학 선생님이 "너희 가운데 소수만 통과할 수 있다"라고 말하며 훈련 교관처럼 군림하던 시설은 대부분 과거의 일이 되었다. 전국을 돌아다니며 만났던 수학 선생님들은 모든 학생에게 학습 기회를 제공하는 데 깊은 관심을 보였다. 많은 선생님이 구시대적 교육 문화에서 자랐지만, 그런 배타적 문화를 끝내기 위해 진심으로 노력하고 있다.

교사와 학교 행정가들도 학생들이 문제를 직관적으로 이해하지 못할 때 수학을 두려워한다는 점을 알아야 한다. 학생들은 문제가 이해되지 않을 때 불안감을 느끼며 문제 해결에 필요한 것을 알아차리지 못하게 된다. 수학을 잘하는 학생조차 개념이나 문제를 직관적으로 이해하지 못하면 수학 공포증을 경험할 수 있다.

코넬대학교의 수학자 스티븐 스트로가츠Steven Strogatz[101]는 대학 신입생 시절에 선형대수학을 공부하면서 수학에 두려움을 느꼈다고 고백했다. 교수는 스트로가츠가 그 과목을 이해할 수 있도록 제대로 도와주지 않았고, 그 결과 시험 전에는 극심한 스트레스에 시달리고 과제 해결에 어려움을 겪으며 낮은 성적을 받았다. 스트로가츠는 '괴짜 경제학Freakonomics' 팟캐스트에서 이렇게 말했다.

"크게 좌절했고 수학 전공자로서 내게 자질이 부족한 건 아닌가 생각했다. 하지만 그 첫 수업에서 부족했던 건 직관이었다. 시각적 정보가 충분하지 않았다. 무슨 일이 일어나고 있는지 머릿속으로 문제의 과정을 그려볼 수 없었다."

교사가 할 일은 숙련도를 높이고 이해를 도모하여 이 두 가지를 문제 해결에 적용하도록 균형을 잡아주는 것이다. 수학의 기본 규칙을 자연스럽게 적용하는 능력이 부족하면 학습 전반에 큰 걸림돌이 된다. 스트로가츠의 사례가 보여주듯 이해력과 응용력이 부족하면 수학 문제에 직관적으로 다가서기가 어렵다. 이런 '부족함'은 결국 수학에 대한 두려움으로 이어진다. 따라서 교사는 학생들이 숙련도, 이해력, 응용력 세 가지 요소가 균형을 이룬 이상적인 상태가 되도록 하는 것을 목표로 삼아야 한다.

좋은 소식은 수학 교육의 새로운 흐름이 희망적 변화를 보여주고 있다는 점이다. 미국을 포함한 전 세계 곳곳에서 교사들은 시각적 표현과 직감을 활용한 교육 방식이 학생들의 수학 학습에 대한 즐거움을 높인다는 사실을 깨닫고 있다. 3~5학년 학생 34만 5,000명을 대상으로 한[102] 전 수학의 연구에서도 이런 경향이 드러났다. 흥미롭게도 수학을 "좋아하지 않는다" 심지어 "싫어한다"라고 응답한 학생까지 모두 포함해 93%가 수학의 중요성에 동의했다. 폐기 수와 달리 오늘날의 학생들은 일상에서 수학이 가진 실질적 가치를 분명히 인식하고 있다.

오늘날 학생들의 수학에 대한 관심과 긍정적 태도는 디지털 환경에서 자연스럽게 길러졌다고 볼 수 있다. 복잡한 개념을 시각적으로 표현하는 디지털 세상의 언어에 익숙해진 세대이기 때문이다. 어릴 적 내가 열광했던 교육용 게임 '오리건 트레일'만 해도 지금과는 완전히 달랐다. 당시에는 그래픽 기반 사용자 인터페이스가 도입되기 전이라서 화면이 이렇게 보였다.

이 게임은 직관성과 몰입감을 현저히 떨어뜨린다. 게임하는 사람은 시작부터 난관에 부딪힐 수밖에 없었고, 그렇다 보니 즐거움을 느끼기가 더욱 어려웠다. 1848년 서부 개척 시대를 배경으로 하지만, 화면에는 검은 바탕에 형광 녹색 글자만 보여서 모든 상황을 상상력으로 채워넣어야 했다. 하지만 오늘날의 게임은 생생한 시각 자료로 완전히 탈바꿈했다. 내 아이들은 복잡한 명령어 대신 터치스크린으로 캐릭터를 움직이고 아이템을 조작한다.

교육계에서도 이런 디지털 혁명의 영향을 받아 그래픽 인터페이스를 활용한 수학 시각화가 활발해졌다. 이런 시각 중심 교육법의 놀라운 효과 가운데 하나는 6~7세 아이도 개념이 헷갈릴 때면 자발적으로 수학적 그림을 그리기 시작했다는 점이다. 이제는 3학년 아이들이 문제 해결 과정에서 그림을 그리고 6학년 학생들이 비례 관계를 이해하기 위해 능숙하게 비율표를 만드는 것이 일상적인 모습이 되었다.

그럼 수학 교육에 시각적이고 직관적인 자료를 어떻게 적용할 수 있을까? 나는 사실상 하나로 연결되는 두 가지 방법을 제안하고자 한다. 수업에서는 직관적 이해를 돕는 양질의 교육 자료(실물이든 디지털이든)를 적극 활용하고, 이런 효과가 없는 자료는 과감히 배제하는 것이다. 가장 근본적인 차원에서 직관력은 구체적 경험에서 시작해 시각적 표현을 거쳐 추상적 개념으로 나아가는 체계적인 과정을 통해 발달한다.

그림을 활용해 가르칠 때는 너무 과하지 않도록 주의해야 한다. 시각 자료를 보여주는 것은 학생들이 빠르게 개념을 이해하는 데 도움이 되지만, 그림 그리기를 강요하면 오히려 흥미를 잃게 만들 수 있다. 앞서 언급한 쿠키가 담긴 접시의 예시를 떠올려보자. 아이들에게 쿠키 7개가 담긴 접시 3개를 보여주면 $3 \times 7=21$의 의미를 즉각적으로 이해할 수 있다. 이 말은 곧 답을 이미 능숙하게 찾아낸 아이들에게 21개 쿠키를 일일이 그리게 할 필요가 없다는 뜻이다. 학생들을 지루하게 만들지 않으면서도 직관적 이해를 효과적으로 자극할 수 있는 적절한 균형점이 분명히 존재한다.

모든 사람이 수학적 감각을 키우려면 교실 너머의 일상 대화까지 바꿔 나가야 한다. 영화나 책, 관용어, 심지어 농담에서조차 수학을 끔찍한 고문이나 타고난 천재만의 영역으로 그리고 있기 때문이다. 이런 부정적 시선을 마주할 때마다 당당히 맞서야 한다. 물론 수학은 삶에서 진정 가치 있는 모든 것이 그렇듯 쉽지 않은 길에 있다. 학생들은 실수의 바다를 건너게 될 것이다. 하지만 그 실수야말로 배움의 필수 요소이며, 수학이 주는 보상은 그 고된 여정을 값지게 만든다. 방정식은 단순한 기호가 아니라 우리의 운명을 새롭게 써 내려갈 강력한 도구임을 기억하자.

# 12장 '분류하기'에서 '가르치기'로

 수학은 모든 사람에게 중요하다. 하지만 우리는 선택받은 소수의 전유물인 것처럼 여긴다. 우리의 교육 체계는 내가 '분류'라고 부른 방식으로 학생들을 노골적으로, 때로는 교묘하게 서열화한다. '수학 영재'는 고급 과정으로 향하고, '느린 학생'은 입문반이나 기초반, 일반 과정 등 직접적이지 않고 덜 공격적인 이름의 과정으로 밀려난다. 진단평가와 그 결과에 따른 조치는 우리가 학생들의 능력을 어떻게 재단하는지 적나라하게 보여준다. 결국 '빠른 트랙'에서 탈락한 학생들은 "자신만의 속도에 맞춰 배운다"라는 그럴듯한 명목 아래 배움의 기회 자체를 박탈당하고 만다.
 교사와 관리자들은 대놓고 아이들에게 '수학 열등생'이라는 낙인을 찍지 않지만, 우리가 만든 교육 시스템은 그런 메시지를 온전히 전달한다. 아이가 색다른 방법으로 문제를 풀면 꾸중이 돌아오고, 이는 더 큰 혼란을 불러온다. 그림을 그려 이해하려고 하면 "안 돼"라는 말이 따라온다. 문제를 빨리 풀지 못하면 아이들은 금세 "이건 내가 풀 수 있는 문제가 아니구나"라고 단정 짓는다. 그렇게 그들의 마음속에는 "어차피 1분 만에 이 문제를 풀 수 있는 애들이 있는데, 내가 왜 고생하며 이 문제를 풀어야 하지?"라는 체념이 자리 잡게 된다.

결국 아이들은 누군가에게 "너는 수학을 못해"라는 말을 직접 듣지 않아도 스스로 그 꼬리표를 붙인다. 수년간 쌓인 작은 좌절과 부정적 경험이 모여 자신을 '수학과 거리가 먼 사람'으로 규정하고 마는 것이다. 더 비극적인 일은 이 분류 시스템이 너무 강력해서, 심지어 '수학을 잘하는 아이'로 분류된 학생들조차 수학에 대한 순수한 호기심과 탐구 정신을 잃어버린다는 점이다.

너무나도 안타까운 일이다.

{ **'소수'가 아닌 '모두'로** }

여기서 희소식은 우리가 교육 목표를 '분류'에서 '진정한 가르침'으로 방향을 틀기만 해도 모두가 수학을 잘하는 사람이 될 수 있다는 것이다. 우리가 현재의 체계를 만들어냈듯, 더 나은 체계도 충분히 설계할 수 있다.

두 가지 확신을 품고 전 수학을 설립했다. 하나는 디지털 도구가 모두에게 양질의 교육 기회를 열어줄 거라는 믿음이었고, 다른 하나는 기술이 교수와 학습 과정을 획기적으로 향상시킬 수 있다는 기대였다. 하지만 이런 가설을 현실에서 시험해 보기 시작하면서 아이들의 수학 학습 방식에 대한 내 지식이 얼마나 빈약한지 깨닫게 되었다. 우리가 이루고자 하는 목표에 대한 로드맵은 어디에도 없었다. 그리고 가장 흥미로운 발견은 솔루션을 찾아가는 과정에서 우리가 처음에는 상상조차 하지 못했던 질문에 대한 답을 우연히 마주하게 되었다는 것이다.

다음은 그중에서 지금까지 가장 의미 있는 질문이다.

"수학을 가르칠 수 있는 귀중한 시간에 왜 학생들을 분류하는 데 시간과 돈, 에너지를 낭비하는가?"

그렇다면 모든 아이가 수학을 잘하게 만드는 것이 정말 현실적으로 가능할까? 아니면 결국 타고난 재능으로 소수의 엘리트를 가려내는 '분류'가 불가피한 걸까?

나는 마법 같은 일을 꿈꾸는 이상주의자가 아니다. NBA 선수의 평균 키는 198$cm$고 미국 남성의 평균 키가 172.7$cm$에 불과하다는 현실을 잘 알고 있다. 실제로 미국 남성 가운데 상위 1%에 속하는 이들[103]의 키도 193$cm$에 그친다. 모든 아이가 NBA에서 뛸 만큼 키가

클 수는 없다. 재능과 열정, 인내심, 키 같은 타고난 조건이 프로 농구 선수가 될 가능성이 있는 이들을 자연스레 선별해 낸다.

STEM의 일부 분야에서는 생성형 인공지능을 탄생시킨 혁신적인 자연어 처리 알고리즘을 개발한 수학자나 양자 컴퓨터의 난제를 해결하는 공학자들처럼 NBA 스타급의 타고난 재능과 헌신이 필요하다. 하지만 우리 모두가 르브론 제임스Lebron James가 될 필요는 없다.

이 분야에서 10년 넘게 몸담으며 모든 아이가 수학을 배우고 즐길 수 있다는 확신을 갖게 되었다. NBA에서 뛸 수 없을 것 같다는 이유로 수백만 명의 아이가 친구들과 농구하는 즐거움을 막을 수 없다. 대수학을 잘하는 것은 즐기는 마음으로 운동을 하는 것과 같다. 도전적이고 재미있으며, 무엇보다 우리 모두가 할 수 있는 일이다.

수학 재능과 교육에 대한 논의에서 사람들은 극소수의 NBA급 뛰어난 인재를 키우거나 모든 아이의 수리 감각을 높이는 것 중 하나만 선택해야 하는 것처럼 말한다. 하지만 이는 양자택일의 문제가 아니다. 우리는 기본적인 성취 수준의 바닥을 높이는 동시에 열정과 재능의 최고 한계점도 끌어올리며, 그 사이에 있는 모든 수준의 학습 목표도 함께 발전시킬 수 있다.

'모든 목표를 동시에 이룰 수 없다'는 생각은 수학 능력 전체를 끌어올리려면 교육 방식을 지나치게 단순화해야 하고, 그로 말미암아 최상위권 학생들의 성취가 희생될 거라고 가정한다. 이는 수학 교육이 한정된 자원인 것처럼 여기게 한다. 그래서 모든 아이를 수학에 강한 아이로 만들려는 시도가 특별한 열정과 재능을 가진 소수의 발전을 방해할 수밖에 없다고 생각하게 만든다.

안타깝게도 이런 제로섬 사고방식은 이미 우리 사회에 널리 퍼져 있다. 4학년 학생 중 단 35%, 중학교 2학년 학생 중 단 26%만이 수학에서 능숙하다는 평가 결과가 있다.[104] 이는 현재 교육 시스템이 대다수 아이에게 자신이 수학 분야에서 얼마나 잘할 수 있는지 발견할 기회조차 제대로 주지 못하고 있음을 여실히 보여준다.

그럼 어떻게 해야 '희소성에서 풍요로', 즉 '수학 관련 직업을 위한 소수 엘리트 선발에서 모든 아이가 수학을 접하고 즐길 수 있는 포용적 교육으로' 전환할 수 있을까? 쉽게 말해 '단순한 능력 분류에서 진정한 교육으로' 어떻게 패러다임을 바꿀 수 있을까?

지난 10년간 이 분야에서 일하며 이 질문에 대한 답을 찾기 위해 깊이 고민해 왔다. 그리고 그 과정에서 깨달은 것들을 지금부터 공유하려고 한다. 이것이 우리의 사고방식을 바꾸는 데 단초가 되기를 바란다.

나는 먼저 수학에 대한 잘못된 여러 환상과 통념을 파헤치는 것부터 시작했다. 그리고 아이들이 수학을 배우고 좋아할 수 있는 현실적 방법을 필사적으로 찾고자 했다. 이를 위해 학술 논문을 참고하고, 현장에서 아이들에게 직접 가르친 경험을 녹여냈다. 더불어 수백만 명의 학생이 풀어낸 수십억 개의 방대한 문제 데이터를 분석하고 활용했다.

교육에 있어 분류, 즉 선별은 인류 역사에서 오랜 기간 피할 수 없는 선택지였다. 이는 수학을 가르치고 배우는 방식에도 깊이 뿌리를 내리고 있었다.

수백 년 전만 해도 한 마을에 글을 읽고 기본적인 계산을 할 줄 아는 사람이 몇 명만 있어도 운이 매우 좋은 편이었다. 이 소수의 사람은 마을 운영에 필수적인 많은 일을 맡았다. 예를 들면 마을 사람들이 봄 수확기까지 버틸 수 있도록 겨울 동안 비축한 곡식을 나눠주는 일을 했다. 또한 이들은 마을 아이들에게 지식을 가르쳐주는 유일한 존재였기에 그만큼 귀한 대접을 받았다. 한 지역에 이런 학식을 갖춘 사람이 극히 제한적이다 보니, 능력이 뛰어난 소수의 아이만 골라 가르치는 것이 현실적으로 유일한 방법이었다.

학교, 교사, 책, 필기도구, 디지털 도구 등 교육 자원이 풍족해진 것은 최근의 일이다. 물론 여전히 교육 환경이 부족한 곳도 많지만, 과거처럼 자원이 극도로 부족했을 때는 누구나 교육받는 풍족한 세상을 상상조차 할 수 없었다.

수학적 문해력을 널리 확산하려면 이런 낡은 체계를 부수고 새로 만들어야 한다. 하지만 수학을 가르치는 대부분의 방식은 여전히 이 오래된 토대 위에 서 있다. 10년 넘게 분류 중심 사고방식에서 벗어나려고 애써 왔지만, 나조차도 아직 그 틀에 갇히고 마는 때가 종종 있다.

모든 아이를 수학의 대상에 포함시킨다는 목표로 교육을 다시 세우는 것이 중요하다. 그래야만 세계의 문제를 해결할 만큼 수학에 능숙한 인재층을 충분히 두텁게 만들 수 있다. 교육자로서 수학 수업을 할 때마다 내가 실제로 무엇을 가르치고 있는지 깊이 들여다본다. 그러면서 스스로에게 몇 가지 핵심 질문을 던진다.

"나는 왜 이것을 믿는가? 왜 이 방식을 선택하는가? 이 접근법이 추구하는 수학적 성공은 학생들을 분류하기 위한 것인가, 아니면 진정한 배움을 위한 것인가?"

## { 수학의 낡은 신화 깨부수기 }

수학 교육에 대한 잘못된 통념을 늘 경계하고 거부하는 것이 첫 번째 단계다. 이런 믿음이야말로 학생들을 분류하는 도구로 작용하고, 그 분류를 정당화하는 근거가 된다. 이것이 아이들이 수학을 싫어하게 되고, 나아가 수학을 자기와 상관없다고 느끼게 되는 이유다. 이런 믿음 속에서 분류되거나, 더 심하게는 굴욕을 겪은 경험이 수학에 대한 아이들의 호기심을 빼앗아가는 가장 큰 원인이다.

이런 잘못된 통념을 깨뜨리기 위해서는 다음과 같이 그와 반대되는 실제적 진실을 명확하게 제시해야 한다.

### 우리를 '수포자'로 만드는 세 가지 함정

첫째, 속도가 전부는 아니다. 앞서 언급했듯 수학에서는 핵심 개념과 기법을 빠르고 반사적으로 떠올리는 자동성이 중요하다. 수학적 개념과 풀이 방법을 자연스럽고 능숙하게 다루게 되면 복잡한 수학 문제에 적용할 수 있는 작업 기억에 여유가 생긴다. 시간제한을 둔 활동은 이런 능력을 키우는 데 분명 도움이 된다.

그러나 속도만 강조한다면 재미와 창의성이 사라진다. 현업에서 일하는 공학자나 프로그래머 또는 과학자를 알고 있다면 최근 직면한 문제를 해결하는 데 시간이 얼마나 걸렸는지 물어보라. 그들은 분명 해결책을 찾는 데 며칠, 몇 주, 몇 달, 때로는 몇 년이 걸렸다고 답할 것이다. 속도는 수학 학습에서 특정한 이점을 가져다주는 하나의 필수 도구일 뿐이다. 이를 지나치게 강조하면 다른 중요한 요소를 놓치게 되고, 정확성이 떨어지며, 수학에 대한 불안감만 커지게 된다.

속도를 강조하는 것은 이것이 학생들을 손쉽게 분류할 수 있는 '게으른 도구'이기 때문이다. 수학을 단거리 경주처럼 만들면 누가 '승자'이고, 누가 '패자'인지 쉽게 가려낼 수 있다. 더 심각한 문제는 많은 학생이 자신을 '수학에 맞지 않는 아이'로 분류하고 받아들이게 된다는 점이다. 수학의 모든 영역이 7~8세 때 기본 덧셈과 곱셈을 가장 빨리 계산하는 아이들만을 위한 거라는 잘못된 믿음이 생기는 것이다.

앞서 살펴본 것처럼 물리학과 대학원생처럼 수학적으로 더 숙련된 학생들은 물리학 입문 과목을 한번 수강한 학부생보다 오히려 문제 해결 속도가 느리다.[105] 이는 숙련된 학생들이 문제의 여러 측면을 고려해야 한다는 것을 배웠기 때문이다. 속도만 지나치게 강조하면 수학은 금세 지루해진다. 수학 문제를 빠르게 푸는 일은 아름다운 선율 없이 피아노 음계만 끝없이 반복하는 것과 같다.

**둘째, 요령이 답은 아니다.** 수학은 완전히 신뢰할 수 있는 우주의 공리와 규칙의 집합이다. 그럼에도 우리는 종종 수학을 서로 연관성 없는 임의적인 요령의 집합처럼 가르친다. 문제를 풀기 위해 단순히 요령만 암기한다면 퍼즐을 풀 때 모든 것이 딱 들어맞는 순간 느끼는 본질적인 기쁨을 빼앗기게 된다. 더 심각한 문제는 요령 중심의 학습은 비판적 사고 능력을 퇴화시킨다는 점이다. 직관과 논리적 추론 능력을 날카롭게 발달시키는 대신, 손쉬운 편법에 의존하게 만드는 것이다.

앞서 알고리즘은 요령이 아니라고 말했다. 표준 덧셈 알고리즘은 두 자리 숫자든 열 자리 숫자든 항상 적용할 수 있지만, 분수를 더할 때 쓰는 '리본 묶기 방식'은 2개 이상의 분수로 넘어가면 곧바로 한계를 드러낸다. 요령은 언젠가 쓸모가 다하면 수학을 신뢰할 수 없게 만들지만, 알고리즘은 항상 작동한다. 이처럼 알고리즘이 항상 작동하는 이유는 명확한 내부 논리를 갖추고 있기 때문이다. 수학을 단순한 요령의 집합으로 가르치는 것, 심지어 알고리즘마저 이해해야 할 과정이 아니라 기계적으로 수행할 기술로 제시하는 것은 학생들이 그 속에 담긴 논리를 발견할 기회마저 빼앗는다. 이는 학생들에게 수학을 너무 어려운 과목으로 단정 짓게 만들고, 대다수의 학생을 칠판에 쓴 내용을 이해하지 못하는 사람으로 분류해 버리는 것과 같다.

셋째, 방법이 단 하나는 아니다. 우리는 문제를 해결하는 데 있어 정확하거나 적절한 한 가지 방법만 있다고 믿도록 길들여져 왔다. 이제는 이런 고정관념에서 벗어나야 한다. 수학 문제를 앞에 두고 한 가지 방법에만 집착하고 기계적으로 반응하기보다 열린 마음으로 탐구하는 자세를 가져야 한다.

정답 찾기와 문제 해결의 차이를 생각해 보라. 정답 찾기는 수학을 정해진 순서대로 따라야 하는 엄격한 규칙으로 가르치는 방식이다. 학생들은 이런 절차를 따르기 위해 직관, 창의성, 이해를 차단하고 만다. 설령 답을 얻는다고 해도 그것이 맞는지 틀리는지 확신하지 못할 때가 많고, 문제에 대한 수 감각도 없어진다. 그저 이해할 기회도 없이 무기력한 상태로 과정을 따라갈 뿐이다. 이런 정답 찾기 방식은 문제를 해결하는 다른 방법을 탐색하거나 실제 세계의 문제 해결을 준비하는 데 도움이 되지 않는다.

문제 해결은 깊이 이해하기 위해 노력하는 창의적인 인지 과정이다. 문제 해결 방법은 다양하며, 대개 문제를 시각화하는 과정이 필요하다. 실제로 STEM 분야에서 엔지니어들은 작업을 시작하기 전 문제에 접근하는 여러 방법에 대해 토론을 벌인다. 그들의 목표는 보다 세련되거나 경제적이거나 빠른 접근법을 찾는 것일 수 있다. 수학 문제를 해결하는 방법이 단 하나뿐이라는 환상은 이런 문제 해결 과정을 경험하지 못하게 만든다. 결국 이 환상은 또 하나의 선별 시스템이 되어 교육자가 학생들을 분류하고, 학생들이 스스로를 '수학을 못하는 사람'으로 규정하게 만들며, 원래부터 내재되어 있던 수학적 사고 능력을 발휘할 기회를 빼앗아간다.

전 수학에서의 경험을 통해 '분류에서 교육으로' 전환해야 할 사회적·도덕적 의무가 있다는 확신을 갖게 되었다. 이를 위해서는 수학에 대한 잘못된 믿음을 버리고, 우리가 무엇을 해야 하는지 이해해야 한다. 여전히 집단을 대상으로 수학을 가르치는 방법을 배우는 과정에 있지만, 이제 우리는 교육 효과를 높일 방법을 알고 있다. 이런 방법은 문제해결력을 키우고 수학에 대한 관심을 불러일으킨다. 즉 억눌렸던 수학적 호기심을 되살리거나, 아직 자기 분류의 시련을 겪지 않은 어린아이들에게는 시작 단계에서 그 호기심에 불을 지피게 만든다.

### 수학 자존감을 위한 다섯 가지 실천 전략

앞에서 목표 달성을 위한 몇 가지 방법을 설명했다. 이제 그 방법들이 어떻게 수학 교육의 패러다임 전환을 도울 수 있는지 공유하고자 한다.

우리가 나아가야 할 방향은 분명하다. 우리 아이를 포함한 모든 아이가 수학에 대한 재능 유무로 분류되는 교육이 아닌, 누구나 가진 수학적 재능을 꽃피우도록 가르치는 교육으로 가야 한다. 방금 언급한 여러 방법이 이런 전환을 가능하게 만드는 열쇠가 된다.

<u>소속감을 갖게 하라.</u> 수학 수업이 포용적으로 운영되어 소속감을 느끼게 될 때 아이들은 스스로를 '수학에 재능 없는 사람'으로 미리 분류하지 않는다. 사회적으로 부정적인 수학적 정체성을 당연하게 여기는 분위기가 있다. 하지만 아이들에게 '너는 여기에 속해 있어'라고 알려주는 것은 우리의 집단적 인식을 바꾸고, 더 많은 아이와 어른이 수학에서 성공할 가능성을 열어주는 강력한 지렛대가 될 수 있다. 학생이 실수하는 순간에도 이것이 '넌 여기에 속하지 않아'라는 신호가 아니라 오히려 그들이 올바른 학습 경로에 있다는 증거임을 그들과 교사 모두 이해해야 한다. 사실 실수는 수학을 배우는 과정의 자연스러운 특징이며, 학습이 실제로 일어나고 있다는 명확한 지표다. 학생들은 특히 학습이 어려워질수록 수학 수업에서 소속감을 더 자주 느낄 필요가 있다. 학생들이 새롭게 닥친 어려움을

헤쳐 나가길 기대할 때마다 그들에게는 소속감이라는 지지대가 필요하다.

<u>그림과 사물의 활용하라</u>. 구체적 사물과 시각적 자료는 아이부터 어른까지 누구나 추상적인 수학 개념을 생생하게 이해하도록 돕는다. 예를 들어 접시와 초코칩 쿠키 그림으로 곱셈 개념을 보여주면 사람들은 직관적으로 금방 이해한다. 하지만 수학을 오직 숫자와 기호로만 제시하면 대부분의 개념은 직관적으로 와닿지 않는다. 결국 이해하지 못하는 아이들은 수학 세계에서 자연스럽게 멀어지게 된다.

추상적인 기호만으로는 부족하다. 그림과 사물을 함께 활용한다면 단순히 계산만 효율적으로 하는 것을 넘어 진정한 이해에 도달할 수 있다. 많은 성인이 어린 시절 수학을 그림으로 표현했던 것을 '부정행위'나 '수학을 못한다는 증거'로 여겨 감추거나 지웠던 경험이 있다고 이야기한다. 하지만 실상은 정반대다. 그들은 자연스럽게 뇌가 작동하는 방식을 활용해 수학적 직관을 발달시키고 있었던 것이다.

수학을 추상적 언어와 다양한 시각적 표현으로 설명하는 것은 초등학생에게만 필요한 것이 아니다. 이는 성인이 되어서도 새롭고 어려운 문제에 부딪힐 때마다 활용할 수 있는 강력한 도구가 된다. 우리가 진정으로 학생 분류 관행에서 벗어나 모두가 수학을 이해하도록 돕고 싶다면, 추상적 기호는 물론 다양한 시각적 표현과 사물 활용을 모든 정규 수업과 개별지도, 여름학교 같은 추가 학습 시간에까지 적극적으로 도입해야 한다.

문제를 더 쉽게 바꿔라. 문제를 더 쉽게 만드는 것은 누군가의 허락이 필요한 일이 아니다. 오히려 상식이 되어야 한다. 이 방법은 교육 시스템이 아이들을 어떻게 분류하는지 여실히 보여준다. 수학을 잘하는 아이는 대개 문제를 더 쉽게 만드는 법을 배운다. 그들은 정해진 방식에서 벗어나도 된다는 자유를 얻지만, 수학에 불신감을 갖게 된 아이들에게는 이런 자유가 주어지지 않는다.

만약 A에서 B까지 직선으로 갈 수 있는데도 원을 그리며 돌아가라고 한다면, 당신은 내가 제정신이 아니라고 생각하고 무시할 것이다. 하지만 수학 교육의 전통적 관행은 직관에 반하는 더 어려운 방법을 우리가 받아들여야 한다고 착각하게 만든다. 예를 들어 어떤 분수가 특정 값에 가장 가까운지 판단할 때 간단한 그림을 그리는 것이 복잡한 수십 개 계산 단계를 거치는 것보다 훨씬 빠르다.

다른 방법을 시도하라. 아이들은 문제 푸는 방법이 하나뿐이라고 여기며, 그 방법이 통하지 않으면 자동적으로 '이제 끝났어. 다른 어떤 방법으로 해도 안 될 거야'라고 생각한다. 그리고 "나한테 뭔가 문제가 있는 거겠지. 난 수학에 소질이 없어"라고 단정 짓게 된다.

이게 바로 아이들이 듣는 '분류의 목소리'다. 학교, 집, 사회 전체에서 메아리처럼 들려오는 소리다. 우리는 최악을 가정하는 습관이 있다. 아이들이 겪는 어려움을 줄여준다며 현재 배우고 있는 학년 수학에서 빼내어 낮은 수준으로 떨어뜨리고, 이전에 미처 습득하지 못한 학습을 따라잡게 할 수 있다고 생각한다. 그 결과 아이들은 이제 새로운 학습에서 뒤처지게 된다. 이 방법을 계속 고수한다면 아이들은 영원히 따라잡기만 하는 상태(그리고 결코 성공하지 못하는 상태)에 머물러 있을 수밖에 없다.

우리는 낮은 수준의 보충 수학으로 돌려보낸 아이들이 또래보다 계속 뒤처지고, 처음 어려워했던 주제로 돌아왔을 때도 실력 향상이 미미하다는 사실을 발견했다. 진정한 해결책은 아이들이 처음 어려움을 겪을 때 그들이 배우고 있는 자기 학년 수준 학습에 적합한 맞춤형 지원을 제공해 학습을 따라잡고 계속 앞으로 나아가도록 돕는 것이다. 수학 학습에서 이런 변화를 이루려면 문제를 단순히 '맞다'와 '틀리다' 판단하는 분류 도구가 아니라 배움의 기회로 여기는 사고가 필요하다.

목적을 가지고 연습하라. 끝없이 반복되는 연습문제는 눈앞에 목적이나 이점을 찾아보기 어렵다. 아이들은 이런 단조로운 연습에 싫증을 느끼고 결국 수학 자체에 등을 돌리고 만다. 연관성 없는 나눗셈 문제 30개로 가득 찬 연습문제지를 보면 대학 진학이나 진로는

커녕 다음 수학 시간에 대한 기대감마저 사라진다.

사실 다른 과목에서는 이런 무의미한 반복을 요구하지 않는다. 읽기 능력 향상을 위해 아이들에게 과연 지루한 가전제품 설명서를 읽으라고 강요하겠는가? 목적 없는 기계적 연습은 학습 동기를 떨어뜨리고, 아이들이 "수학은 내가 잘할 수 있는 과목이 아냐"라고 스스로 분류하는 속도를 가속화한다.

### 모두를 위한 디지털시대의 수학 학습

수학 학습 도구와 기회가 계속 늘어남에도 우리는 여전히 학습을 제한해야 한다는 낡은 관념에 사로잡혀 있다. 교육 기술은 우리의 풍요로움을 증가시켰는데, 그 풍요로움은 압도적이고 실망스럽게도 하고 큰 기쁨을 안겨주기도 한다. 이제는 클릭 몇 번만으로 사실상 무엇이든 배우고 연습할 수 있는 동영상과 앱에 접근할 수 있다.

교육 기술은 아직 초기 단계다. 앞으로의 발전 가능성이 무궁무진하다. 나는 교육 기술이 한때 소수 엘리트만을 위한 지식 영역을 확장하고, 교사와 학생의 학습 과정을 대규모로 보완할 수 있다고 믿는다.

가장 최근에는 인공지능, 특히 챗GPT 같은 생성형 인공지능이 주목을 받고 있지만, 이는 과대평가되거나 반대로 과소평가되었을 가능성이 있다. 하지만 생성형 인공지능을 교육용 기술 플랫폼에 적용할 경우, 이 기술은 우리의 상상을 뛰어넘는 규모와 역량으로 학습 경험을 획기적으로 풍요롭게 할 잠재력을 지닌다. 그러므로 교육자와 기술자가 손을 맞잡고 이런 혁신적 가능성을 현실로 만들어낼 방법을 함께 모색해야 한다.

교육 기술과 생성형 인공지능에 대해 기억해야 할 가장 중요한 점은 선과 악, 전진과 위해, 분류와 교육 가운데 어느 하나로 기본 설정이 되어 있지 않다는 사실이다. 기술은 그 설계자가 목표를 명확히 드러내지 않아도 결국 그것을 만든 사람의 의도와 목표를 증폭시키는 역할을 한다. 최초로 완전한 수리 능력을 갖춘 세대를 키워내는 유일한 길은 현재 우리가 가진 기술과 아직 꿈꾸고 있는 미래의 기술 모두를 교육적 목표에 맞춰 체계적으로 설계하고 활용하는 것이다.

교육자들은 그들의 수업을 보완하고, 수학 학습에 대한 호기심을 되살리고, 단순 암기식 연습이 아니라 학생들의 문제해결력을 키울 수 있는 도구를 요구해야 한다. 코로나19 팬데믹이 학습에 드리운 먹구름 속에서 찾아낸 몇 안 되는 희망은 교육자들이 교육 기술에 더 많은 것을 요구하기 시작했다는 점이다. 이런 요구 가운데 하나는 기술이 수학 교육에서 학생들을 분류하는 오래된 패러다임을 깨뜨려야 한다는 강력한 주장도 포함되어 있다.

교육 기술은 기술 분야에서 종종 벌어지는 이미 혜택을 받은 사람과 그렇지 못한 사람 사이의 격차를 더 크게 벌리는 역할을 해서는 안 된다. 교육자와 지도자, 시민들의 명확한 미래상 없이 기술에만 맡겨둔다면 교육 기술과 생성형 인공지능은 실제로 수학 교육에서 이미 존재하는 분류 체계를 그대로 답습하고 오히려 더욱 강화해 그 격차를 벌릴 위험성이 크다.

나는 이미 이런 현상이 곳곳에서 현실화되고 있음을 목격한다. 내가 접한 초기 교육 기술의 대부분은 학생들을 '될 아이'와 '안 될 아이'로 나누는 분류 모델을 그대로 답습하고 있다. 이들 프로그램은 학생이 문제를 틀리면 대개 정답만 알려주는 '힌트'를 던져줄 뿐이다. 그 답을 찾아가 사고 과정은 가르쳐주지 않는 한계를 노출하고 있다.

또 다른 분류의 흔적은 지나치게 단순화된 60문항짜리 진단평가에서도 찾아볼 수 있다. 이 평가는 짧은 테스트로 아이가 한 학년 전체의 내용을 학습할 수 있는지 평가할 수 있다고 주장한다. 이런 신단평가에서 한번 미끄러진 학생은 곧바로 '보충 학습'이라는 미로에 빠지고 만다. 소프트웨어가 학년에 맞는 수학을 더 잘 이해하도록 도움의 손길을 내밀어야 할 때 오히려 학생들을 몇 주, 때론 한 학년 내내 이전 학년 수준의 학습 과정을 맴돌게 만들어 영원히 따라잡을 수 없는 '뒤처짐'의 굴레를 씌운다.

더 걱정스러운 점은 디지털 학습 콘텐츠 가운데 정말 훌륭한 자료가 부유한 부모만 접근할 수 있는 높은 유료 장벽 너머에 숨겨져 있다는 현실이다. 물론 콘텐츠 제작자는 당연히 그들의 노고에 대한 보상을 받아야 하지만, 훌륭한 교육은 모두를 위한 것이어야 한다. 이를 가능하게 만드는 지불 체계도 필요하다.

교육 기술의 꿈은 대담해야 한다. 훌륭한 교육에 대한 접근성을 더욱 대중화하고, 모든 아이가 수학을 포함한 다양한 내용을 배울 수 있도록 풍부함을 제공해야 한다. 우리는 교육 기술이 다음과 같은 다양한 역할을 할 수 있음을 안다.

첫째, 고품질 동영상과 때로는 맞춤형 교육 동영상을 통해 아이와 성인 모두를 위한 양질의 교육을 확대할 수 있다. 둘째, 연습문제와 실시간 피드백의 접근성을 높여 연습의 기회를 늘리고 질을 높일 수 있다. 셋째, 게임의 요소를 적용하고 시각화해 학습자의 참여도를 높일 수 있다. 넷째, 단순한 보충 수업이 아니라 정교하게 설계된 콘텐츠를 통해 학생이 자신의 속도에 맞춰 학습할 수 있는 차별화된 기회를 제공할 수 있다. 다섯째, 학습자 스스로 탐구할 기회를 제공하면서도 교수·학습을 풍부하게 지원하는 다양한 기능을 수행할 수 있다.

글로벌 경영 컨설팅 기업인 베인앤드컴퍼니에서 일할 때 책상 위에 통계학, 회계학, 재무 관련 책을 두고 혼란스러울 때마다 꺼내 참고하곤 했다. 이들 책은 크고 무거워서 사용할 때 여러모로 불편했다. 나는 감을 잡기 어려운 질문에 대한 답을 찾기 위해 두꺼운 책의 목차와 색인을 뒤적거리며 시간을 허비했다. 그러나 이제는 검색창에 단어 몇 개만 입력하면 명쾌한 설명이 담긴 훌륭한 동영상을 찾을 수 있고, 교과서의 경계를 넘어선 새로운 수학 세계에서 전에 알지 못했던 내용을 배울 수 있다. 이것이 바로 진정한 '풍요로움'이다.

나는 40대에 수학을 다시 공부하고 있다. 전 수학에서 중학교 2학년 수업을 개발하면서 왜 $3^0 = 1$ 또는 $N^0 = 1$인지 그 이유를 알게 되었다. 이전에는 0이 아닌 수의 0제곱은 1이 된다고 그저 암기했을 뿐이다. 그 이유에 대해선 한 번도 생각한 적이 없었다. 3을 3으로 나누면 1이 된다. 그리고 어떤 수에 0제곱을 한다는 건 그 수를 자기 자신으로 나누는 것과 같다는 뜻이다.

$$3^{1-1=0} = 1 \quad \leftarrow !$$

$$3^0 = 1 \quad \leftarrow ?? \qquad \frac{3^1}{3^1} = 1 \quad \leftarrow !!$$

$$\frac{N^1}{N^1} = 1 \quad \leftarrow !!!$$

내 열두 살 아들들은 이런 풍요로움 가운데서 자라고 있다. 최근 우리 가족은 인도를 다녀왔는데, 쌍둥이 중 한 명은 내가 구사하는 수준까지 힌디어를 배우고 싶다는 다짐을 품고 돌아왔다. 나는 아이에게 읽고 쓰는 법을 배워야 하지만, 힌디어는 모든 단어의 철자가 변형 없이 일정해서 배우기 쉽다고 말해 주었다.

그후 우리는 이 주제와 관련된 대화를 나누지 않았는데, 몇 주 뒤에 보니 놀랍게도 아들은 스스로 무료 외국어 공부와 크라우드 소싱 방식의 외국어 학습 서비스인 듀오링고Duolingo를 찾아내어 꾸준히 학습하고 있었다. 아이는 이미 간단한 단어를 읽을 수 있었다. 그동안 다른 쌍둥이는 학교에서 진행된 전 세계 195개국 위치 맞추기 도전에 푹 빠졌다. 이 아이는 대륙별로 지리 지식을 쌓을 수 있는 '나라 찾기Stack the Countries' 게임을 스스로 찾아내어 즐기기 시작했다. 모두 무료로 이용할 수 있는 '자원'이었다.

이런 풍요로운 환경에서 성장한 아이들은 학습 자원이 충분히 존재하는 것을 당연하게 생각한다. 그들은 배움의 문이 언제나 열려 있다고 여기며, 자신이 어떤 지식으로부터 차단되거나 배제된다는 생각 자체를 하지 않는다. 우리 어른이 혹시라도 '분류'의 늪에서 '교육'으로 가는 길을 잃어버린다면 이 자라나는 세대가 우리에게 그 올바른 방향을 일깨워줄지도 모른다.

{ ## 수학 감각이 깨어나는 순간 }

모든 아이와 어른은 성공적으로 수학을 배울 수 있지만 지금까지 수학을 배울 수 있는 기회를 얻을 사람만 골라내는 체계를 만들어 왔다. 이제는 모든 사람이 수학을 배우고 익힐 수 있는 새로운 체계를 설계하고 구축할 때다.

나는 종종 이 일이 완성될 때 어떤 모습일지 궁금하다. 어떤 모습일까? 그리고 어떤 느낌일까?

일부 결과는 객관적으로 측정할 수 있다. 표준화된 시험에서 향상된 점수를 확인하게 될 것이다. 더 나아가 사람들이 더 나은 직업을 얻을 자격을 갖추는 모습도 보게 될 것이다.

우리는 측정할 수 없는 다른 모습들도 분명 볼 수 있을 거라고 생각한다. 수학의 초월적인 아름다움을 느끼게 될 때 우리는 목표에 도달했음을 깨닫게 될 것이다. 수학은 우주 자체에 깃든 경이로운 아름다움이다. 대부분의 사람이 수학을 이런 식으로 이야기하는 데 익숙하지 않다는 것을 알지만, 이는 소설을 읽는 경험과 같다. 소설은 인간의 모든 경험을 몇 페이지에 달하는 글에 담아 우리를 전혀 다른 세계로 이끌어주지 않는가.

어릴 때 수학 문제를 풀며 기쁨을 느낀 적이 많다. 하지만 특별한 순간은 그 기쁨과는 좀 달랐다. 그 순간에는 손을 뻗으면 우주의 진리에 닿을 것만 같은 느낌을 받았다. 그 시작은 초등학교 때 아버지가 직사각형의 가로와 세로를 곱하면 넓이가 된다고 알려주었을 때다. 아버지는 뉴욕의 피자헛에서 종이 매트에 네모를 그리고 양쪽 변의 길이를 적었다. 그리고 이렇게 선을 그었다.

우리는 선을 긋고 나서 상자들을 셌다. 모두 15개였다!

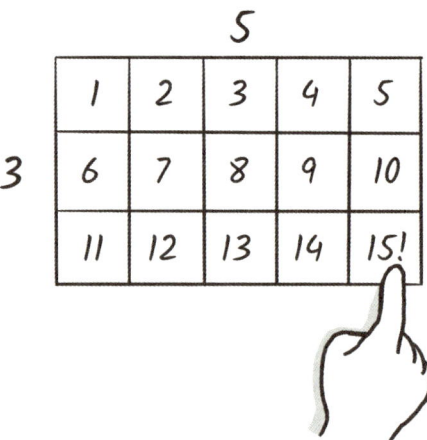

왜 그렇게 큰 충격을 받았는지는 모르겠지만, 완전히 넋이 나가

그 스케치를 한참 들여다보았던 기억이 지금도 생생하다. 한 변의 길이에 다른 변의 길이를 곱하기만 하면 그 안에 몇 개 상자가 있는지 알 수 있다! 그 순간 우주의 퍼즐이 맞춰지는 느낌을 받았다. 3cm 길이의 한 변에 5cm 길이의 다른 변을 곱하면 15cm가 된다는 사실, 그것은 완벽했다!

작가 알렉 윌킨슨Alec Wilkinson이 쓴 글은 내가 읽은 수학과 관련된 글 가운데 가장 아름다웠다. 그는 어린 시절 수학과 씨름하다가 실패를 맛본 뒤 예순이 넘어 다시 수학 세계로 돌아와 그 속에 숨겨진 아름다움을 발견한 여정을 그렸다. 다음은 그가 쓴 글 가운데 내 마음을 사로잡은 구절이다.

"수학은 우리가 볼 수 있거나 현재 상상할 수 있는 모든 것의 너머에 존재하는, 위대한 비밀[106]에 다가갈 수 있는 가장 효율적인 수단 가운데 하나다. 수학은 그 비밀을 직접 묘사하기보다는 그저 그런 비밀이 있다는 사실을 은유적으로 암시한다."

피자를 먹으면서 아버지가 넓이를 계산하며 실제 세상과 곱셈이 어떤 관련이 있는지 보여주었을 때 나는 그 뜻을 정확히 깨달았다. 우주에는 비밀이 존재하는데, 수학은 그 비밀을 보고 이해하는 창문이었다.

또 다른 깨달음의 순간도 있었다. 좌표 평면 위에 놓인 세상을 발견하거나, 기하학에서 각도가 90도, 180도, 360도로 완벽하게 합쳐지는 방식을 알게 되었을 때처럼 다른 비밀을 목격한 순간이 있었다. 그중 가장 강렬한 순간은 중학교 3학년 미적분학 수업에서 찾아왔다. 미적분학을 가르쳐야 하는지, 또 언제 가르쳐야 하는지에 대한 논쟁이 있긴 하지만 내 아이들이 어떤 직업을 택하든 상관없이 미적분학을 배우길 바란다. 미적분학은 인간의 독창성이 빚어낸 경이로움이자 명쾌하고 선명한 사고방식을 보여주는 학문이기 때문이다.

사실 내게 미적분학은 그 이상의 의미를 지닌다. 그것은 마치 신성한 무언가를 짧게 엿본 듯한 기분을 느끼게 해주었는데, 다시 말해 '경외감'을 불러왔다고 표현할 수 있겠다. 경외감이란 수백만 개에 달하는 밤하늘의 별 무리를 올려다보거나 아이의 탄생이라는 기적을 목격할 때처럼 세상에 대한 우리의 이해를 훌쩍 뛰어넘는 위대한 무언가 앞에서 느끼는 깊은 감정적 반응이다.

운 좋게도 나는 물리학과 미적분학을 동시에 수강할 수 있었다. 물리학은 속도와 가속도의 관계처럼 내가 고민했던 실제 문제를 추상적 기호에서 구체적인 수학적 설명으로 변환하는 데 도움을 주었다. 속도는 속력과 방향을 아우르는 개념이다. 가속도는 속도의 변화율이다.

자동차를 타고 시속 $100km$의 속도로 서쪽으로 가고 있다고 가정해 보자. 속도가 $100km$로 유지된다면 가속도는 0이 되지만, 1분 동안 차의 속도가 $110km$로 빨라졌다면 가속도는 변하게 된다.

차의 움직임을 정확하게 설명할 수 있는 아름다운 수학 공식이 무수히 존재한다. 미적분학은 지구상 물체의 움직임을 완벽하게 설명하는 데 필수적인 수학 분야다. 중학교 3학년 때 미적분을 배우면서 나는 깊은 철학적 의문에 사로잡혔다. 미적분은 인간이 발명한 것일까, 아니면 발견한 것일까?

우리는 운동을 발명하지 않았다. 중력 역시 우리가 창조한 게 아니다. 그렇다면 중력을 그토록 명쾌하게 설명할 수 있는 수학적 언어를 어떻게 '발명'할 수 있었던 걸까? 이는 내게 커다란 의문으로 남았다.

다음은 윌킨슨이 한 말이다.

"숫자는 어디서 왔을까? 아무도 모른다. 인간이 발명했을까? 대답하기 어렵다. 숫자는 우리가 완벽하게 이해할 수 없는 방식으로 세상에 내재해 있는 것처럼 보인다."[107]

고대 종교와 문화에서는 숫자를 신성한 것으로 여겼다. 우리는 이를 단순한 미신으로 치부하거나 오늘날의 우리가 더 발달했다고 생각할 수도 있다. 하지만 열린 마음으로 수학의 가능성을 인지하면서 이런 믿음을 들여다보면 가치 있는 무언가를 발견할 수 있다. 내가 속한 힌두 전통에서 108은 신성한 숫자다. 기도용 염주인 자파 말라japa mala에는 108개 구슬이 달려 있다. 신자는 구슬을 1개씩 잡고 만트라를 외우며, 108번을 외우면 염주를 한 바퀴 돌리게 된다. 108번을 다 하지 못한다면 54번이나 27번처럼 108의 약수인 숫자로 기도해도 괜찮지만, 임의의 다른 숫자는 허용되지 않는다.

이 전통을 미신으로만 여겼던 나는 40대가 되었을 때 용기를 내어 힌두교 학자에게 왜 하필 108인 거냐고 물어본 적이 있다. 내게는 108이 그저 임의로 선택된 숫자로 보였기 때문이다.

조예가 깊은 베다 학자에게서 들은 대답은 정말 놀라웠다. 솔직히 말해 믿기 어려웠다고 표현하는 것이 맞다. 그 답을 확인하기 위해 몇 시간 동안 조사하고, 심지어 직접 계산까지 해보았다. 베다 학자는 고대 힌두교 학자들이 지구와 달 사이 거리와 지구와 태양 사이 거리를 108의 배수라고 추정했다고 설명했다. 고대 학자들의 계산에 따르면 지구는 달에서 108개 달 지름만큼 떨어져 있고, 지구는 태양에서 108개 태양 지름만큼 떨어져 있었다. 두 천체와의 관계에 108이라는 숫자가 내재되어 있으므로, 고대 힌두교 학자들은 108을 신성한 숫자라고 여겼다.

고대 힌두교의 수학을 검증하기 위해 몇 번의 나눗셈을 해보면 현대적인 측정 도구가 없었음에도 그들이 놀라울 정도로 정확하게 계산했다는 사실을 알 수 있다. 지구와 달 사이 평균 거리는 약 384,399$km$이다. 이 값을 달의 지름인 3,475$km$로 나누면 약 110이라는 값이 나온다. 지구에서 태양까지 거리는 1억 4,967$km$이다. 이를 태양의 지름인 139만 1,982$km$로 나누면 약 107.5의 값이 나온다.

피타고라스의 정리[108]인 $a^2 + b^2 + = c^2$을 알고 있는가? 고대 많은 문명에서 이 식을 발견하고 논의하고 집착했다는 기록이 있다. 이 정리에 대한 지식은 기원전 1900~1600년경으로 추정되는 고대 바빌로니아 석판에서 처음 발견되었고, 피타고라스는 1,000년 후인 기원전 500년경에 등장한다. 기원전 800~400년에 저술된 인도의 경전 술바 수트라Sulba-Sutra에서도 이 정리가 발견되었다. 서기 3세기에는 중국 삼국시대 위나라의 학자인 유휘가 이 식을 탐구했다.

고대인들은 우주의 수학적 비밀을 찾아헤매다 그것을 발견한 것이 아닐까 싶다. 그들은 수학을 발명하거나 창조한 것이 아니라 이미 존재하던 우주의 진리를 발견한 것이다.

숫자의 신비로움과 장엄함을 보여주는 이야기를 들려주는 이유는 고대인들처럼 우리도 별을 향해 손을 뻗는 담대한 꿈을 품기를 바라기 때문이다. 10년이 넘게 수학을 가르치고 학습 세계를 탐험하면서 학습 플랫폼의 방대한 데이터를 분석하는 동안 궁극적으로 깨달은 한 가지 사실이 있다. 수학은 우주의 섬세한 언어처럼 어디에나 존재하며, 그것은 특별한 소수가 아닌 모든 사람을 위한 것이라는 사실이다.

모든 아이는 수학의 빛을 품을 수 있다. 아니, 우리 모두가 그럴 수 있다. 우리는 단지 수학을 견디는 것이 아니라 그것을 사랑할 수 있고, 사랑해야 한다. 이제는 우리 어른이 손을 맞잡고 이 아름다운 가능성을 살아 숨 쉬는 현실로 만들어야 할 때다.

**에필로그**

# 수학을 사랑하기 위해!
# – 수학 실력은 자존감에서 나온다

          이 책 전반에 걸쳐 단어 '사랑'과 '수학'을 의도적으로 함께 사용했다. 이는 우연이 아닌 의식적 선택이었다. 독자의 눈길을 끌기 위한 도발도, 기분을 맞춰주기 위한 행위도 아니었다. 내 말의 무게를 가볍게 만들려는 시도는 더더욱 아니었다.

  사랑이라는 단어를 선택한 것은 그것이 진정 사랑을 의미하기 때문이다.

  학습, 특히 수학 학습과 맞닿아 있는 사랑이란 무엇일까? 이 질문을 탐구하는 여정은 수천 년을 가로지르는 철학적이고 신학적인 대화의 한 줄기다. 내가 이야기하는 사랑에는 여러 동의어가 있다. 교육과 학습 세계에서 같은 의미를 품은 다른 표현이 존재한다. 지식에 대한 갈증, 불타오르는 호기심, 배움에 대한 열정, 알고자 하는 강한 욕망… 이 모든 것이 같은 본질을 담고 있다. 이들 단어를 잠시 음미해 보라. 갈증, 불타오름, 열정, 욕망… 이들 단어는 모두 사랑의 언어다.

내가 말하는 사랑은 당신과 나, 우리 모두 안에서 일어나는 변화다. 이 변화는 약간의 인내심을 필요로 하겠지만, 그 기다림은 그럴 만한 가치가 있다.

수학에는 심술궂고 냉담하며 배타적인 면이 존재한다. 이 세계는 우리를 차별하고 우리의 집단적 잠재력을 갉아먹는다. 이것은 상상이 아닌 현실이다.

여러 특권을 가졌음에도 내 인생의 대부분을 이 세계의 가장자리에서 살아왔다. 이 세계는 나를 부서뜨리고, 단단하게 만들었으며, 이후 몇 번이고 수학을 사랑하는 사람으로 다시 태어나게 했다. 나는 이 사실을 인정하고, 모든 아이와 우리 자신을 위해 함께 똘똘 뭉쳐 이런 세계를 거부해야 한다고 제안하기 위해 이 책을 썼다.

인생에서는 견딜 만한 가치가 있는 시련도 있지만, 수학을 배우는 세계에 만연한 가혹함은 그럴 만한 가치가 없다. 이런 환경에서 우리는 얻는 것보다 잃는 것이 훨씬 더 많다. 이제 이런 낡은 관행과 태도를 과감히 버려야 한다.

 수학에도 '호랑이 부모'의 세계가 있다. 이는 누가 가장 고통을 잘 견딜 수 있는지를 겨루는 경쟁이 실제 시합이 되는 공포의 세계다. 이 시합에서 우리는 암묵적으로 수학에 대한 사랑은 존재하지 않으며, 수학에서 이룬 성취는 오직 고된 노력의 결과라고 가르친다. 수학은 고역이라는 인식을 심어주는 것이다.

 어떤 의미로든 '호랑이 부모'를 비난하려는 의도는 없다. 인도 이민자의 자녀로서 나는 가능성을 위해 모든 것을 포기하고 아무런 대비책도 없는 낯선 나라에 도착해 끊임없는 스트레스 속에서 성장하는 것이 어떤 느낌인지 잘 알고 있다. 그런 스트레스에도 불구하고 내 부모님은 수학과 학습, 지식을 진심으로 사랑했기에 나는 운이 좋은 아이였다.

 그러나 우리가 그 장벽들을 허문다고 해도 맞서 싸워야 할 또 다른 배타적인 수학 세계가 있다. 그 세계는 우리가 스스로 변화하기로 결심하고, 수학의 아름다움을 보고 사랑하기로 마음먹기 전까지는 배타적인 모습을 유지한다. 하지만 큰 결심을 하고 나면 수학은 훨씬 더 포용적인 학문으로 우리를 맞아준다. 가장 좋은 점은 수학에 대한 사랑을 한번 발견하고 나면 그 누구도 그 사랑을 우리에게서 빼앗아갈 수 없다는 것이다.

쌍둥이가 유치원에 입학하고 처음 몇 주간 아침마다 학교까지 걸어가는 길은 우리 가족만의 작은 드라마였다. 쌍둥이 가운데 한 아이는 긴장과 불안에 떨며 내 손을 꼭 붙잡았다. 있는 힘껏 쥔 그 작은 손을 통해 아이의 공포가 그대로 전해졌다. 반대편에 있던 다른 아이는 이런 상황을 모른 채 내 손을 놓고 행복한 미소를 지으며 유치원을 향해 달려가곤 했다. 하지만 겁에 질린 아이는 점점 더 세게 내 손을 붙잡았다. 그러다가 결국 작은 손에서 힘이 빠지고 아이는 축 처져 소리 없이 눈물방울만 떨어뜨렸다.

그때 한 선생님이 조용히 다가와서 나와 의미심장한 눈빛을 주고받은 뒤 부드럽게 불안에 떠는 아이를 유치원으로 안내했다. 아이와 선생님 앞에서는 굳건한 표정을 지었지만, 그들이 시야에서 사라지고 나면 나 역시 울음을 터뜨리곤 했다. 내 인생의 '감사 리스트'에서 가장 높은 순위에 오른 것은 아이들의 학교와 그곳의 헌신적인 선생님들이다.

얼마 전 세상을 떠난 초등학교 교장 선생님은 울면서 등교하는 내 아들을 위해 특별한 이벤트를 기획했다. 복도에 재미있고 비밀스러운 메시지를 남기고, 등교하는 아들에게만 특별한 쪽지를 건네는 따듯한 배려를 보여주었다. 선생님의 헌신과 학습에서의 진정한 사랑에 대한 깊은 이해 덕분에 아들은 1~2주 만에 신나서 유치원으로 뛰어가게 되었다. 그 다섯 살짜리 아이는 학교 건물이 시야에 들어오기만 하면 엄마가 미처 준비하기도 전에 내 손에서 빠져나가 뉴욕의 거리를 전력 질주했다. 나는 다른 쌍둥이를 데리고 허둥지둥 뒤쫓아가 가방을 건네주고, 아이가 학교 안으로 사라지기 전 안아주기 위해 바쁘게 움직여야 했다.

이것이 바로 내가 말하는 사랑이다. 몇 주간 교육자들과 가족, 가장 중요한 본인 스스로가 합심하여 노력한 끝에 이룬 작은 기적이었다. 이제 그 아이는 엄마가 뒤를 쫓으며 천천히 가라고 애원하는 동안에도 학교를 향해 전속력으로 달려간다. 지식에 대한 갈증을 느끼고 호기심으로 불타오르며, 학습에 대한 열정과 알고자 하는 욕구가 그 작은 발걸음을 이끈다. 이것이 바로 내가 우리 모두 수학을 배우는 것을 사랑할 수 있다고 말한 진정한 의미다.

19세기의 철학자 쇠렌 키르케고르Søren Kierkegaard는 자연발생적인 사랑과 진정한 사랑을 구별하며, 우리에게 진정한 사랑을 추구하라고 강력히 권했다. 오늘날 우리는 수학을 대할 때 종종 순간적으로 왔다가 사라지는 변덕스러운 느낌인 자연발생적인 사랑에 의존한다. 이 자연발생적인 사랑은 저절로 찾아오는 것이지 우리가 선택하거나 통제할 수 있는 것이 아니다. 키르케고르는 이 사랑을 다음과 같이 설명한다.

"자연발생적인 사랑은 그 안에서 쉽게 변할 수 있다. 심지어 반대되는 감정인 증오로 바뀌기도 한다. 증오는 사랑이 뒤틀려 망가진 감정이다."[109]

우리가 무관심한 대신 수학을 미워하게 되는 이유는 바로 이런 '망가진 사랑'을 붙잡고 있기 때문이다. 놀랍게도 키르케고르는 수학 앞에서 많은 사람이 느끼는 불안을 날카롭게 묘사했다.

"불안 속에서 스스로를 괴롭히며 사람들은 사랑하는 대상을 전적으로 신뢰하지 못하고 온전히 자신을 내어주지도 못한다. 마치 꺼지지 않는 불꽃처럼 스스로를 태우려고 든다. 너무 많은 것을 주다가 결국 자신이 소진될까 봐 두려워하면서도 말이다. 사실 불안과 마주하지 않으면 그 어떤 것도 타오르지 않을 텐데, 우리는 불안 속에서 스스로를 태워버리려고 한다."[110]

그래서 우리는 수학에 대한 무관심이 아니라 수학 불안을 느끼게 되는 것이다.

수학을 대하는 마음가짐부터 바꿔야 한다. 인내심을 갖고 수학뿐 아니라 모든 배움의 여정에서 진정한 기쁨을 찾을 수 있다는 믿음을 가져야 한다. 값진 것은 묵묵히 시간을 들여 노력해야만 얻을 수 있다. 내가 말하는 '변화'가 바로 이런 것이다. 키르케고르가 말했듯이 의무를 다하며 영원한 가치를 좇는 진정한 사랑은 변치 않고 온전하다.[111] 그는 우리 안에 잠재된 뜨거운 호기심을 일깨우고자 했던 게 아닐까 싶다. 하지만 그 불씨를 사랑으로 피워내려면 시간과 노력, 우리 스스로의 변화가 필요하다고 강조한다.

역설적이게도 수학에 대한 반감과 두려움이 클수록 우리는 더 큰 희망을 품을 수 있다. '망가진 사랑'은 아직 서툴고 미숙한 감정이지만 우리 안의 변화를 통해 수학에 대한 진정한 사랑으로 거듭나는 발판이 될 수 있다.

이제 다시 시작하자. 다시 한번 수학에 마음을 열어보자. 잊고 지내던 호기심을 일깨워 보자. 자존심은 잠시 내려놓고 두려움 없이 앞으로 나아가자. 특히 아이들이 수학을 즐겁게 배울 수 있도록 최선을 다해 돕자. 물론 우리 자신도 잊지 말고!

## 참고문헌

### 1장 우리는 모두 수학 영재가 될 수 있었다!

1  Jay Caspian Kang, "What Do We Really Know Teaching Kids Math?", *New Yorker*, November 18, 2022, http://www.newyorker.com/news/our-columnists/what-do-we-really-know-about-teaching-kids-math.

2  Claudia Goldin and Lawrence F. Katz, *The Race between Education and Technology* (Cambridge, MA: Belknap Press, 2010).

3  Goldin and Katz, *The Race Between Education and Technology*.

4  Goldin and Katz, *The Race Between Education and Technology*.

5  Roslin Growe and Paula S. Montgomery, "Educational Equity in America: Is Education the Great Equalizer?", *Professional Educator* 25, no.2 (2003): 23-29

6  Guneeta Bhalla, "The Story of the 1947 Partition as Told by the People Who Were There", *Humanities* 43, no.3 (Summer 2022), https://www.neh.gov/article/story-1947-partition-told-people-who-were-there.

7  칩 히스·댄 히스,《스위치》, 웅진지식하우스, 2010년; Chip and Dan Heath, *Switch: How to Change Things When Change Is Hard*, 1st ed. (New York: Broadway Books, 2010).

8  "The Nation's Report Card | NAEP", National Assessment of Educational Progress, National Center for Education Statistics,

accessed July 20, 2023, https://nces.ed.gov/nationsreportcard/.

9   Amanda Grennell, "A Child Lost a Sixth of His Brain, Then Made an Amazing Comeback", PBS *NewsHour*, August 2, 2018, https://www.pbs.org/newshour/science/this-child-lost-a-sixth-of-his-brain-the-rest-learned-to-pick-up-the-slack.

10  Ferris Jabr, "Cache Cab: Taxi Drivers' Brains Grow to Navigate London's Streets", *Scientific American*, December 8, 2011, https://www.scientificamerican.com/article/london-taxi-memory/.

11  Jean Piaget, "Part I: Cognitive Development in Children: Piaget Development and Learning", *Journal of Research in Science Teaching* 2, no. 3 (1964): 176-186, https://doi.org/10.1002/tea.3660020306.

12  Alice Park, "Preschooler's Innate Knowledge Means They Can Probably Do Algebra", *Time*, March 20, 2014, https://time.com/28952/preschoolers-innate-knowledge-means-they-can-probably-do-algebra/.

13  James Gorman, "How Smart Is This Bird? Let It Count the Ways", *New York Times*, December 22, 2011, sec. Science, http://www.nytimes.com/2011/12/23/science/pigeons-can-learn-higher-math-as-well-as-monkeys-study-suggests.html.

14  Jordana Cepelewicz, "Animals Can Count and Use Zero. How Far Does Their Number Sense Go?", *Quanta Magazine*, August 9, 2021, https://www.quantamagazine.org/animals-can-count-and-use-zero-how-far-does-their-number-sense-go-20210809/.

15  "Literate and Illiterate World Population", Our World in Data, https://ourworldindata.org/grapher/literate-and-illiterate-

world-population.

16　OECD, *PISA 2022 Results (Volume I): The State of Learning and Equity in Education* (Paris: OECD Publishing, 2023), https://doi.org/10.1787/53f23881-en.

## 1부 "나는 원래 수학을 못해"는 거짓말!

17　Benedict Carey, "What Your Brain Looks Like When It Solves a Math Problem", *New York Times*, July 28, 2016, sec. Science, https://www.nytimes.com/2016/07/29/science/brain-scans-math.html.

18　Anya Kamenetz and Cory Turner, "Math Anxiety Is Real. Here's How to Help Your Child Avoid It", KQED, September 8, 2020, https://www.kqed.org/mindshift/56637/math-anxiety-is-real-heres-how-to-help-your-child-avoid-it.

19　Sarah D. Sparks, "The Myth Fueling Math Anxiety", *Education Week*, January 7, 2020, sec. Teaching & Learning, Curriculum, https://www.edweek.org/teaching-learning/the-myth-fueling-math-anxiety/2020/01.

20　Kamenetz and Turner, "Math Anxiety Is Real. Here's How to Help Your Child Avoid It".

21　Mark H. Ashcraft and Jeremy A. Krause, "Working Memory, Math Performance, and Math Anxiety", *Psychonomic Bulletin & Review* 14, no. 2 (April 1, 2007): 243-248, https://doi.org/10.3758/BF03194059.

22　Richard J. Daker et al., "First-Year Students' Math Anxiety Predicts

STEM Avoidance and Underperformance throughout University, Independently of Math Ability", *Npj Science of Learning* 6, no. 1 (June 14, 2021): 1-13, https://doi.org/10.1038/s41539-021-00095-7.

23  Sparks, "The Myth Fueling Math Anxiety".

## 2장 '속도'가 전부는 아니다

24  Alexis C. Madrigal, "Your Smart Toaster Can't Hold a Candle to the Apollo Computer", *Atlantic*, July 16, 2019, https://www.theatlantic.com/science/archive/2019/07/underappreciated-power-apollo-computer/594121/.

25  사이언베일록,《부동의심리학》,21세기북스,2011년; Sian Beilock, *Choke* (New York: Atria Books, 2011), https://www.simonandschuster.com/books/Choke/Sian-Beilock/ 9781416596189.

26  Alix Spiegel, "Struggle for Smarts? How Eastern and Western Cultures Tackle Learning", NPR *Morning Edition*, accessed July 20, 2023, https://www.npr.org/sections/health-shots/2012/11/12/164793058/struggle-for-smarts-how-eastern-and-western-cultures-tackle-learning.

27  "Assisting Students Struggling with Mathematics: Intervention in the Elementary Grades", IES, What Works Clearinghouse, March 2021, https://ies.ed.gov/ncee/wwc/PracticeGuide/26.

28  William James, *The Principles of Psychology* (New York: Cosimo, 2007).

29  Nathan S. Rose et al., "Similarities and Differences between Working

Memory and Long-Term Memory: Evidence from the Levels-of-Processing Span Task", *Journal of Experimental Psychology: Learning, Memory, and Cognition* 36, no. 2 (2010): 471-483, https://doi.org/10.1037/a0018405.

30   NPR Staff, "The Lobotomy of Patient H.M: A Personal Tragedy and Scientific Breakthrough", NPR, August 14, 2016, sec. Author Interviews, https://www.npr.org/2016/08/14/489997276/how-patient-h-m-and-his-lobotomy-contributed-to-understanding-memories.

31   "James Webb Space Telescope", NASA Solar System Exploration, accessed July 20, 2023, https://solarsystem.nasa.gov/missions/james-webb-space-telescope/in-depth.

32   Alan H. Schoenfeld, "The Math Wars", *Educational Policy* 18, no. 1 (January 1, 2004): 253-286, https://doi.org/10.1177/0895904803260042.

33   National Mathematics Advisory Panel, "Foundations for Success: The Final Report of the National Mathematics Advisory Panel" (Washington, DC: U.S. Department of Education, March 2008), https://files.eric.ed.gov/fulltext/ED500486.pdf.

34   Jay Caspian Kang, "How Math Became an Object of the Culture Wars", *New Yorker*, November 15, 2022, https://www.newyorker.com/news/our-columnists/how-math-became-an-object-of-the-culture-wars.

35   Diane Polachek, "Planning Instruction in Mathematics at the Early Childhood and Elementary School Levels", LinkedIn, May 24, 2022, https://www.linkedin.com/pulse/planning-instruction-

mathematics-early-childhood-school-polachek.

36  "America's Maths Wars", *Economist*, November 6, 2021, https://www.economist.com/united-states/2021/11/06/americas-maths-wars.

37  Aneeta Rattan, Catherine Good, and Carol S. Dweck, " 'It's Ok- Not Everyone Can Be Good at Math': Instructors with an Entity Theory Comfort (and Demotivate) Students", *Journal of Experimental Social Psychology* 48, no. 3 (May 1, 2012): 731-737, https://doi.org/10.1016/j.jesp.2011.12.012.

### 3장 '요령'이 답은 아니다

38  Jordana Cepelewicz, "Animals Can Count and Use Zero. How Far Does Their Number Sense Go?", *Quanta Magazine*, August 9, 2021, https://www.quantamagazine.org/animals-can-count-and-use-zero-how-far-does-their-number-sense-go-20210809.

39  Ben Orlin, "When Memorization Gets in the Way of Learning", *Atlantic*, September 10, 2013, https://www.theatlantic.com/education/archive/2013/09/when-memorization-gets-in-the-way-of-learning/279425/.

40  Marlieke T.R. van Kesteren et al., "Differential Roles for Medial Prefrontal and Medial Temporal Cortices in Schema-Dependent Encoding: From Congruent to Incongruent", special issue, *Neuropsychologia* 51, no. 12 (October 1, 2013): 2352-2359, https://doi.org/10.1016/j.neuropsychologia.2013.05.027.

41  David M. Nabirahni, Brian R. Evans, and Ashley Persaud, "Al-

Khwarizmi (Algorithm) and the Development of Algebra", *Mathematics Teaching Research Journal* 11, no. 1 (2019).

## 4장 방법이 '단 하나'는 아니다

42  Rachel Ross, "Eureka! The Archimedes Principle", Live Science, April 25, 2017, https://www.livescience.com/58839-archimedes-principle.html.

43  Ferris Jabr, "Why Your Brain Needs More Downtime", *Scientific American*, October 15, 2013, https://www.scientificamerican.com/article/mental-downtime/.

44  "MIT Research-Brain Processing of Visual Information", *MIT News*, December 19, 1996, https://news.mit.edu/1996/visualprocessing.

45  Susan Hagen, "The Mind's Eye", *Rochester Review* 74, no. 4 (March 2012): 32-37.

## 5장 수학은 당신의 것

46  Craig Barton, *How I Wish I'd Taught Maths: Lessons Learned from Research, Conversations with Experts, and 12 Years of Mistakes* (York, PA: Learning Sciences International, 2018).

47  Claude Steele, "Churn: Life in the Increasingly Diverse World of Higher Education and How to Make It Work", Faculty Advancement Network, February 4, 2022, https://www.facultyadvancementnetwork.org/claude-steele-churn-life-in-the-increasingly-diverse-world-of-higher-education-and-

how-to-make-it-work.

48 Daniel J. Hemel, "Summers' Comments on Women and Science Draw Ire", *Harvard Crimson*, January 14, 2005, https://www.thecrimson.com/article/2005/1/14/summers-comments-on-women-and-science/.

49 Linda Calhoun, Shruthi Jayaram, and Natasha Madorsky, "Leaky Pipelines or Broken Scaffolding? Supporting Women's Leadership in STEM (SSIR)", *Stanford Social Innovation Review*, June 1, 2022, https://ssir.org/articles/entry/leaky_pipelines_or_broken_scaffolding_supporting_womens_leadership_in_stem.

50 Catherine Good, Aneeta Rattan, and Carol S. Dweck, "Why Do Women Opt Out? Sense of Belonging and Women's Representation in Mathematics", *Journal of Personality and Social Psychology* 102, no. 4 (2012): 700-717, https://doi.org/10.1037/a0026659.

51 Michael Broda et al., "Reducing Inequality in Academic Success for Incoming College Students: A Randomized Trial of Growth Mindset and Belonging Interventions", *Journal of Research on Educational Effectiveness* 11, no. 3 (July 3, 2018): 317-338, https://doi.org/10.1080/19345747.2018.1429037.

52 Carol Dweck, "What Having a 'Growth Mindset' Actually Means", *Harvard Business Review*, January 13, 2016, https://hbr.org/2016/01/what-having-a-growth-mindset-actually-means.

53 Claude M. Steele, "A Threat in the Air: How Stereotypes Shape Intellectual Identity and Performance", *American Psychologist* 52, no. 6 (1997): 613-629, https://doi.org/10.1037/0003-066X.52.6.613.

## 6장 그림과 사물로 배우는 수학의 언어

54 "The Truth about A&W's Third-Pound Burger and the Major Math Mix-Up", A&W, accessed July 20, 2023, https://awrestaurants.com/blog/aw-third-pound-burger-fractions.

55 Elizabeth Green, "Why Do Americans Stink at Math?", *New York Times*, July 23, 2014, sec. Magazine, https://www.nytimes.com/2014/07/27/magazine/why-do-americans-stink-at-math.html.

56 "Education GPS—Finland", OECD, accessed July 20, 2023, https://gpseducation.oecd.org/CountryProfile?primaryCountry=FIN&treshold=10&topic=PI.

57 Jeevan Vasagar, "Why Singapore's Kids Are So Good at Maths", *Financial Times*, July 22, 2016, sec. FT Magazine, https://www.ft.com/content/2e4c61f2-4ec8-11e6-8172-e39ecd3b86fc.

58 Daniel T. Willingham, "How Knowledge Helps", *American Federation of Teachers* 30, no. 1 (Spring 2006), https://www.aft.org/ae/spring2006/willingham ; Marlieke T.R. van Kesteren et al., "Differential Roles for Medial Prefrontal and Medial Temporal Cortices in Schema-Dependent Encoding: From Congruent to Incongruent", special issue, *Neuropsychologia* 51, no. 12 (October 1, 2013): 2352-2359, https://doi.org/10.1016/j.neuropsychologia.2013.05.027.

59 Margarete Delazer et al., "Learning by Strategies and Learning by Drill-Evidence from an fMRI Study", *NeuroImage* 25, no. 3 (April 15, 2005): 838-849, https://doi.org/10.1016/j.neuroimage.2004.12.009.

60  Andreas Nieder, "Prefrontal Cortex and the Evolution of Symbolic Reference", special issue, *Current Opinion in Neurobiology* 19, no. 1 (February 1, 2009): 99-108, https://doi.org/10.1016/j.conb.2009.04.008.

61  Judy S. DeLoache, Kevin F. Miller, and Karl S. Rosengren, "The Credible Shrinking Room: Very Young Children's Performance with Symbolic and Nonsymbolic Relations", *Psychological Science* 8, no. 4 (July 1, 1997): 308-313, https://doi.org/10.1111/j.1467-9280.1997.tb00443.x.

62  "Who Was Maria Montessori?", American Montessori Society, accessed July 20, 2023, https://amshq.org/About-Montessori/History-of-Montessori/Who-Was-Maria-Montessori.

63  Jerome S. Bruner, *The Process of Education*, rev. ed. (Cambridge, MA: Harvard University Press, 1977), 33, https://doi.org/10.2307/j.ctvk12qst.

64  John Hoven and Barry Garelick, "Singapore Math: Simple or Complex?", *Educational Leadership* 65 (November 1, 2007).

## 7장 문제를 더 쉽고 단순하게 바꾸기

65  Megan Jackson, "Learn to Embrace the Art of Failure", *theNEWS*, June 24, 2019, https://www.achrnews.com/articles/141466-learn-to-embrace-the-art-of-failure.

66  로버트 메이너드 피어시그, 《선과 모터사이클 관리술》, 문학과지성사, 2010년; Robert M. Pirsig, *Zen and the Art of Motorcycle Maintenance: An Inquiry into Values* (New York: Morrow, 1974), 166, http://

catdir.loc.gov/catdir/enhancements/fy0911/73012275 - b.html.

## 8장 다양한 방법에 도전하기

67 "Play Spelling Bee", *New York Times*, sec. Games, accessed July 20, 2023, https://www.nytimes.com/puzzles/spelling-bee.

68 Daniel T. Willingham, "How to Get Your Mind to Read", *New York Times*, November 25, 2017, sec. Opinion, https://www.nytimes.com/2017/11/25/opinion/sunday/how-to-get-your-mind-to-read.html.

## 9장 목적이 있는 연습

69 Allison McNearney, "The Mystery of Why Michelangelo Burned His Sketches Just Before He Died", *Daily Beast*, April 21, 2019, sec. Arts and Culture, https://www.thedailybeast.com/the-mystery-of-why-michelangelo-burned-his-sketches-just-before-he-died.

70 Doug Lederman, "Who Changes Majors? (Not Who You Think)", *Inside Higher Ed*, December 7, 2017, https://www.insidehighered.com/news/2017/12/08/nearly-third-students-change-major-within-three-years-math-majors-most.

71 National Academy of Engineering and National Research Council, "Chapter 3: The Loss of Students from STEM Majors", in *Community Colleges in the Evolving STEM Education Landscape: Summary of a Summit* (Washington, DC: National Academies Press, 2012), 19-22, https://doi.org/10.17226/13399.

72  Danfei Hu et al., "Not All Scientists Are Equal: Role Aspirants Influence Role Modeling Outcomes in STEM", *Basic and Applied Social Psychology* 42, no. 3 (March 6, 2020): 192-208, https://doi.org/10.1080/01973533.2020.1734006.

73  Pennsylvania State University, "Sorry, Einstein: Hard Workers May Make Better Role Models than Geniuses", PhysOrg, March 11, 2020, https://phys.org/news/2020-03-einstein-hard-workers-role-geniuses.html.

74  K. Anders Ericsson, Ralf T. Krampe, and Clemens Tesch-Römer, "The Role of Deliberate Practice in the Acquisition of Expert Performance", *Psychological Review* 100, no. 3 (1993): 363-406, https://doi.org/10.1037/0033-295X.100.3.363.

75  안데르스 에릭슨·로버트 풀, 《1만 시간의 재발견》, 비즈니스북스, 2016년; Anders Ericsson and Robert Pool, *Peak: Secrets from the New Science of Expertise* (New York: HarperCollins, 2016).

76  말콤 글래드웰, 《아웃라이어》, 김영사, 2019년; Malcolm Gladwell, *Outliers: The Story of Success* (New York: Penguin Books, 2009).

77  Daniel Willingham, "Ask the Cognitive Scientist: What Will Improve a Student's Memory?", *American Educator* 32, no. 4 (2013): 17-25.

78  Zearn Math Efficacy Research, *Students across Subgroups and Math Proficiency Levels Who Consistently Used Zearn Math Grew an Average of 1.3 Grade Levels in One Year of Learning* (Zearn, 2023), https://about.zearn.org/insights/zearn-impact-large-southern-district.

## 10장 우리의 운명을 좌우하는 방정식

79 Sarah D. Sparks, "Students' 'Dream Jobs' Out of Sync with Emerging Economy", *Education Week*, January 22, 2020, sec. Teaching & Learning, College & Workforce Readiness, https://www.edweek.org/teaching-learning/students-dream-jobs-out-of-sync-with-emerging-economy/2020/01.

80 *The State of American Jobs* (Pew Research Center, October 6, 2016), https://www.pewresearch.org/social-trends/2016/10/06/the-state-of-american-jobs/.

81 Ashley Finley, *How College Contributes to Workforce Success: Employer Views on What Matters Most* (AAC&U, 2021), https://www.aacu.org/research/how-college-contributes-to-workforce-success.

82 "The Cave Art Paintings of the Lascaux Cave", Bradshaw Foundation, 2003, https://www.bradshawfoundation.com/lascaux/.

83 *Daily Chela* Staff, "Archaeologists Discover Sprawling Maya City", *The Daily Chela* (blog), January 31, 2023, https://www.dailychela.com/archaeologists-discover-sprawling-maya-city/.

84 Abigail Okrent and Amy Burke, "The STEM Labor Force of Today: Scientists, Engineers, and Skilled Technical Workers", *Science and Engineering Indicators* (August 2021), https://ncses.nsf.gov/pubs/nsb20212.

85 Data USA and Deloitte, "Computer Science", Data USA, 2021, http://datausa.io/profile/cip/computer-science-110701.

86 Amy Burke, Abigail Okrent, and Katherine Hale, "The State of U.S.

Science and Engineering 2022", *Science and Engineering Indicators* (January 18, 2022), https://ncses.nsf.gov/pubs/nsb20221.

87 Brian Kennedy, Richard Fry, and Cary Funk, "6 Facts about America's STEM Workforce and Those Training for It", Pew Research Center, April 14, 2021, https://www.pewresearch.org/short-reads/2021/04/14/6-facts-about-americas-stem-workforce-and-those-training-for-it/.

88 Bill Gates, "More Students Flunk This High School Course than Any Other", *GatesNotes* (blog), December 7, 2021, https://www.gatesnotes.com/Helping-students-succeed-in-Algebra.

89 Adam Hardy, "The Wage Gap between College and High School Grads Just Hit a Record High", *Money*, February 14, 2022, https://money.com/wage-gap-college-high-school-grads/.

90 Heather Rose and Julian R. Betts, *Math Matters: The Links between High School Curriculum, College Graduation, and Earnings* (San Francisco: Public Policy Institute of California, 2001).

91 Erin Richards, "Despite Common Core and More Testing, Reading and Math Scores Haven't Budged in a Decade", *USA Today*, October 30, 2019, https://www.usatoday.com/story/news/education/2019/10/29/national-math-reading-level-test-score-common-core-standards-phonics/2499622001/.

92 Peg Tyre, "The Math Revolution", *Atlantic*, February 9, 2016, https://www.theatlantic.com/magazine/archive/2016/03/the-math-revolution/426855/.

93 National Center for Science and Engineering Statistics, *2020 Doctorate Recipients from U.S. Universities* (National Science

94  Ylan Q. Mui, "Americans Saw Wealth Plummet 40 Percent from 2007 to 2010, Federal Reserve Says", *Washington Post*, May 20, 2023, http://www.washingtonpost.com/business/economy/fed-americans-wealth-dropped-40-percent/2012/06/11/gJQA1IsCVV_story.html.

95  빌 게이츠, 《기후 재앙을 피하는 법》, 김영사, 2021년; Bill Gates, *How to Avoid a Climate Disaster: The Solutions We Have and the Breakthroughs We Need* (New York: Knopf Doubleday Publishing Group, 2021).

## 11장 진짜 배움을 위한 첫걸음

96  Marta W. Aldrich, "Tennessee Looks to 'Mississippi Miracle' as It Grapples with Stagnant Reading Scores", *Chalkbeat Tennessee*, February 23, 2023, https://tn.chalkbeat.org/2023/2/23/23611426/tennessee-reading-retention-mississippi-miracle-bill-lee-legislature.

97  Emily Hanford, "How Teaching Kids to Read Went So Wrong", October 20, 2022, *Sold a Story*, produced by American Public Media, podcast, accessed July 27, 2023, https://features.apmreports.org/sold-a-story/.

98  *The Simpsons*, season 21, episode 18, "Chief of Hearts", aired April 18, 2010, on Fox.

99  Linda B. Glaser, "Physicist Offers New Take on Million-Dollar

Math Problem", *Cornell Chronicle*, August 1, 2019, https://news.cornell.edu/stories/2019/08/physicist-offers-new-take-million-dollar-math-problem.

100 *Peggy Sue Got Married*, directed by Francis Ford Coppola (Culver City, CA: TriStar Pictures, 1986).

101 Steven D. Levitt, "Steven Strogatz Thinks You Don't Know What Math Is", January 6, 2023, *People I (Mostly) Admire*, produced by Freakonomics, podcast, accessed July 27, 2023, https://freakonomics.com/podcast/steven-strogatz-thinks-you-dont-know-what-math-is/.

102 Shalinee Sharma and Shirin Hashim, "Mindsets toward Math: Survey Finds High Zearn Math Usage Tied to More Positive Mindsets about Math", Zearn, 2018.

## 12장 '분류하기'에서 '가르치기'로

103 PK, "Height Percentile Calculator by Gender (United States)", DQYDJ, 2016, https://dqydj.com/height-percentile-calculator-for-men-and-women.

104 Sarah Mervosh and Ashley Wu, "Math Scores Fell in Nearly Every State, and Reading Dipped on National Exam", *New York Times*, October 24, 2022, sec. U.S., https://www.nytimes.com/2022/10/24/us/math-reading-scores-pandemic.html.

105 사이언 베일록, 《부동의 심리학》, 21세기북스, 2011년; Sian Beilock, *Choke* (New York: Atria Books, 2011), https://www.simonandschuster.com/books/Choke/Sian-Beilock/

9781416596189.

106  Alec Wilkinson, "Math Is the Great Secret", *New York Times*, September 18, 2022, sec. Opinion, https://www.nytimes.com/2022/09/18/opinion/math-adolescence-mystery.html.

107  Wilkinson, "Math Is the Great Secret".

108  *Encyclopaedia Britannica Online*, s.v. "Pythagorean Theorem", accessed July 8, 2023, https://www.britannica.com/science/Pythagorean-theorem.

## 에필로그 수학을 사랑하기 위해!

109  Soren Kierkegaard, *Works of Love*, trans. Howard Hong and Edna Hong (New York: Harper Perennial Modern Thought, 2009), 49.

110  Kierkegaard, *Works of Love*, 50.

111  Kierkegaard, *Works of Love*, 49.

**옮긴이 심선희**

금융 수학을 전공했고, 현재 대학교 시간 강사다. 사이버 외국어 대학교 영어학부를 졸업한 뒤 글밥아카데미에서 출판 번역을 수료했고, 바른번역 소속 번역가로 활동 중이다.

# 수학 자존감 수업

초판 1쇄 인쇄 2025년 7월 15일
초판 1쇄 발행 2025년 7월 25일

**지은이** 샬리니 샤르마
**옮긴이** 심선희
**발행인** 강선영·조민정
**펴낸곳** (주)앵글북스
**디자인** 강수진

**주소** 서울시 종로구 사직로8길 34 경희궁의 아침 3단지 오피스텔 407호
**문의전화** 02-6261-2015
**메일** contact.anglebooks@gmail.com

**ISBN** 979-11-94451-19-8  03370

* 이 도서는 저작권법에 의해 보호를 받는 저작물이므로 무단 전재와 복제를 금하며
  책 내용의 전부 또는 일부를 사용하려면
  반드시 저작권자와 ㈜앵글북스의 서면 동의를 받아야 합니다.
* 잘못된 책은 구입처에서 바꿔드립니다.